〔唐〕李延壽 撰

點校本二十四史修訂本

南史

第五册

卷五三至卷六七

中華書局

2023年10月第1版　　2025年5月第2次印刷

ISBN 978-7-101-16353-7

南史卷五十三

列傳第四十三

梁武帝諸子

武帝八男。丁貴嬪生昭明太子統、簡文皇帝、廬陵威王續。阮脩容生孝元皇帝。吴淑媛生豫章王綜。董昭儀生南康簡王績〔一〕。丁充華生邵陵攜王綸。葛脩容生武陵王紀。

昭明太子統字德施，小字維摩，武帝長子也。以齊中興元年九月生于襄陽。武帝既年垂强仕，方有冢嗣；時徐元瑜降；而續又荆州使至，云：「蕭穎胄暴卒。」時人謂之三慶。少日而建鄴平，識者知天命所集。

省。天監元年十一月，立爲皇太子。時年幼，依舊於内〔二〕，拜東宫官屬，文武皆入直永福省。五年五月庚戌，出居東宫〔三〕。

太子生而聰叡，三歲受孝經、論語，五歲偏讀五經，悉通諷誦。性仁孝，自出宫，恒思戀不樂。帝知之，每五日一朝，多便留永福省，或五日三日乃還宫。八年九月，於壽安殿講孝經，盡通大義。講畢，親臨釋奠于國學。

年十二，於内省見獄官將讞事。問左右曰：「是皁衣何爲者？」曰：「廷尉官屬。」召視其書，曰：「是皆可念，我得判否？」有司以統幼，紿之曰：「得。」其獄皆刑罪上，統皆署杖五十。有司抱具獄，不知所爲，具言於帝，帝笑而從之。自是數使聽訟，每有欲寬縱者，即使太子決之。建康縣讞誣人誘口，獄翻，縣以太子仁愛，故輕當杖四十。令曰：「彼若得罪，便合家孥戮，今縱不以其罪罪之，豈可輕罰而已，可付治十年。」

十四年正月朔旦，帝臨軒，冠太子於太極殿。舊制太子著遠游冠、金蟬翠緌纓，至是詔加金博山。太子美姿容，善舉止，讀書數行並下，過目皆憶。每游宴祖道，賦詩至十數韻，或作劇韻，皆屬思便成，無所點易。帝大弘佛教，親自講説。太子亦素信三寶，偏覽衆經。乃於宫内別立慧義殿，專爲法集之所。招引名僧，自立三諦、法義〔四〕。普通元年四月，甘露降于慧義殿，咸以爲至德所感。時俗稍奢，太子欲以己率物，服御朴素，身衣浣衣，膳不兼肉。

三年十一月，始興王憺薨。舊事以東宮禮絶傍親，書翰並依常儀。太子以爲疑，命僕劉孝綽議其事。孝綽議曰：「案張鏡撰東宮儀記，稱『三朝發哀者，踰月不舉樂；鼓吹寢奏，服限亦然』。尋傍絶之義，義在去服，服雖可奪，情豈無悲。鐃歌輟奏，良亦爲此。既有悲情，宜稱兼慕，卒哭之後，依常舉樂，稱悲竟，此理例相符。謂猶應兼慕〔五〕，請至卒哭。」僕射徐勉、左率周捨、家令陸襄並同孝綽議。太子令曰：「張鏡儀記云『依士禮，終服月稱慕悼』。又云『凡三朝發哀者，踰月不舉樂』〔六〕。劉僕議云『傍絶之義，義在去服，服雖可奪，情豈無悲。卒哭之後，依常舉樂，稱悲竟，此理例相符』。尋情悲之說，非止卒哭之後，緣情爲論，此自難一也。用張鏡之『舉樂』，棄張鏡之『稱悲』，一鏡之言，取捨有異，此自難二也。陸家令止云『多歷年所』，恐非事證。雖復累稔所用，意常未安。近亦嘗以此問外，由來立意，謂猶應有慕悼之言。張豈不以舉樂爲大〔七〕，稱悲事小。所以用小而忽大，良亦有以。至如元正六佾，事爲國章，雖情或未安，而禮不可廢。鐃吹軍樂，比之亦然，書疏方之，事則成小。差可緣心。聲樂自外，書疏自内，樂自他，書自己。劉僕之議，即情未安。可令諸賢更共詳衷。」司農卿明山賓、步兵校尉朱异議，稱「慕悼之辭，宜終服月」〔八〕。於是付典書遵用，以爲永準。

七年十一月，貴嬪有疾，太子還永福省，朝夕侍疾，衣不解帶。及薨，步從喪還宮，至殯，水漿不入口，每哭輒慟絶。武帝敕中書舍人顧協宣旨曰：「毁不滅性，聖人之制，不勝喪比於不孝。有我在，那得自毁如此。可即强進飲粥。」太子奉敕，乃進數合，自是至葬，日進麥粥一升。武帝又敕曰：「聞汝所進過少，轉就羸瘦。我比更無餘病，政爲汝如此，胸中亦填塞成疾。故應彊加饘粥，不俟我恒爾懸心〔九〕。」雖屢奉敕勸逼，終喪日止一溢，不嘗菜果之味。體素壯，腰帶十圍，至是減削過半。每入朝，士庶見者莫不下泣。

太子自加元服，帝便使省萬機，内外百司奏事者填塞於前。太子明於庶事，每所奏謬誤巧妄，皆即辯析，示其可否，徐令改正，未嘗彈糾一人。平斷法獄，多所全宥，天下皆稱仁。性寬和容衆，喜愠不形於色。引納才學之士，賞愛無倦。恒自討論墳籍，或與學士商榷古今，繼以文章著述，率以爲常。于時東宫有書幾三萬卷，名才並集，文學之盛，晉、宋以來未之有也。

性愛山水，於玄圃穿築，更立亭館，與朝士名素者遊其中。嘗泛舟後池，番禺侯軌盛稱此中宜奏女樂。太子不答，詠左思招隱詩云：「何必絲與竹，山水有清音。」軌慚而止。出宫二十餘年，不畜音聲。未薨少時，敕賜太樂女伎一部，略非所好。

普通中，大軍北侵，都下米貴。太子因命菲衣減膳。每霖雨積雪，遣腹心左右周行閭巷，視貧困家及有流離道路，以米密加振賜，人十石。又出主衣絹帛，年常多作襦袴，各三千領，冬月以施寒者，不令人知。若死亡無可斂，則爲備棺槥。每聞遠近百姓賦役勤苦，輒斂容變色。常以户口未實，重於勞擾。吴郡屢以水災不熟〔一〇〕，有上言當漕大瀆以瀉浙江。中大通二年春，詔遣前交州刺史王弈假節發吴、吴興、信義三郡人丁就役〔一一〕。太子上疏曰：「伏聞當遣王弈等上東三郡人丁開漕溝渠，導洩震澤，使吴興一境無復水災，蹔勞永逸，必獲後利。未萌難覩，竊有愚懷。所聞吴興累年失收，人頗流移，吴郡十城，亦不全熟，唯信義去秋有稔，復非恒役之民。即日東境穀稼猶貴，劫盜屢起，在所有司，皆不聞奏。今征戍未歸，强丁疎少，此雖小舉，竊恐難合。吏一呼門，動爲人蠹。又出丁之處，遠近不一，比得齊集，已妨蠶農。去年稱爲豐歲，公私未能足食，如復今兹失業，慮恐爲弊更深。且草竊多伺候人間虚實，若善人從役，則抄盜彌增。吴興未受其益，内地已離其弊。不審可得權停此功，待優實以不？」武帝優詔以喻焉。

太子孝謹天至，每入朝，未五鼓便守城門開。東宫雖燕居内殿，一坐一起，恒向西南面臺。宿被召當入，危坐達旦。

三年三月，游後池，乘彫文舸摘芙蓉。姬人蕩舟，没溺而得出，因動股，恐貽帝憂，深誡不言，以寢疾聞。武帝敕看問，輒自力手書啓。及稍篤，左右欲啓聞，猶不許，曰：「云何令至尊知我如此惡。」因便嗚咽。四月乙巳，暴惡，馳啓武帝，比至已薨，時年三十一。帝臨哭盡哀，詔斂以衮冕，謚曰昭明。五月庚寅，葬安寧陵，詔司徒左長史王筠爲哀册文。朝野惋愕，都下男女奔走宮門，號泣滿路。四方甿庶及壃徼之人，聞喪皆哀慟〔二〕。

太子性仁恕，見在宮禁防捉荆子者，問之，云以清道驅人。太子恐復致痛，使捉手板代之。頻食中得蠅蟲之屬，密置柈邊，恐厨人獲罪，不令人知。又見後閤小兒攤戲，後屬有獄牒攤者法，士人結流徒〔三〕，庶人結徒。太子曰：「私錢自戲，不犯公物，此科太重。」令注刑止三歲，士人免官。獄牒應死者必降長徒，自此以下莫不減半。

所著文集二十卷，又撰古今典誥文言爲正序十卷，五言詩之善者爲英華集二十卷，文選三十卷。

薨後，長子東中郎將、南徐州刺史華容公歡封豫章郡王，次子枝江公譽封河東郡王，曲江公詧封岳陽郡王，警封武昌郡王，鑒封義陽郡王，各三千户〔四〕。女悉同正主。蔡妃供侍一同常儀，唯别立金華宮爲異。帝既廢嫡立庶，海内噂嗒，故各封諸子大郡以慰其心。岳陽王詧流涕受拜，累日不食。

初，丁貴嬪薨，太子遣人求得善墓地，將斬草，有賣地者因閹人俞三副求市，若得三百萬，許以百萬與之。三副密啓武帝，言太子所得地不如今所得地於帝吉，帝末年多忌，便命市之。葬畢，有道士善圖墓，云「地不利長子，若厭伏或可申延」。乃爲蠟鵝及諸物埋墓側長子位。有宮監鮑邈之、魏雅者，二人初並爲太子所愛，邈之晚見疎於雅，密啓武帝云：「雅爲太子厭禱。」帝密遣檢掘，果得鵝等物。大驚，將窮其事。徐勉固諫得止，於是唯誅道士，由是太子迄終以此慙慨，故其嗣不立。後邵陵王臨丹陽郡，因邈之與鄉人爭婢，議以爲誘略之罪牒宮，簡文追感太子冤，揮淚誅之。邈之兄子僧隆爲宮直，前未知邈之姪，即日驅出。

先是人間謠曰：「鹿子開城門，城門鹿子開。當開復未開，使我心徘徊。城中諸少年，逐歡歸去來。」鹿子開者，反語爲來子哭，云帝哭也。歡前爲南徐州，太子果薨，遣中書舍人臧厥追歡於崇正殿解髮臨哭。歡既嫡孫，次應嗣位，而遲疑未決。帝既新有天下，恐不可以少主主大業，又以心銜故，意在晉安王，猶豫自四月上旬至五月二十一日方決。歡止封豫章王還任。往謠言「心徘徊」者，未定也。「城中諸少年，逐歡歸去來」，復還徐方之象也。歡字孟孫，位雲麾將軍、江州刺史。薨，謚安王。子棟嗣。

棟字元吉。及簡文見廢，侯景奉以爲主。棟方與妃張氏鋤葵，而法駕奄至，棟驚不知所爲，泣而升輦。及即位，升武德殿，欻有迴風從地涌起，翻飛華蓋，徑出端門，時人知其不終。於是年號天正，追尊昭明太子曰昭明皇帝，安王爲安皇帝，金華敬妃蔡氏爲敬皇后，太妃王氏爲皇太后，妃爲皇后。未幾，行禪讓禮，棟封淮陰王，及二弟橋、樛，並鎖於密室。景敗走，兄弟相扶出，逢杜崱於道，崱去其鎖。弟曰：「今日免横死矣。」棟曰：「倚伏難知，吾猶有懼。」初，王僧辯之爲都督，將發，諮元帝曰：「平賊之後，嗣君萬福，未審有何儀注？」帝曰：「六門之内，自極兵威。」僧辯曰：「平賊之謀，臣爲己任，成濟之事，請別舉人。」由是帝別敕宣猛將軍朱買臣使行忍酷。會簡文已被害，棟等與買臣遇見，呼往船共飲，未竟，並沈于水。

河東王譽字重孫，普通二年，封枝江縣公。中大通三年，改封河東郡王。累遷南中郎將、湘州刺史。未幾，侯景寇建鄴，譽入援，至青草湖，臺城没，有詔班師。譽還湘鎮。

時元帝軍于武城，新除雍州刺史張纘密報元帝曰：「河東起兵，岳陽聚米，將來襲江陵。」元帝甚懼，沈米斷纜而歸。因遣諮議周弘直至譽所督其糧衆。譽曰：「各自軍府，何忽疑人。」〔一五〕使三反，譽並不從。元帝大怒，遣世子方等征之，反爲譽敗死。又令信州刺史鮑泉討譽，并陳示禍福。譽謂曰：「欲前即前，無所多説。」泉軍于石槨寺，譽逆擊，不利而還。泉進軍橘洲，譽攻之，又見敗。於是遂圍之。譽幼而有驍勇〔一六〕，馬上用弩，兼有膽氣，能撫士卒，甚得衆心。元帝又遣領軍王僧辯代鮑泉攻譽。譽將潰圍而出，會其麾下將慕容華引僧辯入城，遂被執。謂守者曰：「勿殺我，得一見七官，申此讒賊，死無恨。」主者曰：「奉令不許。」遂斬首，送荆鎮。元帝返其首以葬焉。

初，譽之將敗，引鏡照面，不見其頭。又見長人蓋屋，兩手據地瞰其牖〔一七〕。又見白狗大如驢，從城出，不知所在。譽甚惡之，俄而城陷。

豫章王綜字世謙，武帝第二子也。天監三年，封豫章郡王。累遷北中郎將、南徐州刺史。入爲侍中、鎮右將軍。

初，綜母吴淑媛在齊東昏宫，寵在潘、余之亞。及得幸於武帝，七月而生綜，宫中多疑之。淑媛寵衰怨望。及綜年十四五，恒夢一年少肥壯，自挈其首對綜，如此非一，綜轉成長，心驚不已。頻密問淑媛曰：「夢何所如？」夢既不一，淑媛問夢中形色，頗類東昏。因密報之曰：「汝七月日生兒，安得比諸皇子。汝今太子次弟，幸保富貴勿泄。」綜相抱哭，每日夜恒泫泣。又每靖室閉户，藉地被髮席藁。輕財好士，分施不輟，唯留身上故衣，外齋接客，分麤服。厨庫恒致罄乏。常於内齋布沙於地，終日跣行，足下生胝，日能行三百里。嘗有人士姓王，以屯躓投告，綜于時大乏，唯有眠牀故皁複帳，即下付之。其降意下士，以伺風雲之會，諸侯王妃主及外人並知此懷，唯武帝不疑。

及長有才學，善屬文。武帝御諸子以禮，朝見不甚數。綜恒怨不見知。每出藩，淑媛恒隨之至鎮。時年十五，尚裸袒嬉戲於前，晝夜無別。妃袁氏，尚書令昂之女也。淑媛恒節其宿止，遇袁妃尤不以道，內外咸有穢聲。

綜後在徐州，政刑酷暴，又有勇力，制及奔馬，摮殺駒犢。常陰服微行，著烏絲布帽，夜出無有期度，招引道士，探求數術。性聰敏多通，每武帝有敕疏至，輒忿恚形於顏色。帝性嚴，羣臣不敢輕言得失，凡綜所行，弗之知也。於徐州還，頻裁表陳便宜，求經略邊境。帝並優敕答之。徐州所有練樹，並令斬殺，以帝小名練故。累致意尚書僕射徐勉，求出鎮襄陽。勉未敢言，因是怒勉，餉以白團扇，圖伐檀之詩，言其賄也。

在西州，於別室歲時設席，祠齊氏七廟。又累微行至曲阿拜齊明帝陵。然猶無以自信，聞俗說以生者血瀝死者骨滲，即爲父子。綜乃私發齊東昏墓，出其骨，瀝血試之。既有徵矣，在西州生次男月餘日，潛殺之。既瘞，夜遣人發取其骨又試之，其酷忍如此。每對東宮及諸王辭色不恭遜。嘗改歲後，問訊臨川王宏，出至中閤，登宏羊車次遺糞而出。居都下所爲多如此者〔一八〕。

普通四年，爲都督、南兖州刺史。頗勤於事，而不見賓客。其辭訟則隔簾理之。方幅出行，垂帷於輿，每云惡人識其面也。

初，齊故建安王蕭寶夤在魏，綜求得北來道人釋法鸞，使入北通問於寶夤，謂爲叔父。襄陽人梁話母死，法鸞説綜厚賜之，言終可任使。綜遺話錢五萬。及葬畢，引在左右。法鸞在廣陵，往來通魏尤數，每舍淮陰苗文寵家。言文寵於綜，綜引爲國常侍。

六年，魏將元法僧以彭城降，帝使綜都督衆軍，權鎮彭城，并攝徐州府事。武帝曉別玄象，知當更有敗軍失將，恐綜爲北所擒，手敕綜令拔軍。每使居前，勿在人後。綜恐帝覺，與魏安豐王元延明相持，夜潛與梁話、苗寵三騎開北門，涉汴河，遂奔蕭城。自稱隊主，見延明而拜。延明坐之，問其名氏，不答，曰：「殿下問人有見識者。」延明召使視之，曰「豫章王也」。延明喜，下地執其手，答其拜，送于洛陽。及旦，齋内諸閤猶閉不開，衆莫知所以，唯見城外魏軍叫曰：「汝豫章王昨夜已來，在我軍中。」城中既失王所在，衆軍乃退，不得還者甚衆。湘州益陽人任焕常有騅馬，乘之退走。焕脚爲抄所傷，人馬俱弊，焕於橋下歇，抄復至。焕脚痛不復得上馬，於是向馬泣曰：「騅子，我於此死矣。」馬因跪其前脚，焕乃得上馬，遂免難。綜長史江革、太府卿祖晅並爲魏軍所禽[一九]，武帝聞之驚駭。綜至魏，位侍中、司空、高平公、丹陽王，梁話、苗寵並爲光禄大夫。綜改名纘字德文〔二〇〕，追服齊東昏斬衰，魏太后及羣臣並弔。

八月，有司奏削爵土，絶其屬籍，改子直姓悖氏。未及旬日，有詔復屬籍，封直永新侯。久之乃策免吴淑媛，俄遇鴆而卒，有詔復其品秩，謚曰敬，使直主其喪。

及蕭寶夤據長安反，綜復去洛陽欲奔之。魏法，度河橋不得乘馬，綜乘馬而行，橋吏執之送洛陽。魏孝莊初，歷位司徒、太尉，尚帝姊壽陽長公主。陳慶之之至洛也，送綜啓求還。時吴淑媛尚在，敕使以綜小時衣寄之。信未達而慶之敗。未幾，終於魏。

初，綜在魏不得志，嘗作聽鍾鳴、悲落葉以申其志，當時莫不悲之。後梁人盜其柩來奔，武帝猶以子禮祔葬陵次。

直字思方，位晉陵太守，沙州刺史。

南康簡王績字世謹，小字四果，武帝第四子也。天監七年，封南康郡王。十年，爲南徐州刺史。時年七歲，主者有受貨洗改解書，長史王僧孺弗之覺，績見而詰之，便即首服，衆咸歎其聰警。

十七年，爲都督、南兖州刺史，在州以善政稱。尋有詔徵還，百姓曹樂等三百七十人詣闕上表〔二〕，稱績尤異一十五條，乞留爲州任。優詔許之。普通四年，徵爲侍中、雲麾將軍，領石頭戍軍事。五年，出爲江州刺史。丁董淑媛憂〔三〕，居喪過禮，固求解職。乃徵授安右將軍，領石頭戍軍事。尋加護軍。羸瘠，不親視事。大通三年，因感疾薨于任。贈開府儀同三司，謚曰簡。

績寡玩好，少嗜欲，居無僕妾，躬事儉約。所有租秩，悉寄天府。及薨後，少府有南康國無名錢數千萬。子會理嗣。

會理字長才，少聰慧，好文史。年十一而孤，特爲武帝所愛，衣服禮秩與正王不殊。十五爲湘州刺史，多信左右。行事劉納每禁之，會理心不平，譖以贓貨，收送建鄴。納歎曰：「我一見天子，使汝等知。」會理厚送資糧，數遣慰喻。令心腹於青草湖爲盜，殺納百口俱盡。累遷都督、南兗州刺史。太清元年，督衆軍北侵，至彭城，爲魏師所敗，退歸本鎮。

二年，侯景圍城，會理入援。會北徐州刺史封山侯正表將應其兄正德，外託赴援，實謀襲廣陵。會理擊破之，方得進路。臺城陷，會理歸鎮。侯景遣前臨江太守董紹先以武帝手敕召會理。其僚佐曰：「紹先書豈天子意。」咸勸拒之。會理用其典籤范子鸞計，曰：「天子年尊，受制賊虜，今有手敕召我入朝，臣子之心，豈得違背。且處江北，功業難成，不若身赴京都，圖之肘腋。」遂納紹先。紹先入，以烏幡麾衆，單馬遣之至都。景以爲司空，兼尚書令。雖在寇手，每思匡復，與西鄉侯勸等潛布腹心〔三〕，要結壯士。時范陽祖皓斬董紹先，據廣陵城起義，期以會理爲內應。皓敗，辭相連及。侯景矯詔免會理官，猶以白衣領尚書令。

是冬，景往晉熙，都下虛弱，會理復與柳敬禮及北兗州司馬成欽謀之。敬禮曰：「舉大事必有所資，今無寸兵，安可以動。」會理曰：「湖熟有吾故舊三千餘人，昨來相知，剋期響集。計賊守兵不過千人，若大兵外攻，吾等內應，直取王偉，事必有成。縱景後歸，無能爲也。」敬禮曰「善」。于時百姓厭賊，咸思用命。建安侯賁以謀告王偉，偉遂收會理及其弟通理。

時有錢唐褚冕，會理之舊，亦囚於省，問事之所起，考掠千計，終無所言。會理隔壁聞之，遥曰：「褚郎，卿豈不爲吾致此邪，然勿言。」王偉害會理等，冕竟以不服，偉赦之。

會理弟通理字仲宣，位太子洗馬，封祈陽侯，至是亦遇害。

通理弟乂理字季英。生十旬而簡王薨，至三歲能言，見內人分散，涕泣相送，問其故，或曰：「此簡王宮人喪畢去耳。」乂理便號泣，悲不自勝。諸宮人見之，莫不哀感，爲之停者三人。服闋見武帝，升殿，又悲不自勝，帝爲之收涕，謂左右曰：「此兒大必爲奇士。」大同八年，封安樂縣侯。

乂理慷慨慕立功名，每讀書見忠臣烈士，未嘗不廢卷歎曰：「一生之内，當無媿古人。」博覽多識，有文才。嘗祭孔文舉墓，并爲立碑，製文甚美。

及侯景内寇，乂理聚客赴南兖州，隨兄會理入援。及城陷，又隨會理還廣陵，因入齊爲質乞師。行二日，會景遣董紹先據廣陵，遂追獲之，防嚴不得與兄相見。乃僞請先還都，入辭母，因謂其姊固安主曰[一四]：「兄若至，願使善爲計自勉，勿顧以爲念。前途亦思立効，但未知天命何如耳。」至都，以魏降人元貞忠正，可以託孤，乃以玉柄扇贈之。貞怪不受，乂理曰：「後當見憶。」會祖皓起兵，乂理奔長蘆，爲景所害。元貞始悟其前言，往收葬焉。

廬陵威王續字世訢，武帝第五子也。天監八年，封廬陵王。少英果，旅力絶人，馳射應發命中。武帝歎曰：「此我之任城也。」嘗馳射於帝前，續中兩麞，冠於諸人。帝大悦。

中大通二年，爲都督、雍州刺史、寧蠻校尉。大同元年，遷江州刺史，又爲驃騎將軍、開府儀同三司。又爲都督、荆州刺史。薨，贈司空，謚曰威。

始元帝母阮脩容得幸，由丁貴嬪之力，故元帝與簡文相得，而與廬陵王少相狎，長相謗。元帝之臨荆州，有宮人李桃兒者，以才慧得進，及還，以李氏行。時行宮户禁重〔二五〕，續具狀以聞。元帝泣對使訴於簡文，簡文和之不得〔二六〕。元帝猶懼，送李氏還荆州，世所謂西歸内人者。自是二王書問不通。及續薨，元帝時爲江州，聞問，入閤而躍，屧爲之破。尋自江州復爲荆州，荆州人迎于我境，帝數而遣之，吏人失望。

續多聚馬仗，蓄養趫雄，耽色愛財，極意收斂，倉儲庫藏盈溢。臨終有啓，遣中録事參軍謝宣融送所上金銀器千餘件，武帝始知其富。以爲財多德寡，因問宣融曰：「王金盡於此乎？」宣融曰：「此之謂多，安可加也。夫王之過如日月之蝕，欲令陛下知之，故終而不隱。」帝意乃解。

世子憑以罪前誅死〔二七〕，次子應嗣。應不慧，王薨，至内庫閲珍物，見金鋌，問左右曰：「此可食不？」答曰：「不可。」應曰：「既不可食，並特乞汝。」他皆此類。

邵陵攜王綸字世調，小字六真，武帝第六子也。少聰穎，博學善屬文，尤工尺牘。天監十三年，封邵陵郡王。

普通五年，以西中郎將權攝南徐州事〔一八〕。在州輕險躁虐，喜怒不恒，車服僭擬，肆行非法。遨遊市里，雜於廝隸。嘗問賣䱉者曰：「刺史何如？」對者言其躁虐，綸怒，令吞䱉以死，自是百姓惶駭，道路以目。嘗逢喪車，奪孝子服而著之，匍匐號叫。籤帥懼罪，密以聞。帝始嚴責，綸不能改，於是遣代。綸悖慢逾甚，乃取一老公短瘦類帝者，加以衮冕，置之高坐，朝以爲君，自陳無罪。使就坐剥褫，捶之於庭。忽作新棺木，貯司馬崔會意，以轜車挽歌爲送葬之法，使嫗乘車悲號。會意不堪，輕騎還都以聞。帝恐其奔逸，以禁兵取之，將於獄賜盡。昭明太子流涕固諫，得免，免官削爵土還第。大通元年，復封爵。

中大通四年，爲揚州刺史。綸素驕縱，欲盛器服，遣人就市賒買錦采絲布數百疋，擬與左右職局防閤爲絳衫、内人帳幔。百姓並關閉邸店不出。臺續使少府市采，經時不能得，敕責，府丞何智通具以聞，因被責還第。恒遣心腹馬容戴子高、戴瓜、李撤、趙智英等於路尋目智通〔一九〕，於白馬巷逢之，以槊刺之，刃出於背。智通以血書壁作「邵陵」字乃絶，遂知之。帝懸錢百萬購賊，有西州游軍將宋鵲子條姓名以啓，敕遣舍人諸曇粲領齋仗五百人圍綸第，於内人檻中禽瓜、撤、智英。子高驍勇，踰牆突圍，遂免。智通子敞之割炙食之，即載出新亭，四面火炙之焦熟，敞車載錢設鹽蒜，雇百姓食撤一臠，賞錢一千。徒黨并母肉遂盡。

綸鎖在第，舍人諸曇粲并主帥領仗身守視。免爲庶人。經三旬乃脱鎖，頃之復封爵。後預餞衡州刺史元慶和，於坐賦詩十二韻，末云「方同廣川國，寂寞久無聲」。大爲武帝賞，曰：「汝人才如此，何慮無聲。」旬日間，拜郢州刺史。

太清二年，位中衛將軍、開府儀同三司。侯景構逆，加征討大都督，率衆討景。將發，帝誡曰：「侯景小豎，頗習行陣，未可以一戰即殄，當以歲月圖之。」綸發白下，中江而浪起，有物蕩舟將覆，識者尤異之。及次鍾離，景已度採石，綸乃晝夜兼道，旋軍入赴。濟江，中流風起，人馬溺者十一二。遂率西豐公大春、新淦公大成等步騎三萬發京口，將軍趙伯超請從徑路直指鐘山，出其不意，綸從之。衆軍奄至，賊徒大駭，分爲三道攻綸，綸大破之。翊日，賊又來攻，日晚賊稍退。南安侯駿以數十騎馳之，賊回拒駿，駿部亂，賊因逼大軍，大軍潰。綸至鐘山戰敗，奔還京口。軍主霍俊見獲，賊送于城下，逼云已禽邵陵王。俊僞許之，乃曰：「王小失利，政爲糧盡還京口。俊爲託邏所獲，非軍敗也。」賊以刀背敺其髀，俊色不變，賊義而捨之。俊，中書舍人靈超子也。

三年正月，綸與東揚州刺史大連等入援至驃騎洲，進位司空。臺城陷，綸奔禹穴，東土皆附。臨城公大連懼將害己，乃圖之。綸覺乃去。至尋陽，尋陽公大心欲以州讓之，不受。

大寶元年，綸至郢州，刺史南平王恪讓州於綸，綸不受。乃上綸爲假黄鉞、都督中外諸軍事。綸於是置百官，改聽事爲正陽殿，内外齋省悉題署焉。而數有變怪，祭城隍神，將烹牛，有赤蛇繞牛口出。南浦施安幄帳，無何風起，飄没于江。

于時元帝圍河東王譽於長沙既久，譽請救於綸，綸欲往救之，爲軍糧不繼遂止。乃與元帝書曰：「道之斯美，以和爲貴，況天時地利不及人和〔三〇〕。豈可手足肱支，自相屠害。即日大敵猶彊，天讎未雪。余爾昆弟，在外三人，如不匡救，安用臣子。如使逆寇未除，家禍仍搆，料今訪古，未或弗亡。夫征戰之理，義在克勝。至於骨肉之戰，愈勝愈酷，捷則非功，敗則有喪，勞兵損義，虧失多矣。侯景之軍所以未窺江外者，政爲藩屏盤固，宗鎮彊密。若自相魚肉，是謂代景行師，景便不勞兵力，坐致成効，醜徒聞此，何快如之！」元帝復書，陳譽有罪不可解圍之狀。綸省書流涕曰：「天下之事，一至於斯！」左右聞之，莫不掩泣。於是大脩器甲，將討侯景。

元帝聞其盛，乃遣王僧辯帥舟師一萬以逼綸。綸將劉龍武等降僧辯，綸遂與子躓等十餘人輕舟走武昌。沙門法馨與綸有舊，藏之巖石之下。時綸長史韋質、司馬姜偉先在外〔三〕，聞綸敗，馳往迎。元帝復遣將徐文盛追攻之。綸復收卒屯于齊昌郡，將引魏軍共攻南陽。侯景將任約襲綸，綸敗走。定州刺史田龍祖迎綸，綸懼爲所執，復歸齊昌。行收兵至汝南，魏所署汝南城主李素孝者，綸之故吏，開城納之。綸乃脩復城池，收集士卒，將攻竟陵。魏聞之，遣大將楊忠、儀同侯幾通攻破城，執綸，綸不爲屈。通乃卧大鼓，使綸坐上殺之，投于江岸，經日色不變，鳥獸莫敢近。時飛雪飄零，屍橫道路，周回數步，獨不霑灑。舊主帥安陸人郝破敵斂之於襄陽。葬之日，黃雪雰糅，唯冢壙所獨不下雪。楊忠知而悔焉，使以太牢往祭殯焉。百姓憐之，爲立祠廟。岳陽王詧遣迎喪，葬於襄陽望楚山南，贈太宰，謚曰安。後元帝議追加謚，尚書左丞劉瑴議，謚法「怠政交外曰攜」。從之。

綸任情卓越，輕財愛士，不競人利，府無儲積。聞有輒求，既得即散，士亦以此歸之。初鎮京口，大造器甲，既涉聲論，投之于江。及後出征，戎備頗闕，乃歎曰：「吾昔造仗，本備非常，無事涉疑，遂使零散。今日討抄，卒無所資。」

初，昭明之薨，簡文入居監撫，綸不謂德舉，而云「時無豫章，故以次立」。及廬陵之沒，綸觖望滋甚，於是伏兵于莽，用伺車駕。而臺舍人張僧胤知之，其謀頗洩。又綸獻曲阿酒百器，上以賜寺人，飲之而斃。上乃不自安，頗加衞士，以警宮內。於是傳者諸相疑阻，而綸亦不懼。武帝竟不能有所廢黜，卒至宗室爭競，爲天下笑。

長子堅字長白，大同元年，以例封汝南侯。亦善草隸，性頗庸短，嘗與所親書，題云「嗣王」。其人得書大駭，執以諫堅，堅曰：「前言戲耳。」人曰：「不願以此爲戲耳。」侯景圍城，堅屯太陽門，終日蒱飲，不撫軍政。吏士有功，未嘗申理，疫癘所加，亦不存恤，士咸憤怨。太清三年，堅書佐董勛華、白曇朗等以堅私室醖釀，亟有烹宰，不相霑及，忿恨，夜遣賊登樓，城遂陷，堅遇害。弟確。

確字仲正，少驍勇，有文才，尤工楷隸，公家碑碣皆使書之。除秘書丞，武帝謂曰：「爲汝能文，所以特有此授。」大同二年，封爲正階侯，復徙封永安。常在第中習騎射，學兵法，時人以爲狂。左右或進諫，確曰：「聽吾爲國家破賊，使汝知之。」鍾山之役，確所向披靡，羣賊憚之。確每臨陣對敵，意甚詳贍，帶甲據鞍，自朝及夕，馳驟往返，不以爲勞，諸將服其壯勇。軍敗，賊使負砲，不之知也。確因隙自拔，得達朱方。

及後侯景乞盟，憚確及趙威方在外，慮爲後患，啓求召確入城。詔乃召確爲南中郎將、廣州刺史。確知此盟多貳，城必淪没，欲先遣趙威方入，確因南奔。綸聞之，逼確使入。確猶不肯，綸流涕謂曰：「汝欲反邪！」時臺使周石珍在坐，確曰：「侯景雖云欲去，而不解長圍，以意而推，其事可見。今召我入，未見益也。」石珍曰：「敕旨如此，侯豈得辭。」確執意猶堅，綸大怒，謂趙伯超曰：「譙州，卿爲我斬之。當齎首赴闕。」伯超揮刃眄曰：「我識君耳，刀豈識君。」確流涕而出，遂入城。及景背盟復圍城，城陷，確排闥入啓。時武帝方寢，確曰：「城已陷矣。」[二]帝曰：「猶可一戰不？」對曰：「人心不可。臣向格戰不禁，縋下僅得至此。」武帝歎曰：「自我得之，自我失之，亦復何恨，幸不累子孫。」乃使確爲慰勞文，謂曰：「爾速去謂汝父，無以二宮爲念。」

及出見景，景愛其旅力，恒令在左右。後從景，仰見飛鳶[三]，羣賊爭射不中，確射之，應弦即落。賊徒忿嫉，咸勸除之。先是綸遣典籤唐法隆密導確，確謂使者曰：「侯景輕佻，可一夫力致。確不惜死，欲手刃之。卿還啓家王，願勿以一子爲念。」後與景獵鐘山，同逐禽，引弓將射景，弦斷不得發，賊覺殺之。

武陵王紀字世詢，武帝第八子也。少而寬和，喜怒不形於色，勤學有文才。天監十三年，封武陵王。尋授揚州刺史。中書詔成，武帝加四句曰：「貞白儉素，是其清也；臨財能讓，是其廉也；知法不犯，是其慎也；庶事無留，是其勤也。」紀特爲帝愛，故先作牧揚州。

大同三年，爲都督、益州刺史。以路遠固辭，帝曰：「天下方亂，唯益州可免，故以處汝，汝其勉之。」紀歔欷，既出復入。帝曰：「汝嘗言我老，我猶再見汝還益州也。」紀在蜀，開建寧、越巂，貢獻方物，十倍前人。朝嘉其績，加開府儀同三司。

初，天監中，震太陽門，成字曰：「紹宗梁位唯武王。」解者以武陵王〔三四〕，於是朝野屬意焉。及侯景陷臺城，上甲侯韶西上至硤，出武帝密敕，加紀侍中、假黃鉞、都督征討諸軍事、驃騎大將軍、太尉、承制。大寶元年六月辛酉〔三五〕，紀乃移告諸州征鎮，遣世子圓照領二蜀精兵三萬，受湘東王繹節度。繹命圓照且頓白帝，未許東下。七月甲辰，湘東王繹遣鮑檢報紀以武帝崩問。十一月壬寅，紀總戎將發益鎮，繹使胡智監至蜀，書止之曰〔三六〕：「蜀中斗絶，易動難安，弟可鎮之，吾自當滅賊。」又別紙云：「地擬孫、劉，各安境界，情深魯、衞，書信恒通。」

二年四月乙丑，紀乃僭號於蜀，改年曰天正，暗與蕭棟同名。識者尤之，以爲於文「天」爲二人，「正」爲一止，言各一年而止也。紀又立子圓照爲皇太子，圓正爲西陽王，圓滿竟陵王，圓普南譙王〔三七〕，圓肅宜都王。以巴西、梓潼二郡太守永豐侯撝爲征西大將軍、益州刺史，封秦郡王。司馬王僧略、直兵參軍徐怦並固諫，皆殺之。僧略，僧辯弟；怦，勉從子也，以諫，且以怦與將帥書云「事事往人口具」，以爲反於己，誅之。永豐侯撝歎曰：「王不克矣〔三八〕。夫善人國之基也，今乃誅之，不亡何待。」又謂所親曰：「昔桓玄年號大亨，識者爲謂『二月了』，而玄之敗實在仲春。今年曰天正，在文爲『一止』，其能久乎！」丁卯，元帝遣萬州刺史宋簉襲圓照於白帝，圓照弟圓正時爲西陽太守，召至，鎖于省內。初，楊乾運求爲梁州刺史不得，紀以爲潼州刺史。楊法深求爲黎州刺史亦不得〔三九〕，以爲沙州刺史。二憾不獲所請〔四〇〕，各遣使通西魏。及聞魏軍侵蜀，紀遣其將譙淹回軍赴援，魏將尉遲迥逼涪水，楊乾運降之。迥即趨成都。

五月己巳，紀次西陵，軍容甚盛。元帝命護軍將軍陸法和立二城於峽口，名七勝城，鎖江以斷峽。時陸納未平，蜀軍復逼，元帝甚憂。法和告急，旬日相繼。元帝乃拔任約於獄，以爲晉安王司馬，撤禁兵以配之。并遣宣猛將軍劉棻共約西赴。六月，紀築連城，攻絕鐵鎖。元帝復於獄拔謝答仁爲步兵校尉，配衆一旅上赴。紀之將發也，江水可揭，前部不得行。及登舟，無雨而水長六尺。劉孝勝喜曰：「殆天贊也。」將至峽，有黑龍負舟，其將帥咸謂天助。及頓兵日久，頻戰不利，師老糧盡，智力俱殫。又魏人入劍閣，成都虛弱，憂懣不知所爲。

先是，元帝已平侯景，執所俘馘，頻遣報紀。世子圓照鎮巴東，留執不遣。啓紀云：「侯景未平，宜急征討。已聞荆鎮爲景所滅，疾下大軍。」紀謂爲實然，故仍率衆沿江急進。於路方知侯景已平，便有悔色，召圓照責之。圓照曰：「侯景雖誅，江陵未服，宜速平蕩。」紀亦以既居尊位，宣言於衆，敢諫者死。蜀中將卒日夜思歸。所署江州刺史王開業進曰：「宜還救根本，更思後圖。」諸將僉以爲然。圓照、劉孝勝獨言不可，紀乃止。既而聞王琳將至，潛遣將軍侯叡傍險出法和後，臨水築壘禦琳及法和。元帝書遺紀，遣光州刺史鄭安中往喻意於紀〔四一〕，許其還蜀，專制峭方。紀不從命，報書如家人禮。既而侯叡爲任約、謝答仁所破，又陸納平，諸軍並西赴，元帝乃與紀書曰：「甚苦大智！季月煩暑，流金鑠石，聚蚊成雷，封狐千里。以茲玉體，辛苦行陣，乃眷西顧，我勞如何。自獯醜憑陵，羯胡叛換，吾年爲一日之長，屬有平亂之功，膺此樂推，事歸當璧。儻遣使乎，良所希也。如曰不然，於此投筆。友于兄弟，分形共氣。兄肥弟瘦，無復相代之期；讓棗推梨，長罷懽愉之日。上林靜拱，聞四鳥之哀鳴；宣室披圖，嗟萬始之長逝。心乎愛矣，書不盡言。」大智，紀別字也。帝又爲詩曰：「回首望荆門，驚浪且雷奔。四鳥嗟長別，三聲悲夜猿。」圓正在獄中連句曰：「水長二江急，雲生三峽昏。願貰淮南罪，思報阜陵恩。」帝看詩而泣。

紀頻敗，知不振，遣署度支尚書樂奉業往江陵論和緝之計。元帝知紀必破，遂拒而不許，於是兩岸十餘城遂俱降。游擊將軍樊猛率所領至紀所，紀在船中遶牀而走，以金擲猛等曰：「此顧卿送我一見七官，卿必當富貴。」猛曰：「天子何由可見。殺足下，此金何之。」猶不敢逼，圍而守之。法和馳啓，上密勑樊猛曰：「生還不成功也。」猛率甲士祝文簡、張天成拔刃升舟，猶左右奔擲。第五子圓滿馳來就父，紀首既落，圓滿軀亦分。法和收太子圓照兄弟三人，問圓照曰：「阿郎何以至此？」圓照曰：「失計，願爲公作奴。」法和叱遣之。

圓照字明周，中大同初，爲益州東齋郎、宋寧宋興二郡太守。遠鎮諸王世子皆在建鄴質守，帝特愛紀，故遣以副紀。紀之搆釁，悉其謀也。次弟圓正先見鎖在江陵，及紀既以兵終，元帝使謂曰：「西軍已敗，汝父不知存亡。」意欲使其自裁。而圓正既奉此問，便號哭盡哀。以禍難之興皆由圓照，於是唯哭世子，言不絕聲。上謂圓正聞問悲感，必應自殺，頻看知不能死，又付廷尉獄。及見圓照曰：「阿兄，何乃亂人骨肉，使酷痛如此。」圓照更無所言，唯云計誤。並命絕食於獄，齧臂啖之，十三日死，天下聞而悲之。

圓正字明允，紀第二子。美風儀，善談論，寬和好施，愛接士人。封江安侯。歷西陽太守，有惠政。既居上流，人附者甚衆。及侯景作逆，圓正收兵衆且一萬，後遂跋扈中流，不從王命。及景破，復謀入蜀。元帝將圖之，署爲平南將軍。及至弗見，使南平嗣王恪等醉而囚之。

時紀稱梁王。及紀敗死，爲有司奏請絶紀屬籍，元帝許之，賜姓饕餮氏。紀最爲武帝所愛。武帝諸子罕登公位，唯紀以功業顯著，先啓黄扉。兄邵陵王綸屢以罪黜，心每不平。及聞紀爲征西，綸撫枕歎曰：「武陵有何功業，而位乃前我？朝廷憒憒，似不知人。」武帝聞之，大怒曰：「武陵有恤人拓境之勳，汝有何績。」

太清初，帝思之，使善畫者張僧繇至蜀圖其狀。在蜀十七年，南開寧州、越巂，西通資陵、吐谷渾。内脩耕桑鹽鐵之功，外通商賈遠方之利，故能殖其財用，器甲殷積。馬八千匹，上足者置之内廐，開寢殿以通之，日落，輒出步馬。便騎射，尤工舞矟。九日講武，躬領幢隊。及聞國難，謂僚佐曰：「七官文士，豈能匡濟。」既東下，黄金一斤爲餅，百餅爲簉，至有百簉；銀五倍之，其他錦罽繒采稱是。每戰則懸金帛以示將士，終不賞賜。寧州刺史陳知祖請散金銀募勇士，不聽，慟哭而去。自是人有離心，莫肯爲用。紀頗學觀占，善風角，亦知不復能濟。瞻望氣色，歎吒天道，榷牀聲聞于外。有請事者，以疾辭不見。既死，埋於沙州，不封無櫬。元帝以劉孝勝付廷尉，尋免之。

初，紀將僭號，祅怪不一，内寢柏殿柱繞節生花，其莖四十有六，靃靡可愛，狀似荷花。識者曰：「王敦祅花，非佳事也。」時蜀知星人説紀曰：「官若東下，當用申年，太白出西，從之爲利。申歲發蜀，酉年入荆，不可失也。」發蜀之歲，太白在西，比及明年，則已東出矣。

論曰：甚矣，讒佞之爲巧也！夫言附正直，跡在恭敬，悦目會心，無施不可。至乃離父子，間兄弟，廢楚嫡，疎漢嗣，可爲太息，良非一塗。以昭明之親之賢，梁武帝之愛之信，謗言一及，至死不能自明，況於下此者也。綜處秦政之疑，懷負尺之志，肆行狂悖，卒致奔亡。廬陵多財爲累，雄心自立，未及騁暴，早没爲幸。南康爲政有方，居喪以禮，惜乎早夭，不拯危季。邵陵少而險躁，人道頓亡，晚致勤王，其殆優矣。武陵地居勢勝，卒致傾覆，才輕志大，能無及乎。

校勘記

〔一〕董昭儀生南康簡王績　「昭儀」，梁書卷二九后妃傳作「淑儀」。

〔二〕依舊於内　梁書卷八昭明太子統傳「於」上有「居」字。

〔三〕五年五月庚戌出居東宫　「五月」，通鑑卷一四六梁紀二天監五年在「六月」。按是年五月乙丑朔，無庚戌；六月甲午朔，十七日庚戌。通鑑蓋因五月無庚戌而改在六月。然梁書卷二武帝紀中載天監五年八月「辛酉，作太子宫」，似又不合。

〔四〕自立三諦法義　「三諦」，册府卷二五八作「二諦」；「法義」，梁書卷八昭明太子傳、册府作「法身義」。按廣弘明集卷二一有昭明太子令旨解二諦義，謂二諦爲「真諦」、「俗諦」；又有令旨解法身義，謂「法者，軌則爲旨；身者，有體之義。軌則之體，故曰法身」。此疑有誤。

〔五〕謂猶應兼慕　梁書卷八昭明太子傳「兼慕」上有「稱」字。

〔六〕凡三朝發哀者踰月不舉樂　「樂」字原脱，據梁書卷八昭明太子傳、册府卷五七九補。

〔七〕張豈不以舉樂爲大　「以」，梁書卷八昭明太子傳、册府卷五七九作「知」。

〔八〕稱慕悼之辭宜終服月　「辭」，梁書卷八昭明太子傳作「解」。

〔九〕不俟我恒爾懸心　「俟」，梁書卷八昭明太子傳、御覽卷一四八引梁書、卷八五九引梁書、通志卷八三作「使」。

〔一〇〕吴郡屢以水災不熟　「吴郡」，梁書卷八昭明太子傳、咸淳臨安志卷八九作「吴興郡」。按下疏云「使吴興一境無復水災」，疑此「吴」下脱「興」字。

〔一一〕詔遣前交州刺史王弈假節發吴吴興信義三郡人丁就役　「王弈」，梁書卷八昭明太子傳作「王弁」，下同。「信義」，梁書作「義興」。按義興自晉歷宋齊爲郡，見州郡志。梁廢義興置信義，見隋書地理志。陳後主有子祗封信義王，見陳書卷二八後主十一子傳。隋平陳後廢信義爲縣，見隋志吴郡。南史修成於唐，故改義興爲信義。

〔二〕聞喪皆哀慟　「皆」，原作「者」，據梁書卷八昭明太子傳、册府卷二五八改。

〔三〕士人結流徒　「徒」，通志卷八三作「徙」。

〔四〕各三千户　按梁制諸王户封數例以二千爲限，梁書卷五五河東王譽傳：「改封河東郡王，邑二千户。」「三」疑當作「二」。

〔五〕各自軍府何忽疑人　「疑」，梁書卷五五河東王譽傳、通鑑卷一六二梁紀一八太清三年作「隸」。

〔六〕譽幼而有驍勇　梁書卷五五河東王譽傳、册府卷二七一無「有」字。

〔七〕又見長人蓋屋兩手據地噉其臍　「噉其臍」，梁書卷五五河東王譽傳作「瞰其齋」。

〔八〕居都下所爲多如此者　「爲」字原脱，據南監本、北監本、汲本、殿本及通志卷八三補。

〔九〕綜長史江革太府卿祖暅並爲魏軍所禽　「太府卿」，通志卷八三作「太舟卿」，本書卷七二文學祖沖之傳附祖暅之傳：「位至太舟卿。」

〔一〇〕綜改名纘字德文　「纘」，魏書卷五九蕭寶夤傳附蕭贊傳作「贊」。按錢大昕考異卷三七：「北史『纘』作『贊』，當從之。綜既自稱東昏子，必不肯與梁武諸兒同從『糸』旁。」

〔一一〕百姓曹樂等三百七十人詣闕上表　「曹樂」，梁書卷二九高祖三王南康簡王績傳作「曹嘉樂」。

〔一二〕丁董淑媛憂　「淑媛」，梁書卷二九高祖三王南康簡王績傳、册府卷二六七、卷二八〇作「淑儀」，本卷傳序作「昭儀」。

〔二三〕與西鄉侯勸等潛布腹心　「勸」，原作「歡」。按歡爲昭明太子長子豫章郡王名，已薨於大同六年十二月；勸爲吴平侯景次子名，封西鄉侯，附本書卷五一梁宗室上吴平侯景傳，今改正。

〔二四〕因謂其姊固安主曰　「固安」，梁書卷二九高祖三王南康簡王績傳附乂理傳、册府卷二五八作「安固」。按隋書卷三八鄭譯傳載「帝命譯尚梁安固公主」，此疑倒文。

〔二五〕時行宫户禁重　册府卷二九八、通志卷八三作「時得營户禁重」。

〔二六〕元帝泣對使訴於簡文簡文和之不得　「不得」，册府卷二九八作「得止」。按下文云「元帝猶懼」，疑當作「得止」。

〔二七〕世子憑以罪前誅死　「罪」，原作「非」，據通志卷八三改。

〔二八〕以西中郎將權攝南徐州事　「南徐州」，梁書卷二九高祖三王邵陵攜王綸傳、册府卷二八〇作「南兗州」。

〔二九〕恒遣心腹馬容戴子高戴瓜李撤趙智英等於路尋目智通　「目」，南監本、北監本、殿本作「何」。

〔三〇〕況天時地利不及人和　「和」，原作「乎」，據北監本、殿本及梁書卷二九高祖三王邵陵攜王綸傳、通鑑卷一六三梁紀一九大寶元年改。

〔三一〕時綸長史韋質司馬姜偉先在外　「姜偉」，梁書卷二九高祖三王邵陵攜王綸傳、通鑑卷一六三梁紀一九大寶元年作「姜律」。

〔三二〕確曰城已陷矣　「曰」，原作「出」，據大德本壹、南監本、北監本、殿本及梁書卷二九高祖三王邵陵攜王綸傳附確傳、册府卷二八五改。

〔三三〕後從景仰見飛鳶　「鳶」，原作「鵰」，據大德本壹、南監本、北監本、殿本及梁書卷二九高祖三王邵陵攜王綸傳附確傳改。

〔三四〕解者以武陵王　「以武陵王」，梁書卷五五武陵王紀傳作「以爲武王者武陵王也」，通志卷八三作「以武陵王當之」。此疑有脱誤。

〔三五〕大寶元年六月辛酉　按是年六月己卯朔，無辛酉。下七月無甲辰，十一月無壬寅，二年五月癸酉朔，亦無己巳。

〔三六〕書止之曰　通志卷八三「書」上有「以」字。

〔三七〕圓普南譙王　「南」字原脱，據北監本、殿本及梁書卷五五武陵王紀傳補。

〔三八〕王不克矣　「不克」，梁書卷五五武陵王紀傳作「不免」。

〔三九〕楊法深求爲黎州刺史亦不得　「楊法深」，通鑑卷一六五梁紀二一承聖二年作「楊法琛」。

〔四〇〕二憾不獲所請　通志卷八三作「二人皆憾不獲所請」。

〔四一〕遣光州刺史鄭安中往喻意於紀　「鄭安中」，梁書卷五五武陵王紀傳作「鄭安忠」。

南史卷五十四

列傳第四十四

梁簡文帝諸子　元帝諸子

簡文二十子。王皇后生哀太子大器、南郡王大連。陳淑容生尋陽王大心。左夫人生南海王大臨、安陸王大春。謝夫人生瀏陽公大雅。張夫人生新興王大莊。包昭華生西陽王大鈞。范夫人生武寧王大威〔一〕。褚脩華生建平王大球。陳夫人生義安王大昕。朱夫人生綏建王大摯。其臨川王大款、桂陽王大成、汝南王大封、樂良王大圜，並不知母氏。潘美人生皇子大訓，早亡無封。其餘不知不載。

哀太子大器字仁宗，簡文嫡長子也。中大通三年，封宣城郡王〔二〕。太清二年十月，侯景寇建鄴，敕太子爲臺内大都督。三年五月，簡文即位。六月癸酉，立爲皇太子〔三〕。大寶二年八月，景廢簡文，將害太子。時景黨稱景命召之，太子方講老子，將下牀而刑人掩至。太子顔色不變，徐曰：「久知此事，嗟其晚耳。」刑者將以衣帶絞之，太子曰：「此不能見殺。」乃指繫帳竿下繩，命取絞之而絶。時年二十八。

太子性寬和，兼神用端嶷，在賊中每不屈意。左右竊問其故，答曰：「賊若未須見殺，雖復陵慠呵叱，其終不敢言〔四〕。若見害時至，雖一日百拜，無益於死。」問者又曰：「官今憂逼而神貌怡然，未喻此意。」答曰：「吾自度死必在賊前，若諸叔外來，平夷羯寇，必前見殺，然後就死。若其遂開拓上流，必先見殺，後取富貴。何能以無益之愁，横憂必死之命。」景之西上，攜太子同行，及敗歸，船往往相失。所乘船入樅陽浦，舟中腹心並勸因此入北。太子曰：「自國家喪敗，志不圖生。主上蒙塵，寧忍違離。吾今若去，乃是叛父，非謂避賊。天下豈有無父之國。」便涕泗嗚咽，命即前進。賊以太子有器度，每憚之。恐爲後患，故先及禍。承聖元年四月，追謚哀太子，祔太廟陰室。

尋陽王大心字仁恕，簡文第二子也。幼而聰朗，善屬文。中大通四年，以皇孫封當陽縣公。大同元年，爲都督、郢州刺史，時年十三。簡文以其幼，戒之曰：「事無大小，悉委行事。」大心雖不親州務，發言每合於理，衆皆驚服。太清元年，爲雲麾將軍、江州刺史。貪冒財賄，不能綏接百姓。二年，侯景寇都，大心招集士卒，與上流諸軍赴援宫闕。三年，臺城陷，上甲侯蕭韶南奔宣密詔，加散騎常侍，進號平南將軍。大寶元年，封尋陽王。

初，歷陽太守莊鐵以城降侯景，既而又奉其母來奔。大心以鐵舊將，厚爲其禮，軍旅之事，悉以委之，以爲豫章内史。景數遣軍西上寇抄，大心輒令鐵擊破之，禽其將趙加婁，賊不能進。時鄱陽王範率衆棄合肥，屯于栅口，待援兵總集，欲俱進。大心聞之，遣要範西上，以盆城處之，廩饋甚厚，欲與戮力共除禍難。會鐵據豫章反，大心令中兵參軍韋約討之，鐵敗乞降。鄱陽世子嗣先與鐵善，乃謂範曰：「昔與鐵游處，其人才略從横，若降江州，必不全其首領，請援之。」乃遣將侯瑱救鐵，夜破韋約等營。大心大懼。於是二蕃釁起。

景將任約略地至盆城，大心遣司馬韋質拒戰敗績，時帳下猶有勇士千餘人，咸説曰：「既無糧儲，難以守固，若輕騎往建州，以圖後舉，策之上也。」其母陳淑容不從，撫胸慟哭，大心乃止，遂與約和。二年，將遇害，遶牀謂賊廂公王僧貴曰：「我以全州歸命，何忍相苦。」乃見射而殞。

臨川王大款字仁師，簡文第三子也。初封石城縣公，位中書侍郎。太清三年，簡文即位，封江夏郡王。大寶元年，奔江陵，湘東王承制，改封臨川王。魏剋江陵，遇害。

南海王大臨字仁宣，簡文帝第四子也。大同二年，封寧國縣公。少而敏慧。年十一，遭左夫人憂，哭泣毁瘠，以孝聞。後入國學，明經射策甲科，拜中書侍郎，遷給事黄門侍郎。十一年，長兼侍中，出爲琅邪、彭城二郡太守。侯景亂，屯端門，都督城南諸軍事。大寶元年，封南海郡王，出爲都督、東揚州刺史，又除吴郡太守。時張彪起義於會稽，吴人陸令公、潁川庾孟卿等勸大臨投之。大臨曰：「彪若成功，不藉我力；如其撓敗，以我説焉，不可往也。」二年遇害。

南郡王大連字仁靖，簡文第五子也。少俊爽，能屬文。舉止風流，雅有巧思，妙達音樂，兼善丹青。大同二年，封臨城縣公。七年，與南海王俱入國學，並射策甲科，皆拜中書侍郎。十年，武帝幸朱方，大連與兄大臨並從。武帝問曰：「汝等習騎不？」對曰：「臣等未奉詔，不敢輒習。」敕令給馬試之。大連兄弟據鞍往還，各得馳驟之節。帝大説，即賜所乘馬。及爲啓謝，辭又甚美。帝他日謂簡文曰：「昨見大臨、大連，風韻可愛，足慰吾老年。」遷給事黄門侍郎，轉侍中。

太清元年，出爲東揚州刺史。侯景入寇建鄴，大連率衆四萬來赴。及臺城没，援軍散還東揚州。會稽豐沃，糧仗山積，東人懲景苛虐，咸樂爲用，而大連恒沈湎于酒。宋子仙攻之，大連棄城走，追及於信安縣，大連猶醉弗之覺。於是三吴悉爲賊有。大寶元年，封南郡王。賊遣將趙伯超、劉神茂來攻。大連專委部將留異，以城應賊，大連棄走，爲賊所獲。侯景以爲江州刺史。二年遇害。

安陸王大春字仁經，簡文第六子也。少博涉書記，善吹笙。天性孝謹，體貌瓌偉，腰帶十圍。大同六年，封西豐縣侯〔五〕，拜中書侍郎。後爲寧遠將軍，知石頭戍軍事。侯景内寇，大春奔京口，隨邵陵王入援，戰于鐘山。軍敗，肥大不能行，爲賊所獲。大寶元年，封安陸郡王，出爲東揚州刺史。二年遇害。

桂陽王大成字仁和，簡文第八子也。初封新淦公〔六〕。太清三年，簡文即位，封山陽郡王。大寶元年，奔江陵。湘東王承制，改封桂陽王。大成性甚兇驫，兼便弓馬。至江陵，被甲夜出，人謂爲刼，斫之，遂失左髻。魏剋江陵，遇害。

汝南王大封字仁叡，簡文第九子也。初封臨汝公。太清三年，簡文即位，封宜都郡王。大寶元年，奔江陵。湘東王承制，封汝南王。魏剋江陵，遇害。

瀏陽公大雅字仁風，簡文第十二子也。大同九年，封瀏陽縣公。少聰警，美姿儀，特爲武帝所愛。臺城陷，大雅猶命左右格戰。賊至漸衆，乃自縋而下，發憤感疾薨。

新興王大莊字仁禮，簡文第十三子也。性躁動。大同元年〔七〕，封高唐縣公。大寶元年，封新興郡王，位南徐州刺史。二年遇害。

西陽王大鈞字仁博〔八〕，簡文第十四子也。性厚重，不妄戲弄。年七歲，武帝嘗問讀何書，對曰學詩。因令諷誦，即誦周南，音韻清雅。帝重之，因賜王羲之書一卷。大寶元年，封西陽郡王，位丹陽尹。二年，監揚州，遇害。

武寧王大威字仁容，簡文第十五子也。美風儀，眉目如畫。大寶元年，封武寧郡王。二年，爲丹陽尹，遇害。

皇子大訓字仁德，簡文第十六子也。少而脚疾，不敢躡履。太清三年，未封而亡，年十歲。

建平王大球字仁玉〔九〕，簡文帝第十七子也。大寶元年，封建安郡王〔一○〕。性明慧夙成。初，侯景圍臺城，武帝素歸心釋教，每發誓願，恒云：「若有衆生應受諸苦，衍身代當〔一一〕。」時大球年甫七歲，聞而驚謂母曰：「官家尚爾，兒安敢辭。」乃六時禮佛，亦云：「凡有衆生應獲苦報，悉大球代受。」其早慧如此。二年遇害。

義安王大昕字仁朗，簡文帝第十八子也。年四歲，母陳夫人卒，便哀毁有若成人，晨夕涕泣，眼爲之傷。及武帝崩，大昕奉慰簡文，嗚噎不自勝，左右莫不掩泣。大寶元年，封義安郡王。二年遇害。

綏建王大摯字仁瑛，簡文第十九子也。幼雄壯有膽氣，及臺城陷，乃歎曰：「大丈夫會當滅虜屬。」嬭媪驚掩其口，曰：「勿妄言，禍將及。」大摯笑曰：「禍至非由此。」大寶元年封，二年遇害。

樂良王大圜，簡文第二十子也。大寶元年封。後入周。仕隋位內史侍郎。

元帝諸子。徐妃生忠烈世子方等〔一〕。王貴嬪生貞惠世子方諸、始安王方略。袁貴人生愍懷太子方矩。夏貴妃生敬皇帝。自餘不顯。

忠烈世子方等字實相，元帝長子也。少聰敏，有俊才，善騎射，尤長巧思。性愛林泉，特好散逸。嘗著論曰：「人生處世，如白駒過隙耳。一壺之酒，足以養性；一簞之食，足以怡形。生在蒿蓬，死葬溝壑，瓦棺石椁，何以異茲。吾嘗夢爲魚，因化爲鳥。方其夢也，何樂如之，及其覺也，何憂斯類，良由吾之不及魚鳥者遠矣。故魚鳥飛浮，任其志性，吾之進退，恒在掌握。舉首懼觸，摇足恐墮。若使吾終得與魚鳥同遊，則去人間如脱屣耳。」初，徐妃以嫉妬失寵，方諸母王氏以冶容倖嬖。及王夫人終，元帝歸咎徐妃，方等意不自安。元帝聞之，又惡方等，方等益懼，故述此論以申其志。

時武帝年高，欲見諸王長子。元帝遣方等，方等欣然升舟，冀免憂辱。行至繇水，遇侯景亂，元帝召之，方等啓曰：「昔申生不愛其死，方等豈顧其生。」元帝省書歎息，知無還意，乃配步騎一萬，使援臺城。賊每來攻，方等必身當矢石。城陷，方等歸荆州，收集士馬，甚得衆和。元帝始歎其能。方等又勸脩築城栅，以備不虞，既成，樓雉相望，周回七十餘里。元帝觀之甚説，入謂徐妃曰：「若更有一子如此，吾復何憂。」徐妃不答，垂泣而退。元帝忿之，因疏其穢行，牓于大閤，方等入見，益以自危。

時河東王爲湘州刺史，不受令。方等求征之，元帝謂曰：「汝有水厄，深宜慎之。」拜爲都督，令南討。方等臨行謂所親曰：「吾此段出征，必死無二，死而獲所，吾豈愛生。」及至麻溪，軍敗溺死，求屍不得。元帝聞之心喜，不以爲戚。後追思其才，贈侍中、中軍將軍、揚州刺史，謚忠壯世子，并招魂以葬之。

方等注范曄後漢書，未就。所撰三十國春秋及篤靜子行於世〔三〕。

元帝即位，改謚武烈世子。封子莊爲永嘉王。及魏剋江陵，莊年甫七歲，爲人家所匿。後王琳迎送建鄴。及敬帝立，出質于齊。敬帝太平二年，陳武帝將受禪，王琳請莊于齊以主梁嗣，自盆城濟江。二月，即帝位于郢州，年號天啓，置百官。王琳總其軍國。明年，莊爲陳人所敗，其御史中丞劉仲威奉以奔壽陽，遂入齊。齊武平元年，授特進、開府儀同三司，封梁王。齊朝許以興復，竟不果而齊亡，莊在鄴飮氣而死。

貞惠世子方諸字明智〔四〕，元帝第二子也。幼聰警博學，明老、易，善談玄，風采清越，特爲元帝所愛，母王氏又有寵。及方等敗後，元帝謂曰：「不有所廢，其何以興。勿以汝兄爲念。」因拜中撫軍將軍以自副。又出爲郢州刺史，鎭江夏，以鮑泉爲行事。時元帝遣徐文盛與侯景將任約相持，方諸年十五，童心未革，恃文盛在近，不恤軍政，日與鮑泉蒱酒爲樂。侯景知之，乃遣其將宋子仙從間道襲之。百姓奔告，方諸與鮑泉並不信，曰：「文盛大軍在下，虜安得來？」始命閉門，賊已入城。方諸方踞泉腹，以五色毦辮其鬚。子仙執方諸以歸。王僧辯軍至蔡洲，景遂害之。元帝追謚貞惠世子。

愍懷太子方矩字德規，元帝第四子也。少勤學，美容止。初封南安侯。太清初，累遷侍中，中衞將軍。元帝承制，拜王太子，改名元良。承聖元年十一月丙子，立爲皇太子〔一五〕。及升儲位，眤狎羣下，好著微服。嘗入朝，公服中著碧絲布袴，摳衣高，元帝見之大怪，遣尚書周弘正責之，因使太子師弘正。佗日，弘正謁見，元帝問曰：「太子比頗受卿導不？」對曰：「太子聖德乃未極日新，幸無大過。」帝曰：「卿以我父子故未直言，從容之間，無失和嶠之對。」便有廢立計。未及行而江陵喪亡，遇害。太子聰穎凶暴猜忍，俱有元帝風。敬帝承制，追謚愍懷太子。

始安王方略，元帝第十子，貞惠世子母弟也。母王氏，王琳之次姊，元帝即位，拜貴嬪，次妹又爲良人，並蒙寵幸，方略益鍾愛。侯景亂，元帝結好于魏，方略年數歲便遣入關。元帝親送近畿，執手歔欷，既而旋駕憶之，賦詩曰：「如何吾幼子，勝衣已別離。十日無由宴，千里送遠垂。」至長安即得還，贈遺甚厚。江陵喪亡，遇害。貴嬪、良人並更誕子，未出閤，無封失名。

論曰：簡文提挈寇戎，元帝崎嶇危亂，諸子之備踐艱棘，蓋時運之所鍾乎。忠烈以幹蠱之材，居冢嗣之任，竟亦當年擯落，通塞亦云命也，哀哉！

校勘記

〔一〕范夫人生武寧王大威　「大威」，原作「大盛」，據北監本、殿本及梁書卷四四太宗十一王傳改。

〔二〕中大通三年封宣城郡王　按梁書卷三武帝紀下載中大通四年春正月「立嫡皇孫大器爲宣城郡王」。

〔三〕六月癸酉立爲皇太子　梁書卷四簡文帝紀載六月「丁亥，立宣城王大器爲皇太子」。按是年六月乙酉朔，無癸酉，初三日丁亥。

〔四〕其終不敢言　按王懋竑記疑：「『言』當作『害』。」

〔五〕大同六年封西豐縣侯　「縣侯」，梁書卷四四太宗十一王安陸王大春傳、册府卷二六四作「縣公」。按張森楷南史校勘記：「按太子子例皆封公。」

〔六〕初封新淦公　「新淦」，原作「新塗」，今改正。參本書卷八校勘記〔三〕。

〔七〕大同元年　「元年」，梁書卷四四太宗十一王新興王大莊傳作「九年」，疑是。

〔八〕西陽王大鈞字仁博　「仁博」，梁書卷四四太宗十一王西陽王大鈞傳作「仁輔」。

〔九〕建平王大球字仁玉　「仁玉」，梁書卷四四太宗十一王建平王大球傳作「仁珽」。

〔一〇〕封建安郡王　「建安」，本卷前序、梁書卷四四太宗十一王建平王大球傳、通志卷八三皆作「建平」，疑是。

〔二〕若有衆生應受諸苦衍身代當　「衍」，原作「諱」，據北監本、殿本改。

〔三〕徐妃生忠烈世子方等　「忠烈」，北監本、殿本及梁書卷四四世祖二子傳作「忠壯」。按本傳下文云「謚忠壯世子」，又云「元帝即位，改謚武烈世子」，傳末論又作「忠烈」，前後不一。

〔三〕所撰三十國春秋及篤靜子行於世　「篤靜子」，梁書卷四四世祖二子忠壯世子方等傳、册府卷二七〇作「靜住子」。按隋書卷三四經籍志三著録有淨住子，謂齊竟陵王蕭子良撰。

〔四〕貞惠世子方諸字明智　「明智」，梁書卷四四世祖二子貞惠世子方諸傳作「智相」。

〔五〕承聖元年十一月丙子立爲皇太子　「丙子」，梁書卷五元帝紀作「己卯」。按丙子爲梁元帝即帝位之日，應至己卯日方立皇太子。

南史卷五十五

列傳第四十五

王茂　曹景宗　席闡文　夏侯詳子亶　夔　魚弘　吉士瞻
蔡道恭　楊公則　鄧元起羅研　李膺　張惠紹　馮道根
康絢　昌義之

王茂字休連，一字茂先〔一〕，太原祁人也。祖深，北中郎司馬。父天生，宋末爲列將，剋司徒袁粲，以勳歷位郡守，封上黃縣男。

茂年數歲，爲大父深所異，常曰：「此吾家千里駒，成門户者必此兒也。」及長，好讀兵書，究其大指。性隱不交游，身長八尺，絜白美容儀。齊武帝布衣時嘗見之，歎曰：「王茂先年少堂堂如此，必爲公輔。」

後爲臺郎，累年不調。亦知齊之將亡，求爲邊職。久之，爲雍州長史、襄陽太守。梁武便以王佐許之，事無大小皆詢焉。人或譖茂反，帝弗之信。譖者騍言之，遣視其甲矟，則蟲網焉，乃誅言者。或云茂與帝不睦，帝諸腹心並勸除之。而茂少有驍名，帝又惜其用，曰：「將舉大事，便害健將，此非上策。」乃令腹心鄭紹叔往候之。遇其卧，因問疾。茂曰：「我病可耳。」紹叔曰：「都下殺害日甚，使君家門塗炭，今欲起義，長史那猶卧。」茂因擲枕起，即袴褶隨紹叔入見。武帝大喜，下牀迎，因結兄弟，被推赤心，遂得盡力。

發雍部，遣茂爲前驅。郢、魯既平，從武帝東下爲軍鋒。師次秣陵，東昏遣大將王珍國盛兵朱雀門，衆號二十萬。及戰，梁武軍引却，茂下馬單刀直前，外甥韋欣慶勇力絶人，執鐵纏矟翼茂而進，故大破之。茂勳第一，欣慶力也。建康城平，以茂爲護軍將軍，遷侍中、領軍將軍。時東昏妃潘玉兒有國色，武帝將留之，以問茂。茂曰：「亡齊者此物，留之恐貽外議。」帝乃出之。軍主田安啓求爲婦，玉兒泣曰：「昔者見遇時主，今豈下匹非類。死而後已，義不受辱。」及見縊，潔美如生。輿出，尉吏俱行非禮。乃以余妃賜茂，亦潘之亞也。

羣盜之燒神獸門，茂率所領應赴，爲盜所射。茂躍馬而進，羣盜反走。茂以不能式遏姦盜，自表解職，優詔不許。加鎮軍將軍，封望蔡縣公。

是歲，江州刺史陳伯之叛，茂出爲江州刺史，南討之。伯之奔魏。時九江新經軍寇，茂務農省役，百姓安之。四年，魏攻漢中，茂受詔西禦，魏乃班師。歷位侍中，中衞將軍，太子詹事，車騎將軍，開府儀同三司，丹陽尹。時天下無事，武帝方敦文雅，茂心頗怏怏，侍宴醉後，每見言色。武帝宥而不責。進位司空。

茂性寬厚，居官雖無美譽，亦爲吏人所安。居處方正，在一室衣冠儼然，雖僕妾莫見其惰容。姿表瓌麗，須眉如畫，爲衆所瞻望。徙驃騎將軍、開府同三司之儀、江州刺史。在州不取奉，獄無滯囚，居處被服，同於儒者〔二〕。薨于州。武帝甚悼惜之，詔贈太尉，謚曰忠烈公。

初，茂以元勳，武帝賜鐘磬之樂。茂在州，夢鐘磬在格，無故自墮，心惡之。及覺，命奏樂，既成列，鐘磬在格，果無故編皆絶墮地。茂謂長史江詮曰：「此樂，天子所以惠勞臣也。樂既極矣，能無憂乎。」俄而病卒。

子貞秀嗣，以居憂無禮，爲有司所奏，徙越州，後詔留廣州。與魏降人杜景欲襲州城，長史蕭昂斬之〔三〕。

曹景宗字子震，新野人也。父欣之，仕宋位徐州刺史。

景宗幼善騎射，好畋獵，常與少年數十人澤中逐麞鹿，每衆騎赴鹿〔四〕，鹿馬相亂，景宗於衆中射之，人皆懼中馬足，鹿應弦輒斃〔五〕，以此爲樂。未弱冠，欣之於新野遣出州，以匹馬將數人，於中路卒逢蠻賊數百圍之。景宗帶百餘箭，每箭殺蠻，蠻遂散走〔六〕。因以膽勇聞。頗愛史書，每讀穰苴、樂毅傳，輒放卷歎息曰："丈夫當如是！"少與州里張道門善，道門，車騎將軍敬兒少子也，爲武陵太守。敬兒誅，道門於郡伏法，親屬故吏莫敢收。景宗自襄陽遣船到武陵，收其屍，迎還殯葬。鄉里以此義之。

仕齊以軍功累加游擊將軍。建武四年，隨太尉陳顯達北圍馬圈，以奇兵二千破魏援中山王英四萬人。及剋馬圈，顯達論功，以景宗爲後。景宗退無怨言。魏孝文率衆大至，顯達宵奔，景宗導入山道，故顯達父子獲全。

梁武爲雍州刺史，景宗深自結附，數請帝臨其宅。時天下方亂，帝亦厚加意焉，表爲竟陵太守。及帝起兵，景宗聚衆并率五服内子弟三百人從軍，遣親人杜思沖勸先迎南康王於襄陽即位，武帝不從。及至竟陵，以景宗爲軍鋒。道次江寧，東昏將李居士以重兵鎮新亭，景宗被甲馳戰，居士棄甲奔走，景宗皆獲之。又與王茂、吕僧珍掎角，破王珍國於大航。景宗軍士皆桀黠無賴，御道左右莫非富室，抄掠財物，略奪子女，景宗不能禁。及武帝入頓西城〔七〕，嚴申號令，然後稍息。城平，封湘西縣侯，除郢州刺史，加都督。天監元年，改封竟陵縣侯。景宗在州，鬻貨聚斂，於城南起宅，長堤以東，夏口以北，開街列門，東西數里。而部曲殘橫，部下厭之。

二年十月，魏攻司州，圍刺史蔡道恭。城中負板而汲，景宗望闕門不出，但耀軍游獵而已。及司州城陷，爲御史中丞任昉所奏。帝以功臣不問，徵爲右衞將軍。

五年，魏中山王英攻鍾離，圍徐州刺史昌義之，武帝詔景宗督衆軍援義之，豫州刺史韋叡亦援焉，而受景宗節度。詔景宗頓道人洲，待衆軍齊集俱進。景宗欲專其功，乃違敕而進，遇暴風卒起，頗有沈溺，復還守先頓。帝聞之曰：「此所以破賊也〔八〕。景宗不進，蓋天意乎。若孤軍獨往，城不時立，必見狼狽。今得待軍同進〔九〕，始可大捷矣。」及韋叡至，與景宗進頓邵陽洲，立壘與魏城相去百餘步。魏連戰不能却，傷殺者十二三，自是魏軍不敢逼。景宗等器甲精新，魏人望而奪氣。魏將楊大眼對橋北岸立城，以通糧運。每牧人過岸伐芻藁，皆爲大眼所略。景宗乃募勇敢士千餘人，徑度大眼城南數里築壘，親自舉築。大眼來攻，景宗破之，因得壘成。使別將趙草守之，因謂爲趙草城。是後恣芻牧焉。大眼遣抄掠，輒爲趙草所獲。

先是，詔景宗等預裝高艦，使與魏橋等，爲火攻計。令景宗與叡各攻一橋。叡攻其南，景宗攻其北。六年三月，因春水生，淮水暴長六七尺。叡遣所督將馮道根、李文釗、裴邃、韋寂等乘艦登岸，擊魏洲上軍盡殪。景宗使衆軍復鼓噪亂登諸城，呼聲震天地，大眼於西岸燒營，英自東岸棄城走，諸壘相次土崩，悉棄其器甲，爭投水死，淮水爲之不流。景宗命軍主馬廣躡大眼至濊水上四十餘里，伏屍相枕。義之出逐英至洛口，英以匹馬入梁城，緣淮百餘里屍骸相藉。虜五萬餘人，收其軍糧器械山積，牛馬驢騾不可稱計。景宗乃搜所得生口萬餘人，馬千匹，遣獻捷。

先是旱甚，詔祈蔣帝神求雨，十旬不降。帝怒，命載荻欲焚蔣廟并神影。爾日開朗，欲起火，當神上忽有雲如繖，倏忽驟雨如寫，臺中宮殿皆自振動。帝懼，馳詔追停，少時還靜。自此帝畏信遂深。自踐祚以來，未嘗躬自到廟，於是備法駕將朝臣脩謁。是時，魏軍攻圍鐘離，蔣帝神報敕，必許扶助。既而無雨水長，遂挫敵人，亦神之力焉。凱旋之後，廟中人馬脚盡有泥濕，當時並目覩焉。

景宗振旅凱入，帝於華光殿宴飲連句，令左僕射沈約賦韻。景宗不得韻，意色不平，啓求賦詩。帝曰：「卿伎能甚多，人才英拔，何必止在一詩。」景宗已醉，求作不已，詔令約賦韻。時韻已盡，唯餘競病二字。景宗便操筆，斯須而成，其辭曰：「去時兒女悲，歸來笳鼓競。借問行路人，何如霍去病。」帝歎不已。約及朝賢驚嗟竟日，詔令上左史。於是進爵爲公，拜侍中、領軍將軍。

景宗爲人自恃尚勝，每作書字，有不解，不以問人，皆以意造，雖公卿無所推，唯以韋叡年長，且州里勝流，特相敬重，同宴御筵，亦曲躬謙遜。武帝以此嘉之。

景宗好內，妓妾至數百，窮極錦繡。性躁動，不能沈默。出行常欲褰車帷幔，左右輒諫以位望隆重，人所具瞻，不宜然。景宗謂所親曰：「我昔在鄉里，騎快馬如龍，與年少輩數十騎，拓弓弦作礔礰聲，箭如餓鴟叫，平澤中逐麞，數肋射之，渴飲其血，飢食其胃〔一〇〕，甜如甘露漿。覺耳後生風，鼻頭出火，此樂使人忘死，不知老之將至。今來揚州作貴人，動轉不得。路行開車幔，小人輒言不可。閉置車中，如三日新婦，此邑邑使人氣盡〔一一〕。」爲人嗜酒好樂，臘月於宅中使人作邪呼逐除，徧往人家乞酒食。本以爲戲，而部下多剽輕，因弄人婦女，奪人財貨。帝頗知之，景宗懼乃止。

帝數宴見功臣，共道故舊。景宗酒後謬妄，或誤稱下官。帝故縱之，以爲笑樂。後爲江州刺史，赴任卒於道。贈雍州刺史、開府儀同三司，諡曰壯。子皎嗣。

景宗齊永元初任竟陵郡，其弟九弟義宗年少，未有位宦，居在雍州。既方伯之弟，又是豪彊之門。市邊富人姓向以見錢百萬欲埤義宗〔一二〕，以妹適之。義宗遣人送書竟陵諮景宗，景宗題書後答曰：「買猶未得，云何已賣。」義宗貪鏹遂成。後隨武帝西下，歷位梁、秦二州刺史。向家兄弟憑附曹氏，位登列卿。後義宗爲都督，征穰城，軍敗，見獲於魏，卒。

席闡文，安定臨涇人也。孤貧，涉獵書史。齊初，爲雍州刺史蕭赤斧中兵參軍，由是與其子穎胄善。復歷西中郎中兵參軍，領城局。梁武帝之將起兵，闡文勸穎胄同焉，仍遣客田祖恭私報帝，并獻銀裝刀，帝報以金如意。和帝稱尊號，爲衞尉卿。穎胄暴卒，州府騷擾，闡文以和帝幼弱，中流任重，時始興王憺留鎮雍部，乃與西朝羣臣迎憺總州事，故賴以寧輯。帝受禪，除都官尚書，封山陽伯，出爲東陽太守。在郡有能名。冬至，悉放獄中囚，依期而至。改封湘西侯〔一三〕。卒官，謚曰威。

夏侯詳字叔業，譙郡譙人也。年十六遭父艱，居喪哀毁，三年廬于墓側。嘗有三足雀來集其廬户，衆咸異焉。

仕宋爲新汲令，政有異績。豫州刺史段佛榮班下境内，爲屬城表。轉中從事史，仍遷別駕。歷事八將，州部稱之。

齊明帝爲刺史，雅相器遇。及輔政，引詳及裴叔業日夜與語，詳輒不酬。帝以問叔業，叔業以告詳。詳曰：「不爲福始，不爲禍先。」由此微有忤。出爲征虜長史、義陽太守。

及南康王爲荆州，詳爲西中郎司馬、新興太守。梁武帝起兵，長史蕭穎胄同創大舉，慮詳不同，以告柳忱。忱曰：「易耳。近詳求昏未之許，令成昏而告之，不憂立異。」於是以女適其子夔。大事方建，西臺以詳爲中領軍，加散騎常侍、南郡太守。凡軍國大事，穎胄多決於詳。頃之穎胄卒，梁武弟始興王憺留守襄陽，詳乃遣使迎憺共參軍國〔一四〕。遷侍中、尚書右僕射，尋授荆州刺史，詳又固讓于憺。

天監元年，徵爲侍中、車騎將軍，封寧都縣侯。詳累讓，乃更授右光禄大夫，侍中如故，給親信二十人，改封豐城縣公。三年，遷湘州刺史。詳善吏事，在州四載，爲百姓所稱。州城南臨水有峻峰，舊傳云「刺史登此山輒代」，由是歷政莫敢至。詳於其地起臺榭，延僚屬，以表損挹之志。後徵爲尚書左僕射、金紫光禄大夫，道病卒。上爲素服舉哀，贈開府儀同三司，謚曰景。子亶嗣。

亶字世龍，齊永元末，父詳爲西中郎南康王司馬，隨府鎮荆州，亶留都下，爲東昏聽政主帥。及崔慧景作亂，亶以捍禦功，除驍騎將軍。及梁武起兵，詳與長史蕭穎胄協同，密遣迎亶。亶乃齎宣德皇后令，令南康王纂承大統。建鄴平，以亶爲尚書吏部郎，俄遷侍中，奉璽於帝。

天監六年，累遷南郡太守。父憂解職，居喪盡禮，廬于墓側，遺財悉推諸弟。八年，起爲司州刺史，領安陸太守。服闋，襲封豐城縣公。居州甚有威惠，爲邊人悦服。歷都官尚書，遷給事中、右衞將軍。累遷吴興太守。在郡復有惠政，吏人圖其像，立碑頌美焉。

普通五年，爲中護軍。六年，大舉北侵，先遣豫州刺史裴邃帥譙州刺史湛僧智等自南道攻壽陽，未剋而邃卒，乃加亶使持節代邃，與魏將河間王琛、臨淮王彧等相拒，頻戰剋捷。尋敕班師合肥，須堰成復進。七年夏，淮堰水盛，壽陽城將没，武帝復遣北道軍元樹帥彭寶孫、陳慶等稍進〔一五〕。亶帥湛僧智、魚弘、張澄等通清流澗將入淮、肥〔一六〕。魏軍夾肥築城出亶後，亶與僧智還襲破之。進攻黎漿，貞威將軍韋放自北道會焉。兩軍既合，所向皆降，凡降城五十二，獲男女口七萬五千人。詔以壽陽依前代置豫州，合肥鎮改爲南豫州，以亶爲豫、南豫二州刺史，加都督。壽春久離兵荒，百姓多流散，亶輕刑薄賦，務農省役，頃之人户充復。卒于州鎮。帝聞之，即日素服舉哀，贈車騎將軍，謚曰襄。州人夏侯簡等表請爲亶立碑置祠，詔許之。

亶美風儀，寬厚有器量，涉獵文史，能專對。宗人夏侯溢爲衡陽内史，辭日，亶侍御坐，帝謂亶曰：「夏侯溢於卿疏近？」亶答云：「是臣從弟。」帝知溢於亶已疏，乃曰：「卿傖人，如何不辯族從？」亶對曰：「臣聞服屬易疎，所以不忍言族。」時以爲能。

亶歷六郡三州，不爲産業，禄賜所得，隨散親故。性儉率，居處服用充足而已，不事華侈。晚年頗好音樂，有妓妾十數人，並無被服安容〔一七〕。每有客，常隔簾奏之，時謂簾爲夏侯妓衣。子誼襲封豐城縣公。

亶弟夔字季龍，位大匠卿，累遷司州刺史，領安陸太守。帥壯武將軍裴之禮、直閤將軍任思祖出義陽道，攻平靜、穆陵、陰山三關，剋之。時譙州刺史湛僧智圍東豫州刺史元慶和於廣陵，入其郛。魏將元顯伯率軍赴援，僧智逆擊破之。夔自武陽出會僧智，斷魏軍歸路。慶和於内築栅自固，及夔至遂請降，凡降男女口萬餘人〔一八〕。顯伯聞之夜遁，衆軍追虜二萬餘人，斬獲不可勝數，由是義陽北道遂與魏絶。及郢州刺史元願達降〔一九〕，詔改爲北司州，以夔爲刺史，兼督司州，封保城縣侯。

中大通六年，爲豫州刺史，加督。豫州積歲連兵，人頗失業，夔乃率軍人於蒼陵立堰，溉田千餘頃，歲收穀百餘萬石，以充儲備，兼贍貧人，境内賴之。夔兄亶先經此任，至是夔又居焉，兄弟並有恩惠於鄉里。百姓歌曰：「我之有州，頻得夏侯。前兄後弟，布政優優。」夔在州七年，遠近多附之，有部曲萬人，馬二千匹，並服習精彊，爲當時之盛。性奢豪，後房伎妾曳羅綺、飾金翠者百數。愛好人士，不以貴位自高，文武賓客常滿坐，時亦以此稱之。卒于州，謚曰桓。子譔嗣，官至太僕卿。

譔弟譒，少麤險薄行，常停鄉里，領其父部曲，爲州助防。刺史貞陽侯明引爲府長史。明被魏囚，復爲侯景長史。景反，譒前驅濟江，頓兵士林館，破邸第及居人富室，子女財貨盡略有之。明在州有四妾章、於、王、阮，並有國色。明被魏囚，其妾並還都第，譒至破第納焉。

魚弘，襄陽人。身長八尺，白皙美姿容。累從征討，常爲軍鋒。歷南譙、盱台、竟陵太守。嘗謂人曰：「我爲郡有四盡：水中魚鼈盡，山中麞鹿盡，田中米穀盡，村里人庶盡。丈夫生如輕塵棲弱草，白駒之過隙。人生但歡樂，富貴在何時。」於是恣意酣賞。侍妾百餘人，不勝金翠，服翫車馬，皆窮一時之驚絶。有眠牀一張，皆是蹙柏，四面周帀，無一有異，通用銀鏤金花壽福兩重爲脚。

爲湘東王鎮西司馬〔一〇〕，述職西上，道中乏食，緣路採菱，作菱米飯給所部。弘度之所，後人覓一菱不得。又於窮洲之上，捕得數百獮猴，膊以爲脯，以供酒食。比及江陵，資食復振。逢敕迎瑞像〔一一〕，王令送像下都，弘率部曲數百，悉衣錦袍，赫弈滿道，頗爲人所慕。塗經夏首，李抗斅其爲人，抗舅元法僧聞之，杖抗三百。後爲新興、永寧太守，卒官。

吉士瞻字梁容，馮翊蓮勺人也。少有志氣，不事生業。時徵士吳苞見其姿容，勸以經學，因誦鮑照詩云：「豎儒守一經，未足識行藏。」拂衣不顧。年逾四十，忽忽不得志，乃就江陵卜者王先生計禄命，王生曰：「君擁旄杖節非一州，後一年當得戎馬大郡。」及梁武起兵，義陽太守王撫之、天門太守王智遜、武陵太守蕭彊等並不從命，鎮軍蕭穎胄遣士瞻討平之。齊和帝即位，以爲領軍司馬。士瞻少時嘗於南蠻國中摴博，無褌褰露，爲儕輩所侮。及平魯休烈軍，得絹三萬疋，乃作百褌，其外並賜軍士，不以入室。以軍功，除輔國將軍、步兵校尉。建康平，爲巴東相、建平太守。

初，士瞻爲荆府城局參軍，浚萬人仗庫防池，得一金革鉤，隱起鏤甚精巧。篆文曰：「錫爾金鉤，且公且侯。」士瞻娶夏侯詳兄女，女竊以與詳，詳喜佩之。及是革命，詳果封侯，而士瞻不錫茅土。

天監二年，入爲直閤將軍，歷位秦、梁二州刺史，加都督。後爲太子右衞率，又出爲西陽、武昌二郡太守。在郡清約，家無私積。始士瞻夢得一積鹿皮，從而數之，有十一領。及覺喜曰：「鹿者禄也，吾當居十一禄乎。」自其仕進所莅已九，及除二郡，心惡之，遇疾不肯療。普通七年卒於郡，贈左衞將軍，謚曰胡子。子琨時在戎役，聞問一踊而絕，良久乃蘇。不顧軍制，輒離所部，遂以孝聞。詔下旌異。

蔡道恭字懷儉，南陽冠軍人也。父那，宋益州刺史。

道恭少寬厚有大量，仕齊爲西中郎中兵參軍，加輔國將軍。梁武帝起兵，蕭穎胄以道恭素著威略，專相委任。齊和帝即位，爲右衞將軍。出爲司州刺史。梁天監初，論功封漢壽縣伯，進號平北將軍。

三年，魏圍司州，時城中衆不滿五千人，食裁半歲。魏軍攻之，晝夜不息，乃作大車載土，四面俱前，欲以填塹。道恭塹内作艨艟鬬艦以待之[三]。魏人不得進，又潛作伏道以決塹水，道恭載土䢙塞之。相持百餘日，前後斬獲不可勝計。魏大造梯衝，攻圍日急。道恭用四石烏漆大弓射，所中皆洞甲飲羽，一發或貫兩人，敵人望弓皆靡。又於城内作土山，多作大矟，長二丈五尺，施長刃，使壯士執以刺魏人。魏軍甚憚之，將退。會道恭疾篤，乃呼兄子僧覙、從弟靈恩及將率謂曰：「吾所苦勢不能久，汝等當以死固節，無令吾没有遺恨。」又令取所持節授僧覙曰：「稟命出疆，既不得奉以還朝，方欲攜之同逝。可與棺柩相隨。」衆皆流涕。其年五月卒。魏知道恭死，攻之轉急。

先是，朝廷遣郢州刺史曹景宗赴援，景宗不前。至八月，城内糧盡，魏剋之。贈鎮西將軍，并尋購喪櫬。八年，魏許還道恭喪，其家以女樂易之。葬襄陽。傳國至孫固，早卒，國除。

楊公則字君翼，天水西縣人也。父仲懷，爲宋豫州刺史殷琰將。琰叛〔一三〕，輔國將軍劉勔討琰，仲懷力戰，死於横塘。公則隨父在軍，年未弱冠，冒陣抱尸號哭，氣絶良久。勔命還仲懷首。公則斂畢，徒步負喪歸鄉里，由此著名。

後梁州刺史范柏年板爲宋熙太守、領白馬戍主。時氐賊李烏奴攻白馬，公則矢盡糧竭，陷于寇，抗聲罵賊，烏奴壯之，要與同事。公則僞許而圖之，謀泄，單馬逃歸。齊高帝下詔褒美。除晉壽太守，在任清絜自守。遷扶風太守，母憂去官。雍州刺史陳顯達起爲寧朔將軍，復領太守。頃之，荆州刺史巴東王子響構亂，公則進討。事平，遷武寧太守，百姓便之。入爲前軍將軍。

和帝爲荆州刺史，公則爲西中郎中兵參軍。及蕭穎胄協同梁武，以公則爲輔國將軍，領西中郎諮議參軍，率兵東下。和帝即位，授湘州刺史。梁武軍次沔口，公則率湘府之衆會于夏口。時荆州諸軍悉受公則節度，雖蕭穎達宗室之貴亦隸焉。郢城平，武帝命衆軍即日俱下，公則受命先驅。江州既定，連旌東下，直造建鄴。公則號令嚴明，秋豪不犯，所在莫不賴焉。

大軍至新林，公則自越城移屯領軍府壘北樓，與南掖門相對。嘗登樓望戰，城中遥見麾蓋，縱神鋒弩射之，矢貫胡牀，左右皆失色。公則曰：「虜幾中吾脚。」談笑如初。東昏夜選勇士攻公則栅，軍中驚擾。公則堅卧不起，徐命擊之，東昏軍乃退。公則所領多是湘溪人〔二四〕，性懦怯，城内輕之，以爲易與，每出盪，輒先犯公則壘。公則獎厲軍士，剋獲更多。及城平，内出者或被剥奪，公則親率麾下，列陳東掖門，衞送公卿士庶，故出者多由公則營焉。進號左將軍，還鎮南藩。

初，公則東下，湘部諸郡多未賓從，及公則還州，然後諸屯聚並散。天監元年，進號平南將軍，封寧都縣侯。湘州寇亂累年，人多流散。公則輕刑薄斂，頃之戶口克復〔二五〕。爲政雖無威嚴，然勵己廉慎，爲吏人所悅。湘俗單門多以賂求州職，公則至皆斷之，所辟皆州郡著姓。武帝班下諸州以爲法。

四年，徵中護軍〔二六〕。代至，乘二舸便發，送故一無所取。遷衞尉卿。時朝廷始議北侵，公則威名素著，至都，詔假節，先屯洛口。公則受命將發，遘疾，謂親人曰：「昔廉頗、馬援以年老見遺，猶自力請用。今國家不以吾朽懦，任以前驅，方於古人，見知重矣。雖臨塗疾苦，豈可僶俛辭事。馬革還葬，此吾志也。」遂彊起登舟，至洛口，壽春士女歸降者數千戶。魏豫州刺史薛恭度遣長史石榮等前鋒接戰，即斬石榮，逐北至壽春，去城數十里而返。疾篤，卒于師。武帝深痛惜之，即日舉哀，謚烈侯。

公則爲人敦厚慈愛，居家篤睦，視兄子過於己子，家財悉委焉。性好學，雖居軍旅，手不輟卷，士大夫以此稱之。

子曒嗣，有罪國除。帝以公則勳臣，特聽庶長子眺嗣〔二七〕。眺固讓，歷年乃受。

鄧元起字仲居，南郡當陽人也。少有膽幹，性任俠，仕齊爲武寧太守。梁武起兵，蕭穎胄與書招之，即日上道，率衆與武帝會于夏口。齊和帝即位，拜廣州刺史。中興元年，爲益州刺史，仍爲前軍。建康城平，進號征虜將軍。天監初，封爲當陽縣侯，始述職焉。

初，梁武之起，益州刺史劉季連持兩端。及聞元起至，遂發兵拒守。元起至巴西，巴西太守朱士略開門以待。先時蜀人多逃亡，至是競出投元起，皆稱起義應朝廷。元起在道久，軍糧乏絶，或説之曰：「蜀郡政慢，若檢巴西一郡籍注〔二八〕，因而罰之，所獲必厚。」元起然之。涪令李膺諫曰：「使君前有嚴敵，後無繼援，山人始附，於我觀德。若糾以刻薄，人必不堪。衆心一離，雖悔無及。膺請出圖之，不患資糧不足也。」元起曰：「善，一以委卿。」膺退，率富人上軍資米，俄得三萬斛。

元起進屯西平，季連始嬰城自守。時益州兵亂既久，人廢耕農，内外苦飢，人多相食，道路斷絶。季連計窮。會明年武帝使赦季連罪，許之降，季連即日開城納元起，元起送季連于建康。

元起以鄉人庾黔婁爲録事參軍，又得荆州刺史蕭遥欣故客蔣光濟，並厚待之，任以州事。黔婁甚清絜，光濟多計謀，並勸爲善政。元起之剋季連也，城内財寶無所私，勤恤人事，口不論財色。性能飲酒，至一斛不亂，及是絶之，爲蜀土所稱。元起舅子梁矜孫性輕脱，與庾黔婁志行不同，乃言於元起曰：「城中稱有三刺史，節下何以堪之。」元起由此疎黔婁而政迹稍損。

在政二年，以母老乞歸供養，詔許焉。徵爲右衞將軍，以西昌侯蕭藻代之。時梁州長史夏侯道遷以南鄭叛，引魏將王景胤、孔陵，攻東、西晉壽，並遣告急。衆勸元起急救之。元起曰：「朝廷萬里，軍不卒至，若寇賊侵淫〔二九〕，方須撲討，董督之任，非我而誰？何事怱怱，便相催督。」黔婁等苦諫之，皆不從。武帝亦假元起節、征討諸軍〔三〇〕，將救漢中。比是，魏已攻剋兩晉壽〔三一〕。

蕭藻將至，元起頗營還裝，糧儲器械略無遺者。蕭藻入城，求其良馬。元起曰：「年少郎子，何用馬爲。」藻恚，醉而殺之。元起麾下圍城，哭且問其故。藻懼曰：「天子有詔。」衆乃散。遂誣以反，帝疑焉。有司追劾削爵土，詔減邑之半，封松滋縣侯。故吏廣漢羅研詣闕訟之，帝曰：「果如我所量也。」使讓藻曰：「元起爲汝報讎，汝爲讎報讎，忠孝之道如何？」乃貶藻號爲冠軍將軍。贈元起征西將軍，給鼓吹，謚忠侯。

羅研字深微，少有材辯。元起平蜀，辟爲主簿，後爲信安令。故事置觀農謁者，圍桑度田，勞擾百姓。研請除其弊，帝從之。鄱陽忠烈王恢臨蜀，聞其名，請爲別駕。及西昌侯藻重爲刺史，州人爲之懼，研舉止自若。侯謂曰：「非我無以容卿，非卿無以事我。」齊苟兒之役，臨汝侯嘲之曰：「卿蜀人樂禍貪亂，一至於此。」對曰：「蜀中積弊，實非一朝。百家爲村，不過數家有食，窮迫之人，什有八九，束縛之使，旬有二三。貪亂樂禍，無足多怪。若令家畜五母之鷄，一母之豕，牀上有百錢布被，甑中有數升麥飯，雖蘇、張巧說於前，韓、白按劍於後，將不能使一夫爲盜，況貪亂乎？」

大通二年，爲散騎侍郎。嗣王範將西，忠烈王恢謂曰：「吾昔在蜀，每事委羅研，汝遵而勿失。」範至，復以爲別駕，升堂拜母，蜀人榮之。數年卒官。蜀土以文達者，唯研與同郡李膺。

膺字公胤，有才辯。西昌侯藻爲益州，以爲主簿。使至都，武帝悅之，謂曰：「今李膺何如昔李膺〔三二〕？」對曰：「今勝昔。」問其故，對曰：「昔事桓、靈之主，今逢堯、舜之君。」帝嘉其對，以如意擊席者久之。乃以爲益州別駕。著益州記三卷行於世〔三三〕。

初，元起在荆州，刺史隨王板元起爲從事，別駕庾蓽堅執不可，元起恨之。及大軍至都，蓽在城内甚懼。城平，而元起先遣迎蓽，語人曰：「庾別駕若爲亂兵所殺，我無以自明。」因厚遺之。少時又嘗至其西沮田舍，有沙門造之乞，元起有稻幾二千斛〔三四〕，悉以施之，時人稱其二者有大度。元起初爲益州，過江陵迎其母，母事道方居館，不肯出。元起拜請同行，母曰：「汝貧賤家兒，忽得富貴，詎可久保。我寧死此，不能與汝共入禍敗。」及至巴東，聞蜀亂，使蔣光濟筮之，遇蹇，喟然歎曰：「吾豈鄧艾，而及此乎。」後果如筮。子鏗嗣。

張惠紹字德繼，義陽人也。少有武幹，仕齊爲竟陵横桑戍主。母喪歸鄉里。聞梁武帝起兵，乃自歸，累有戰功。武帝踐祚，封石陽縣侯，位驍騎將軍、直閤、左細仗主。時東昏餘黨數百人竊入南、北掖門，夜燒神獸門，害衛尉張弘策。惠紹馳率所領赴戰，賊乃散走。遷太子右衛率，以軍功累增爵邑。歷位衛尉卿，左衛將軍，司州刺史，領安陸太守。在州和理，吏人親愛之。徵還爲左衛將軍，加通直散騎常侍，仗甲百人，直衛殿中〔三五〕。卒，謚曰忠。

子澄嗣〔三六〕。累有戰功，與湛僧智、胡紹世、魚弘並爲當時驍將。歷官衛尉卿，太子左衛率。卒官，謚曰愍。

馮道根字巨基，廣平酇人也。少孤，家貧，傭賃以養母。行得甘肥，未嘗先食，必遽還以遺母。年十三，以孝聞。郡召爲主簿，不就，曰：「吾當使封侯廟食，安能爲儒吏邪。」

年十六，鄉人蔡道班爲湖陽戍主，攻蠻錫城，反爲蠻困。道根救之，匹馬轉戰，提雙劍左右奮擊，殺傷甚多，道班以免，由是知名。

齊建武末，魏孝文攻陷南陽等五郡。明帝遣太尉陳顯達爭之，師入汮均口，道根說顯達曰：「汮均水急，不如悉棄船於酇城〔三七〕，方道步進。」顯達不聽，道根猶以私屬從軍。及顯達敗，夜走，賴道根指路以全。尋爲汮均口戍副。

以母喪還家。聞梁武帝起兵，乃謂所親曰：「金革奪禮，古人不避，揚名後世，豈非孝乎。」因率鄉人歸武帝，隸於王茂，常爲前鋒。武帝即位，爲驍騎將軍，封增城縣男。

天監二年，爲南梁太守，領阜陵城戍。初到阜陵，修城隍，遠斥候，如敵將至者。衆頗笑之。道根曰：「怯防勇戰，此之謂也。」修城未畢，魏將党法宗、傅豎眼率衆二萬，奄至城下，道根塹壘未固，城中衆少，莫不失色。道根命開城門，緩服登城，選精鋭二百人出與魏軍戰，敗之，魏軍因退。遷輔國將軍。

六年，魏攻鍾離，武帝詔豫州刺史韋叡救之。道根爲叡前驅，至徐州，建計據邵陽洲，築壘掘塹逼魏城。道根能走馬步地，計馬足以賦功，城隍立辦。及淮水長，道根乘戰艦斷魏連橋，魏軍敗績。進爵爲伯，改封豫寧縣。八年，拜豫州刺史，領汝陰太守〔三八〕。爲政清簡，境内安之。累遷右衞將軍。

道根性謹厚，木訥少言，爲將能檢御部曲。所過村陌，將士不敢虜掠。每征伐終不言功，其部曲或怨非之。道根喻曰：「明主自鑒功夫多少〔三九〕，吾將何事。」武帝嘗指道根示尚書令沈約，美其口不論勳。約曰：「此陛下之大樹將軍也。」歷處州郡，和理清靜，爲下所懷。在朝廷雖貴顯，而性儉約，所居宅不脩墻屋，無器服侍衞，入室則蕭然如素士之貧賤者。當世服其清退，武帝亦雅重之。微時不學，既貴粗讀書，自謂少文，常慕周勃之器量。

十六年，復爲豫州。將行，武帝引朝臣宴别道根於武德殿，召畫工使圖其形，道根踧踖謝曰：「臣所可報國家，唯餘一死，但天下太平，恨無可死之地。」豫部重得道根，人皆喜悦。武帝每稱曰：「馮道根所在，能使朝廷不復憶有一州。」

居州少時遇疾，乞還。朝廷徵爲散騎常侍、左軍將軍。卒於官。是日，輿駕春祠二廟，及出宫，有司以聞。帝問中書舍人朱异曰：「吉凶同日，今可行乎？」對曰：「昔柳莊寢疾，衞獻公當祭，請尸曰：『有臣柳莊，非寡人之臣，社稷之臣也。聞其死，請往。』不釋祭服而往，遂以禭之。道根雖未爲社稷臣，亦有勞王室，臨之禮也。」帝即駕幸其宅，哭之甚慟，諡曰威。子懷嗣。

康絢字長明，華山藍田人也。其先出自康居。初，漢置都護，盡臣西域，康居亦遣侍子待詔河西，因留不去，其後遂氏焉。晉時隴右亂，遷于藍田。絢曾祖因爲苻堅太子詹事，生穆。穆爲姚萇河南尹。宋永初中，穆率鄉族三千餘家入襄陽之峴南，宋爲置華山郡藍田縣，寄立於襄陽，以穆爲秦、梁二州刺史。未拜，卒。絢伯元隆、父元撫，並爲流人所推，相繼爲華山太守。

絢少俶儻有志氣，仕齊爲華山太守，推誠撫循，荒餘悦服。梁武起兵，絢舉郡以應。天監元年，封南陽縣男〔四〇〕，除竟陵太守。累遷太子右衞率〔四一〕，甲仗百人，與領軍蕭景直殿内。絢身長八尺，容貌絶倫，雖居顯職，猶習武藝。帝幸德陽殿戲馬，敕絢馬射，撫弦貫的，觀者悦之。其日，上使畫工圖絢形，遣中使持以問絢曰：「卿識此圖不？」其見親如此。

時魏降人王足陳計，求堰淮水以灌壽陽。足引北方童謡曰：「荆山爲上格，浮山爲下格，潼沱爲激溝，併灌鉅野澤。」帝以爲然，使水工陳承伯、材官將軍祖暅視地形，咸謂淮内沙土漂輕，不堅實，其功不可就。帝弗納，發徐、揚人率二十户取五丁以築之。假絢節、都督淮上諸軍事，并護堰作役人及戰士，有衆二十萬，於鍾離南起浮山，北抵巉石，依岸築土，合脊於中流。十四年四月，堰將合，淮水漂疾，復決潰。衆患之。或謂江、淮多蛟，能乘風雨決壞崖岸，其性惡鐵。因是引東西二冶鐵器，大則釜鬵，小則鋘鋤，數千萬斤沈於堰所，猶不能合。乃伐樹爲井幹〔四二〕，填以巨石，加土其上。緣淮百里内岡陵木石無巨細必盡，負擔者肩穿。夏日疾疫，死者相枕，蠅蟲晝夜聲合。武帝愍之，遣尚書右僕射袁昂、侍中謝舉假節慰勞，并加蠲復。是冬寒甚，淮、泗盡凍，士卒死者十七八。帝遣賜以衣袴。

十一月，魏遣將楊大眼揚聲決堰，絢命諸軍撤營露次以待之。遣其子悅挑戰，斬魏咸陽王府司馬徐方興，魏軍小却。十五年四月，堰成，其長九里，下闊一百四十丈，上廣四十五丈，高二十丈，深十九丈五尺，夾之以堤，并樹杞柳，軍人安堵，列居其上。其水清絜，俯視邑居墳墓，了然皆在其下。或謂絢曰：「四瀆天所以節宣其氣，不可久塞，若鑿湫東注，則游波寬緩，堰得不壞。」絢然之，開湫東注。又縱反間於魏曰：「梁所懼開湫。」魏人信之，果鑿山深五丈，開湫北注。水日夜分流，湫猶不減。其月，魏軍竟潰而歸。水之所及，夾淮方數百里地。魏壽陽城戍稍徙頓八公山。此南居人散就岡壟。

初，堰起徐州界，刺史張豹子謂己必尸其事。既而絢以佗官來監作，豹子甚慙，由是譖絢與魏交通。帝雖不納，猶以事畢徵絢。尋除司州刺史，領安陸太守。

絢徵還〔四三〕，豹子不脩堰，至其秋，淮水暴長，堰壞，奔流于海，殺數萬人。其聲若雷，聞三百里。水中怪物，隨流而下，或人頭魚身，或龍形馬首，殊類詭狀，不可勝名。祖暅坐下獄。絢在州三年，大脩城隍，號爲嚴整。

普通元年，除衞尉卿，未拜卒。輿駕即日臨哭，謚曰壯。絢寬和少喜懼，在朝廷見人如不能言，號爲長厚。在省每寒，見省官有繿縷者〔四四〕，輒遣遺以繻衣，其好施如此。子悦嗣。

昌義之，歷陽烏江人也。少有武幹，爲馮翊戍主。梁武帝爲雍州，因事帝，帝亦厚遇之。及起兵，板爲輔國將軍、軍主。每戰必捷。

天監元年，封永豐侯，累遷北徐州刺史，鎮鍾離。四年，大舉北侵，臨川王宏督衆軍向洛口，義之爲前軍，攻魏梁城戍，剋之。五年冬，武帝以征役久，詔班師。魏中山王元英乘勢追躡，攻没馬頭等城。城内糧貯，魏悉移歸北，議者咸謂無復南向。帝曰：「此必進兵，非其實也。」乃遣脩鍾離城，敕義之爲戰守備。是冬，英果率衆數十萬圍鍾離，衝車毁西墉。時城中衆纔三千，義之督帥，隨方抗禦，前後殺傷萬計，魏軍死者與城平。

六年，帝遣曹景宗、韋叡率衆二十萬救焉，大破魏軍。義之率輕兵追至洛口而還。以功進號軍師將軍，再遷都督、南兖州刺史。坐以禁物出蕃，爲有司所奏免。

十三年，累遷左衛將軍。是冬，帝遣太子右衛率康絢督衆軍作荆山堰，魏將李曇定大衆逼荆山，揚聲決堰。詔假義之節救絢，軍未至，絢等已破魏軍。魏又遣大將軍李平攻硤石，義之又率朱衣直閤王神念救之。魏克硤石，義之班師，爲有司所奏，帝以其功臣不問。

十五年，授北徐州刺史。義之不知書，所識不過十字。性寬厚，爲將能得人死力。及居藩任，吏人安之。改封營道縣侯。徵爲護軍將軍，卒於官。帝深痛惜之，謚曰烈。子寶景嗣〔四五〕。

論曰：永元之季，雖時主昏狂，荆、雍二州，尚未有釁。武皇迹緣家酷，首唱孟津之師，王茂等運接昌期，自致勤王之舉。若非天人啓期，豈得若斯之速乎。其隆名顯級，亦各風雲之感會也。元起勤乃胥附，功惟闢土，勞之不圖，禍機先陷。冠軍之貶，於罰已輕，梁之政刑，於斯爲失。私戚之端，自斯而啓，年之不永，不亦宜乎。張惠紹、馮道根、康絢、昌義之攀附之始，其功則未。及羣盜焚門，張以力戰自著。鍾離、邵陽之逼，馮、昌勞効居多。浮山之役，而康絢實典其事。互有厥勞，寵進宜矣。先是鎮星守天江而堰實興，退舍而決，豈人事乎，其天道也。

校勘記

〔一〕王茂字休連一字茂先　「休連」，梁書卷九王茂傳、建康實録卷一八、御覽卷三七九引梁書、册府卷八八三、通志卷一三九作「休遠」。

〔二〕居處被服同於儒者　「儒者」，南監本、北監本、殿本及通志卷一三九作「儒素」。

〔三〕長史蕭昂斬之　按梁書卷二四蕭景傳附蕭昂傳：「復以輕車將軍出爲廣州刺史。」此「長史」當爲「刺史」之訛。

〔四〕每衆騎赴鹿　「赴」，梁書卷九曹景宗傳、御覽卷八三一引齊書作「趁」。趁者，逐也，疑是。

〔五〕鹿應弦輒斃　「鹿」字原脱，據梁書卷九曹景宗傳、册府卷八四六、通志卷一三九補。

〔六〕每箭殺蠻蠻遂散走　梁書卷九曹景宗傳、册府卷八四六、卷八四七、通志卷一三九「殺」下有「一」字。

〔七〕及武帝入頓西城　「西城」，梁書卷九曹景宗傳、册府卷三八〇、通志卷一三九作「新城」。

〔八〕此所以破賊也　「賊」字原脱，據南監本、北監本、殿本及梁書卷九曹景宗傳、册府卷四三九補。

〔九〕今得待軍同進　「軍」，梁書卷九曹景宗傳作「衆軍」，册府卷四三九作「衆」。

〔一〇〕飢食其胃　「胃」，梁書卷九曹景宗傳、記纂淵海卷六一作「肉」，册府卷八五五宋本作「腸」，同「胃」，明本作「脯」。

〔一一〕此邑邑使人氣盡　梁書卷九曹景宗傳「此」上有「遭」字。

〔一二〕市邊富人姓向以見錢百萬欲埤義宗　「埤」，通志卷一三九作「婿」。

〔一三〕改封湘西侯　按上云「封山陽伯」，此改封非進封，「湘西」下不應有「侯」字，梁書卷一二席闡文傳無「侯」字，疑是。

〔一四〕詳乃遣使迎憺共參軍國　「迎」字原脱，據梁書卷一〇夏侯詳傳、册府卷四〇八、通志卷一三九補。

〔一五〕武帝復遣北道軍元樹帥彭寶孫陳慶等稍進　「陳慶」，梁書卷二八夏侯亶傳作「陳慶之」。按梁書卷三二陳慶之傳：「普通七年，安西將軍元樹出征壽春，除慶之假節、總知軍事。」

〔一六〕亶帥湛僧智魚弘張澄等通清流澗將入淮肥　「清流」二字原互倒，據梁書卷二八夏侯亶傳、册府卷三五二、通志卷一三九乙正。

〔一七〕並無被服安容　「安」，北監本、殿本及梁書卷二八夏侯亶傳、册府卷六七九、通志卷一三九作

「姿」。按汲本「安」下小注：「一作姿。」張元濟南史校勘記：「按『安容』與『被服』並稱，當是裝飾之名，『姿容』未必便是。」

〔一八〕凡降男女口萬餘人　「萬」，梁書卷二八夏侯亶傳附夏侯夔傳、通鑑卷一五一梁紀七大通元年、通志卷一三九作「四萬」。

〔一九〕及郢州刺史元願達降　「元願達」，原作「元顯達」，據梁書卷二八夏侯亶傳附夏侯夔傳改。按，梁書卷三九有元願達傳。

〔二〇〕爲湘東王鎮西司馬　「鎮西」，梁書卷二八魚弘傳作「平西」。按梁書卷三武帝紀下，湘東王繹中大通四年九月爲平西將軍，大同三年閏九月爲鎮西將軍。

〔二一〕逢敕迎瑞像　「像」，原作「豫」，據通志卷一三九改。下云「王令送像下都」，知「豫」字訛。

〔二二〕道恭壍内作艨艟鬬艦以待之　「作」，梁書卷一〇蔡道恭傳、册府卷三九九、通志卷一三九作「列」。

〔二三〕爲宋豫州刺史殷琰將琰叛　下一「琰」字原脱，據北監本、殿本及梁書卷一〇楊公則傳、通志卷一三九補。

〔二四〕公則所領多是湘溪人　「人」原倒在「溪」字上，據北監本、殿本及梁書卷一〇楊公則傳乙正。

〔二五〕頃之户口克復　「克」，通志卷一三九作「充」。

〔二六〕四年徵中護軍　按梁書卷二武帝紀中載天監三年七月，「湘州刺史楊公則爲中護軍」；代楊公則爲湘州刺史者是夏侯詳，梁書卷一〇夏侯詳傳云天監三年遷湘州刺史。「四年」疑誤。

〔二七〕「子驃嗣」至「子眺嗣」　梁書卷一〇楊公則傳「驃」作「膘」，「眺」作「朓」。

〔二八〕若檢巴西一郡籍注　「一」，原作「二」，據册府卷四二一、通鑑卷一四五梁紀一天監元年改。

〔二九〕若寇賊侵淫　「侵淫」，原作「浸淫」，據北監本、殿本及梁書卷一〇鄧元起傳、通鑑卷一四六梁紀二天監四年、通志卷一三九改。

〔三〇〕武帝亦假元起節征討諸軍　「征討」上，梁書卷一〇鄧元起傳、通鑑卷一四六梁紀二天監四年有「都督」二字，册府卷四四五宋本有「都」字。疑當有「都督」二字。

〔三一〕比是魏已攻剋兩晉壽　「比是」，册府卷四四五、通志卷一三九作「比至」。

〔三二〕今李膺何如昔李膺　「何如」，原作「如何」，據南監本、北監本、汲本、殿本及册府卷八〇〇、通志卷一三九改。

〔三三〕著益州記三卷行於世　「著」，原作「者」，據南監本、北監本、汲本、殿本及册府卷五五五、通志卷一三九改。

〔三四〕元起有稻幾二千斛　「二千」，梁書卷一〇鄧元起傳作「二十」。

〔三五〕仗甲百人直衞殿中　「仗甲」，梁書卷一八張惠紹傳、通志卷一三九作「甲仗」。

〔三六〕子澄嗣　「澄」，原作「登」，據梁書卷一八張惠紹傳改。按梁書卷二八夏侯亶傳有「張澄」其人。

〔三七〕不如悉棄船於酇城　「棄」字原脱，據北監本、汲本、殿本及梁書卷一八馮道根傳、通鑑卷一四二齊紀八永元元年補。

〔三八〕拜豫州刺史領汝陰太守　按錢大昕考異卷二六：「是時豫州治合肥，南汝陰郡亦僑置於合肥。馮道根傳……『領汝陰太守』，亦當爲南汝陰，史缺『南』字耳。」

〔三九〕明主自鑒功夫多少　「夫」，北監本、殿本及梁書卷一八馮道根傳並作「之」。

〔四〇〕封南陽縣男　「南陽」，梁書卷一八康絢傳作「南安」。按梁初無「南陽」縣，此疑誤。下文徑改不再出校。

〔四一〕累遷太子右衛率　「太子右衛率」，原作「太子左衛率」，據梁書卷一八康絢傳、通志卷一三九改。按梁書卷一八昌義之傳、通鑑卷一四七梁紀三天監十三年並有「太子右衛率康絢」云云。

〔四二〕乃伐樹爲井幹　「井」字原脱，據梁書卷一八康絢傳、御覽卷七三引梁典、通鑑卷一四八梁紀四天監十四年、通志卷一三九補。按通鑑胡三省注：「井幹，井欄也，言疊木爲井幹之形。」

〔四三〕絢徵還　「徵還」二字原互倒，據通志卷一三九乙正。

〔四四〕在省每寒見省官有繿縷者　「寒」，梁書卷一八康絢傳作「寒月」。

〔四五〕子寶景嗣　「寶景」，梁書卷一八昌義之傳作「寶業」。

南史卷五十六

列傳第四十六

張弘策 子緬 纘 綰　庾域 子子輿　鄭紹叔　呂僧珍

樂藹 子法才

張弘策字真簡，范陽方城人，梁文獻皇后之從父弟也。父安之，青州主簿、南蠻行參軍。

弘策幼以孝聞，母嘗有疾，五日不食，弘策亦不食。母彊爲進粥，弘策乃食母所餘。遭母憂，三年不食鹽菜，幾至滅性。兄弟友愛，不忍暫離。雖各有室，常同卧起，世比之姜肱兄弟。

弘策與梁武帝年相輩，幼見親狎，恒隨帝游處。每入室，常覺有雲氣，體輒肅然，弘策由此特加敬異。建武末，與兄弘冑從武帝宿，酒酣，移席星下，語及時事。帝曰：「天下方亂，舅知之乎？冬下魏軍方動，則亡漢北。王敬則猜嫌已久，當乘間而作。」弘策曰：「敬則張兩赤眼，容能立事？」帝曰：「敬則庸才，爲天下唱先爾。主上運祚盡於來年，國權當歸江、劉。而江甚隘，劉又闇弱，都下當大亂，死人如亂麻。齊之歷數自茲亡矣。梁、楚、漢當有英雄興。」弘策曰：「瞻烏爰止，于誰之屋？」帝笑曰：「光武所云，『安知非僕』。」弘策起曰：「今夜之言，是天意也，請定君臣之分。」帝曰：「舅欲斅鄧晨乎？」

是冬，魏軍攻新野，齊明帝密詔武帝代曹武監雍州事。弘策聞之心喜，謂帝曰：「夜中言當驗。」帝笑曰：「且勿多言。」弘策從帝西行，仍參帷幄，身親勞役，不憚辛苦。齊明帝崩，遺詔以帝爲雍州刺史，乃表弘策爲録事參軍，帶襄陽令。帝觀海内方亂，有匡濟之心，密爲儲備。謀猷所及，唯弘策而已。

時帝長兄懿罷益州還，爲西中郎長史、行郢州事。帝使弘策到郢，陳計於懿曰：「昔晉惠庸主，諸王爭權，遂内難九興，外寇三作。方今喪亂有甚於此，六貴爭權，人握王憲，制主畫敕，各欲專成〔一〕。且嗣主在宮本無令譽，媟近左右，蜂目忍人。一居萬機，恣其所欲，豈肯虛坐主諾，委政朝臣。積相嫌貳，必大誅戮。始安欲爲趙倫，形迹已露，蹇人上天，信無此理。且性甚猜狹，徒取禍機，所可當軸，江、劉而已。祏怯而無斷，暄弱而不才，折鼎覆餗，跂踵可待。蕭坦胸懷猜忌，動言相傷。徐孝嗣才非柱石，聽人穿鼻。若隙開釁起，必中外土崩。今得外藩，幸圖身計。及今猜防未生，宜召諸弟，以時聚集。郢州控帶荆、湘，西注漢、沔。雍州士馬，呼吸數萬。時安則竭誠本朝，時亂則爲國翦暴，如不早圖，悔無及也。」懿聞之變色，心未之許。

及懿遇禍，帝將起兵，夜召弘策、吕僧珍入定議，旦乃發兵。以弘策爲輔國將軍、軍主〔二〕，領萬人督後部事〔三〕。及郢城平，蕭潁達、楊公則諸將皆欲頓軍夏口，帝以爲宜乘勝長驅〔四〕，直指建鄴，弘策與帝意合。又訪寧朔將軍庾域，域又同。即日上道，凡磯浦、村落，軍行宿次，立頓處所，弘策預爲圖，皆在目中。城平，帝遣弘策與吕僧珍先往清宫，封檢府庫。于時城内珍寶委積，弘策申勒部曲，秋毫無犯。遷衞尉卿，加給事中。天監初，加散騎常侍，封洮陽縣侯。弘策盡忠奉上，知無不爲，交友故舊，隨才薦拔，縉紳皆趨焉。

時東昏餘黨孫文明等初逢赦令，多未自安。文明又嘗夢乘馬至雲龍門，心惑其夢，遂作亂。帥數百人，因運荻炬束仗，得入南、北掖門，至夜燒神獸門、總章觀，入衞尉府，弘策踰垣匿于龍厩，遇賊見害。賊又進燒尚書省及閣道、雲龍門，前軍司馬吕僧珍直殿省，帥羽林兵邀擊不能却。上戎服御前殿，謂僧珍曰：「賊夜來是衆少，曉則走矣。」命打五鼓。

賊謂已曉，乃散，官軍捕文明斬于東市，張氏親屬臠食之。帝哭之慟，曰：「痛哉衞尉！天下事當復與誰論？」詔贈車騎將軍，謚曰閔侯。

弘策爲人寬厚通率，篤舊故。及居隆重，不以貴地自高，故人賓客接之如布衣〔五〕，禄賜皆散之親友。及遇害，莫不痛惜焉。子緬嗣。

緬字元長，年數歲，外祖中山劉仲德異之曰：「此兒非常器，非止爲張氏寶，方爲海内令名也。」齊永元末兵起，弘策從武帝向都，留緬襄陽，年始十歲，每聞軍有勝負，憂喜形於顏色。及弘策遇害，緬喪過于禮，武帝每遣喻之。服闋，襲封洮陽縣侯。起家祕書郎，出爲淮南太守。時年十八，武帝疑其年少，未閑吏事，遣主書封取郡曹文案，見其斷決允愜，甚稱賞之。再遷雲麾外兵參軍。

緬少勤學，自課讀書，手不輟卷。有質疑者，隨問便對，略無遺失。殿中郎缺，帝謂徐勉曰：「此曹舊用文學，且鴈行之首〔六〕，宜詳擇其人。」勉舉緬充選。頃之，爲武陵太守，還拜太子洗馬、中舍人。緬母劉氏以父没家貧，葬禮有闕，遂終身不居正室，不隨子入官府。緬在郡所得俸禄不敢用，至乃妻子不易衣裳，及還都，並供之母振遺親屬。雖累載所蓄，一朝隨盡，緬私室常闃然如貧素者。

累遷豫章内史。緬爲政任恩惠，不設鉤距，吏人化其德，亦不敢欺。故老咸云「數十年未有也」。

後爲御史中丞，坐收捕人與外國使鬭，左降黄門，兼領先職，俄復舊任。緬居憲司，推繩無所顧望，號爲勁直。武帝乃遣圖其形於臺省，以勵當官。遷侍中，未拜卒，詔便舉哀。昭明太子亦往臨哭。

緬抄後漢、晉書衆家異同爲後漢紀四十卷，晉抄三十卷〔七〕，又抄江左集未及成，文集五卷。緬弟纘。

纘字伯緒，出繼從伯弘籍。武帝舅也〔八〕，梁初贈廷尉卿。纘年十一，尚武帝第四女富陽公主，拜駙馬都尉，封利亭侯。召補國子生。起家祕書郎，時年十七，身長七尺四寸，眉目疎朗，神采爽發。武帝異之，嘗曰：「張壯武云『後八世有逮吾者』，其此子乎。」纘好學，兄緬有書萬餘卷，晝夜披讀，殆不輟手。秘書郎四員，宋、齊以來，爲甲族起家之選，待次入補，其居職例不數十日便遷任。纘固求不徙，欲遍觀閣内書籍。嘗執四部書目曰：「若讀此畢，可言優仕矣。」〔九〕如此三載，方遷太子舍人，轉洗馬，中舍人，並掌管記。

纘與琅邪王錫齊名。普通初，魏使彭城人劉善明通和，求識纘與錫。纘時年二十三，善明見而嗟服。累遷尚書吏部郎，俄而長兼侍中，時人以爲早達。河東裴子野曰：「張吏部有喉脣之任，已恨其晚矣。」子野性曠達，自云年出三十不復詣人。初未與纘遇，便虛相推重，因爲忘年之交。大通中，爲吳興太守，居郡省煩苛，務清靜，人吏便之。

大同二年，徵爲吏部尚書。後門寒素一介者，皆見引拔，不爲貴門屈意，人士翕然稱之。負其才氣，無所與讓。定襄侯祗無學術，頗有文性，與兄衡山侯恭俱爲皇太子愛賞。時纘從兄謐、聿並不學問，性又凡愚。恭、祗嘗預東宮盛集，太子戲纘曰：「丈人謐、聿皆何在？」纘從容曰：「纘有謐、聿，亦殿下之衡、定。」太子色慙。或云纘從兄聿及弼愚短，湘東王在坐，問纘曰：「丈人二從聿、弼藝業何如〔一〇〕？」纘曰：「下官從弟雖並無多，猶賢殿下之有衡、定。」舉坐愕然，其忤物如此。

五年，武帝詔曰：「纘外氏英華，朝中領袖，司空已後，名冠范陽。可尚書僕射。」纘本寒門，以外戚顯重，高自擬倫，而詔有「司空」「范陽」之言，深用爲狹。以朱异草詔，與异不平。初，纘與參掌何敬容意趣不協，敬容居權軸，賓客輻湊，有過詣纘，纘輒距不前，曰：「吾不能對何敬容殘客。」及是遷，爲讓表曰：「自出守股肱，入居衡尺〔一一〕，可以仰首伸眉，論列是非者矣。而寸衿所滯，近蔽耳目，深淺清濁，豈有能預。加以矯心飾貌，酷非所閑，不喜俗人，與之共事。」此言以指敬容也。在職議南郊御乘素輦，適古今之衷。又議印綬官若備朝服，宜並著綬。時並施行。

改爲湘州刺史，述職經塗，作南征賦。初，吴興吴規頗有才學，邵陵王綸引爲賓客，深相禮遇。及綸作牧郢蕃，規隨從江夏。遇纘出之湘鎮，路經郢服，綸餞之南浦。纘見規在坐，意不能平，忽舉盃曰：「吴規，此酒慶汝得陪今宴。」規尋起還，其子翁孺見父不悅，問而知之，翁孺因氣結，爾夜便卒。規恨纘慟兒，憤哭兼至，信次之間又致殞。規妻深痛夫、子，翌日又亡。時人謂張纘一盃酒殺吴氏三人〔一二〕，其輕傲皆此類也。

至州務公平，遣十郡慰勞，解放老疾吏役，及關市戍邏、先所防人，一皆省併。州界零陵、衡陽等郡有莫徭蠻者，依山險爲居，歷政不賓服，因此向化。益陽縣人作田二頃，皆異畝同穎。在政四年，流人自歸，户口增十餘萬，州境大寧。晚頗好積聚，多寫圖書數萬卷，有油二百斛，米四千石，佗物稱是。

太清二年，徙授領軍，俄改雍州刺史。初聞邵陵王綸當代己爲湘州，其後更用河東王譽。纘素輕少王，州府候迎及資待甚薄，譽深銜之。及至州，譽遂託疾不見纘，仍檢括州府付度事〔一三〕，留纘不遣。會聞侯景寇建鄴，譽當下援。湘東王時鎮江陵，與纘有舊，纘將因之以斃譽兄弟。時湘東王與譽及信州刺史桂陽王慥各率所領入援臺，下硤至江津，譽次江口，湘東王届郢州之武城。屬侯景已請和，武帝詔罷援軍。譽自江口將旋湘鎮，欲待湘東至，謁督府，方還州。纘乃貽湘東書曰：「河東戴檣上水，欲襲江陵，岳陽在雍，共謀不逞。」江陵遊軍主朱榮又遣使報云：「桂陽住此欲應譽、詧。」湘東信之，乃鑿船沈米，斬纜而歸。至江陵收慥殺之。荆、湘因構嫌隙。

纘尋棄其部曲，攜其二女，單舸赴江陵。湘東遣使責讓譽，索纘部下，仍遣纘向雍州。前刺史岳陽王詧推遷未去鎮，但以城西白馬寺處之。會聞賊陷臺城，詧因不受代。州助防杜岸紿纘曰：「觀岳陽不容使君，使君素得物情，若走入西山義舉，事無不濟。」纘以爲然。因與岸兄弟盟，乃要雍州人席引等於西山聚衆。乃服婦人衣，乘青布輿，與親信十餘人奔引等。杜岸馳告詧，詧令中兵參軍尹正等追討。纘以爲赴期，大喜，及至並禽之。纘懼不免，請爲沙門，名法緒。詧襲江陵，常載纘隨後，逼使爲檄，固辭以疾。及軍退敗，行至湕水南，防守纘者慮追兵至，遂害之，棄尸而去。元帝承制，贈開府儀同三司，謚簡憲公。

元帝少時，纘便推誠委結，及帝即位，追思之，嘗爲詩序云：「簡憲之爲人也，不事王侯，負才任氣。見余則申旦達夕，不能已已。懷夫人之德，何日忘之。」纘著鴻寶一百卷，文集二十卷。

初，纘之往雍州，資産悉留江陵。性既貪婪，南中貲賄填積。及死，湘東王皆使收之，書二萬卷並摙還齋〔一四〕，珍寶財物悉付庫，以粽蜜之屬還其家。

次子希字子顔，早知名，尚簡文第九女海鹽公主。承聖初，位侍中。纘弟綰。

綰字孝卿，少與兄纘齊名。湘東王繹嘗策之百事，綰對闕其六，號爲百六公。位員外散騎常侍、中軍宣城王長史。遷御史中丞。武帝遣其弟中書舍人絢宣旨曰：「爲國之急，唯在執憲直繩，用人之本〔一五〕，不限升降。晉、宋時，周閔、蔡廓兼以侍中爲之，卿勿疑是左遷。」時宣城王府望重，故有此旨焉。大同四年元日，舊制僕射中丞坐位東西相當〔一六〕，綰兄纘爲僕射〔一七〕，及百司就列，兄弟並導騶分趨兩塗〔一八〕，前代未有，時人榮之。出爲豫章内史，在郡述制旨禮記正言義，四姓衣冠士子聽者常數百人。

八年，安成人劉敬宫挾祆道〔一九〕，遂聚黨攻郡，進寇豫州〔二〇〕，刺史湘東王遣司馬王僧辯討賊，受綰節度。旬月間，賊黨悉平。

十年，復爲御史中丞。綰再爲憲司，彈糾無所回避，豪右憚之。時城西開士林館聚學者，綰與右衛朱异、太府卿賀琛遞述制旨禮記中庸義。太清三年，爲吏部尚書，宫城陷，奔江陵，位尚書右僕射。魏剋江陵，朝士皆俘入關，綰以疾免，卒於江陵。

次子交，字少游，尚簡文第十一女定陽公主〔二一〕。承聖二年，官至祕書丞，掌東宫管記。

庾域字司大，新野人也。少沈靜，有名鄉曲。梁文帝爲郢州，辟爲主簿，歎美其才，曰：「荆南杞梓，其在斯乎。」加以恩禮。長沙宣武王爲梁州，以爲録事參軍，帶華陽太守。時魏軍攻圍南鄭，州有空倉數十所，域手自封題，指示將士曰：「此中粟皆滿，足支二年。但努力堅守。」衆心以安。軍退，以功拜羽林監。及長沙王爲益州，域隨爲懷寧太守。罷任還家，妻子猶事井臼，而域所衣大布，餘奉專充供養。母好鶴唳，域在位營求，孜孜不怠，一旦雙鶴來下，論者以爲孝感所致。

永元初，南康王板西中郎諮議參軍，母憂去職。梁武帝舉兵，起爲寧朔將軍，領行選。武帝東下，師次楊口，和帝遣御史中丞宗夬勞軍。域乃諷夬曰：「黄鉞未加，非所以總率侯伯。」夬反，西臺即授武帝黄鉞。蕭穎胄既都督中外諸軍事，論者謂武帝應致牋，域爭不聽，乃止。郢城平，域及張弘策議與武帝意同，即命衆軍便下，域謀多被納用。霸府初開，爲諮議參軍。

天監初，封廣牧縣子、後軍司馬。出爲寧朔將軍、巴西梓潼二郡太守。梁州長史夏侯道遷降魏，魏襲巴西，域固守。城中糧盡，將士皆齕草供食，無有離心。魏軍退，進爵爲伯。于時兵後人飢，域上表振貸，不待報輒開倉，爲有司所糾。上遷域西中郎司馬、輔國將軍、寧蜀太守。卒于官。子子輿。

子輿字孝卿，幼而歧嶷。五歲讀孝經，手不釋卷。或曰：「此書文句不多，何用自苦？」答曰：「孝，德之本，何謂不多。」齊永明末，除州主簿。時父在梁州遇疾，子輿奔侍醫藥，言淚恒并。長沙宣武王省疾見之，顧曰：「庾録事雖危殆，可憂更在子輿。」尋丁母憂，哀至輒嘔血，父戒以滅性，乃禁其哭泣。梁初爲尚書郎。

天監三年，父出守巴西，子輿以蜀路險難，啓求侍從，以孝養獲許。父還寧蜀，子輿亦相隨。父於路感心疾，每痛至必叫[一二]，子輿亦悶絶。及父卒，哀慟將絶者再。奉喪還鄉，秋水猶壯。巴東有淫預，石高出二十許丈，及秋至，則纔如見焉。次有瞿塘大灘，行侶忌之，部伍至此，石猶不見。子輿撫心長叫，其夜五更水忽退減，安流南下。及度，水復舊，行人爲之語曰：「淫預如幞本不通，瞿塘水退爲庾公[一三]。」初發蜀，有雙鳩巢舟中，及至又栖廬側，每聞哭泣之聲，必飛翔簷宇，悲鳴激切。

欲爲父立佛寺，未有定處。夢有僧謂曰：「將修勝業，嶺南原即可營造。」明往履歷，果見標度處所，有若人功，因立精舍。居墓所以終喪，服闋，手足枯攣，待人而起。仍布衣蔬食，志守墳墓。叔該謂曰：「汝若固志，吾亦抽簪。」於是始仕。雖以嫡長襲爵，國秩盡推諸弟。累遷兼中郎司馬。

大通二年，除巴陵内史，便道之官，路中遇疾。或勸上郡就醫，子輿曰：「吾疾患危重，全濟理難，豈可貪官，陳尸公廨。」因勒門生不得輒入城市，即於渚次卒。遺令單衣帢履以斂，酒脯施靈而已。

鄭紹叔字仲明，滎陽開封人也。累世居壽陽。祖琨，宋高平太守。

紹叔年二十餘，爲安豐令，有能名。後爲本州中從事史。時刺史蕭誕弟諶被誅，臺遣收誕，兵使卒至，左右驚散，紹叔獨馳赴焉。誕死，侍送喪柩，衆咸稱之。到都，司空徐孝嗣見而異之，曰「祖逖之流也」。

梁武帝臨司州，命爲中兵參軍，領長流。因是厚自結附。帝罷州還都，謝遣賓客，紹叔獨固請願留。帝曰：「卿才幸自有用，我今未能相益，宜更思佗塗。」固不許。於是乃還壽陽。刺史蕭遥昌苦要引，紹叔終不受命。遥昌將囚之，鄉人救解得免。及帝爲雍州，紹叔問道西歸，補寧蠻長史、扶風太守。東昏既害朝宰，頗疑于帝。紹叔兄植爲東昏直後，東昏遣至雍州，託候紹叔，潛使爲刺客。紹叔知之，密白帝。及植至，帝於紹叔處置酒宴之，戲植曰：「朝廷遣卿見圖，今日閑宴，是見取良會也。」賓主大笑。令植登城隍，周觀府署，士卒器械，舟艫戎馬，莫不富實。植退謂紹叔曰：「雍州實力，未易圖也。」紹叔曰：「兄還具爲天子言之，兄若取雍州，紹叔請以此衆一戰。」送兄於南峴，相持慟哭而別。續復遣主帥杜伯符，亦欲爲刺客，詐言作使，上亦密知，宴接如常。伯符懼不敢發。上後即位，作五百字詩具及之。

初起兵，紹叔爲冠軍將軍，改驍騎將軍，從東下。江州平，留紹叔監州事，曰：「昔蕭何鎮關中，漢祖得成山東之業；寇恂守河内，光武建河北之基。今之九江，昔之河内，我故留卿以爲羽翼。前途不捷，我當其咎，糧運不繼，卿任其責。」紹叔流涕拜辭，於是督江、湘糧運無闕乏。

天監初，入爲衛尉卿。紹叔少孤貧，事母及祖母以孝聞，奉兄恭謹。及居顯要，糧賜所得及四方遺餉，悉歸之兄室。忠於事上，所聞纖豪無隱。每爲帝言事，善則曰：「臣愚不及，此皆聖主之策。」不善，則曰：「臣智慮淺短，以爲其事當如是，殆以此誤朝廷也。臣之罪深矣。」帝甚親信之。母憂去職。紹叔有至性，帝常使人節其哭。頃之，封營道縣侯，復爲衞尉卿。以營道縣户凋弊，改封東興縣侯。

三年，魏圍合肥，紹叔以本號督衆軍鎮東關。事平，復爲衞尉。既而義陽入魏，司州移鎮關南，以紹叔爲司州刺史。紹叔至，創立城隍，繕兵積穀，流人百姓安之。性頗矜躁，以權勢自居，然能傾心接物，多所舉薦。士亦以此歸之。

徵爲左衞將軍〔一四〕，至家疾篤，詔於宅拜授，輿載還府。中使醫藥，一日數至。卒於府舍。帝將臨其殯，紹叔宅巷陋，不容輿駕，乃止。詔贈散騎常侍、護軍將軍，謚曰忠。紹叔卒後，帝嘗潸然謂朝臣曰：「鄭紹叔立志忠烈，善必稱君，過則歸己，當今殆無其比。」見賞惜如此。子貞嗣。

呂僧珍字元瑜，東平范人也〔一五〕。世居廣陵，家甚寒微。童兒時從師學，有相工歷觀諸生，指僧珍曰：「此兒有奇聲，封侯相也。」事梁文帝爲門下書佐。身長七尺七寸，容貌甚偉，曹輩皆敬之。文帝爲豫州刺史，以爲典籤，帶蒙令。帝遷領軍將軍，補主簿。祆賊唐寓之寇東陽，文帝率衆東討，使僧珍知行軍衆局事。僧珍宅在建陽門東，自受命當行，每日由建陽門道，不過私室。文帝益以此知之。司空陳顯達出軍沔北，見而呼坐，謂曰：

「卿有貴相，後當不見滅，深自努力。」

建武二年，魏軍南攻，五道並進。武帝帥師援義陽，僧珍從在軍中。時長沙宣武王爲梁州刺史，魏軍圍守連月，義陽與雍州路斷。武帝欲遣使至襄陽，求梁州問，衆莫敢行。僧珍固請充使，即日單舸上道。及至襄陽，督遣援軍，且獲宣武王書而反，武帝甚嘉之。

東昏即位，司空徐孝嗣管朝政，欲要僧珍與共事。僧珍知不久當敗，竟弗往。武帝臨雍州，僧珍固求西歸，得補邛令〔二六〕。及至，武帝命爲中兵參軍，委以心旅。僧珍陰養死士，歸之者甚衆。武帝頗招武猛，士庶響從，會者萬餘人。因命按行城西空地，將起數千間屋爲止舍。多伐材竹，沈於檀溪，積茅蓋若山阜，皆未之用。僧珍獨悟其指，因私具櫓數百張。及兵起，悉取檀溪材竹，裝爲船艦，葺之以茅，並立辦。衆軍將發，諸將須櫓甚多，僧珍乃出先所具，每船付二張，爭者乃息。

武帝以僧珍爲輔國將軍、步兵校尉，出入卧内，宣通意旨。大軍次江寧，武帝使僧珍與王茂率精兵先登赤鼻邏。其日，東昏將李居士來戰，僧珍等大破之，乃與茂進白板橋。壘立，茂移頓越城，僧珍守白板。李居士知城中衆少，直來薄城。僧珍謂將士曰：「今力不敵，不可戰，亦勿遥射。須至壍裏，當并力破之。」俄而皆越壍，僧珍分人上城，自率馬步三百人出其後，内外齊擊，居士等應時奔散。及武帝受禪，爲冠軍將軍、前軍司馬，封平固縣侯。再遷左衞將軍，加散騎常侍，入直祕書省，總知宿衞。天監四年，大舉北侵，自是僧珍晝直中書省〔一七〕，夜還祕書。五年旋軍，以本官領太子中庶子。

僧珍去家久，表求拜墓，武帝欲榮以本州，乃拜南兗州刺史。僧珍在任，見士大夫迎送過禮，平心率下，不私親戚。兄弟皆在外堂，並不得坐。指客位謂曰：「此兗州刺史坐，非呂僧珍牀。」及別室促膝如故。從父兄子先以販葱爲業，僧珍至，乃棄業求州官。僧珍曰：「吾荷國重恩，無以報効，汝等自有常分，豈可妄求叨越。當速反葱肆耳。」僧珍舊宅在市北，前有督郵廨，鄉人咸勸徙廨以益其宅。僧珍怒曰：「豈可徙官廨以益吾私宅乎。」姊適于氏，住市西小屋臨路，與列肆雜。僧珍常導從鹵簿到其宅，不以爲恥。

在州百日，徵爲領軍將軍，直祕書省如先。常以私車輦水灑御路。僧珍既有大勳，任總心膂，性甚恭慎。當直禁中，盛暑不敢解衣。每侍御坐，屏氣鞠躬，對果食未嘗舉箸。因醉後取一甘食，武帝笑謂曰：「卿今日便是大有所進。」祿俸外，又月給錢十萬，其餘賜賚不絕於時。

初，武帝起兵，攻郢州久不下，咸欲走北。僧珍獨不肯，累日乃見從。一夜，僧珍忽頭痛壯熱，及明而顙骨益大，其骨法蓋有異焉。

十年，疾病，車駕臨幸，中使醫藥日有數四。僧珍語親舊曰：「吾昔在蒙縣熱病發黃，時必謂不濟。主上見語，『卿有富貴相，必當不死』。俄而果愈。吾今已富貴，而復發黃，所苦與昔政同，必不復起。」竟如言，卒于領軍官舍。武帝即日臨殯，贈驃騎將軍、開府儀同三司，謚曰忠敬。武帝痛惜之，言爲流涕。子淡嗣。

初，宋季雅罷南康郡，市宅居僧珍宅側。僧珍問宅價，曰「一千一百萬」。怪其貴，季雅曰：「一百萬買宅，千萬買隣。」及僧珍生子，季雅往賀，署函曰「錢一千」。閽人少之，弗爲通，彊之乃進。僧珍疑其故，親自發，乃金錢也。遂言於帝，陳其才能，以爲壯武將軍、衡州刺史。將行，謂所親曰：「不可以負吕公。」在州大有政績。

樂藹字蔚遠，南陽淯陽人，晉尚書令廣之六世孫也。家居江陵。方頤隆準，舉動醖藉。其舅雍州刺史宗慤嘗陳器物，試諸甥姪。藹時尚幼，而無所取，慤由此奇之。又取史傳各一卷授藹等，使讀畢言所記。藹略讀具舉，慤益善之。

齊豫章王嶷爲荊州刺史，以藹爲驃騎行參軍，領州主簿，參知州事。嶷嘗問藹城隍風俗、山川險易，藹隨問立對，若案圖牒，嶷益重焉。州人嫉之，或譖藹廨門如市，嶷遣覘之，方見藹閉閤讀書。後爲大司馬記室。

永明八年，荆州刺史巴東王子響稱兵反，及敗，焚燒府舍，官曹文書一時蕩盡。齊武帝見藹，問以西事，藹占對詳敏，帝悦，用爲荆州中從事，敕付以脩復府州事。藹還州，繕脩廨署數百區，頃之咸畢。豫章王嶷薨，藹解官赴喪，率荆、湘二州故吏建碑墓所。南康王爲西中郎，以藹爲諮議參軍。蕭穎胄引藹及宗夬、劉坦任以經略。

天監初，累遷御史中丞。初，藹發江陵，無故於船得八車輻，如中丞健步避道者，至是果遷焉。性公彊，居憲臺甚稱職。時長沙宣武王將葬，而車府忽於庫失油絡，欲推主者。藹曰：「昔晉武庫火，張華以爲積油萬石必然〔二八〕，今庫若灰，非吏罪也。」既而檢之，果有積灰，時稱其博物弘恕。

二年，出爲平越中郎將、廣州刺史。前刺史徐元瑜罷歸，遇始興人士反，逐内史崔睦舒，因掠元瑜財産。元瑜走歸廣州，借兵於藹，託欲討賊，而實謀襲藹。藹覺誅之。尋卒於官。

藹姊適徵士同郡劉虯，亦明識有禮訓。藹爲州，迎姊居官舍，三分禄秩以供焉，西土稱之。子法才。

法才字元備，幼與弟法藏俱有美名。沈約見之曰：「法才實才子。」爲建康令，不受奉秩，比去將至百金，縣曹啓輸臺庫。武帝嘉其清節，曰「居職若斯，可以爲百城表矣」。遷太舟卿，尋除南康内史。恥以讓奉受名，辭不拜。歷位少府卿，江夏太守，因被代，表求便道還鄉。至家，割宅爲寺，棲心物表。尋卒。法藏位征西録事參軍，早亡。

子子雲，美容貌，善舉止。位江陵令，元帝承制〔二九〕，除光禄卿。魏剋江陵，衆奔散，呼子雲。子雲曰：「終爲虜矣，不如守以死節。」遂仆地，卒於馬蹄之下。

論曰：張弘策惇厚慎密，首預帝圖，其位遇之隆，豈徒外戚云爾。至如太清板蕩，親屬離貳，纘不能叶和蕃岳，克濟陶冶之功〔三〇〕，而苟懷私怨，以成釁隙之首。風格若此，而爲梁之亂階，惜乎！庾域、鄭紹叔、吕僧珍等，或忠誠亮盡，或恪勤匪解，締構王業，皆有力焉。僧珍之肅恭禁省，紹叔之勤誠靡貳，蓋有人臣之節矣。藹雖異帷幄之勳，亦讚雲雷之業，其當官任事，寵秩不亦宜乎。

校勘記

〔一〕各欲專成　「專成」，梁書卷一武帝紀上、建康實録卷一七、册府卷一八五作「專威」，疑是。

〔二〕以弘策爲輔國將軍軍主　「軍」字原脱其一，據梁書卷一一張弘策傳、册府卷三四四補。

〔三〕領萬人督後部事　「事」，梁書卷一一張弘策傳、册府卷三四四、卷三八〇作「軍事」。

〔四〕帝以爲宜乘勝長驅　「乘勝」，北監本、殿本及梁書卷一一張弘策傳、册府卷三四四、通志卷一三九作「乘勢」。

〔五〕故人賓客接之如布衣　梁書卷一一張弘策傳、册府卷八〇六「布衣」下有「時」字。

〔六〕且鴈行之首　梁書卷三四張緬傳、通典卷二二、御覽卷二一五引梁書、册府卷四五七、卷四六八、通志卷一三九「且」下有「居」字。

〔七〕緬抄後漢晉書衆家異同爲後漢紀四十卷晉抄三十卷　「衆家異同爲後漢紀四十卷晉」十二字原脱，據梁書卷三四張緬傳增補，從李慈銘南史札記説。

〔八〕出繼從伯弘籍武帝舅也　按梁書卷三四張緬傳附張纘傳、通志卷一三九疊「弘籍」二字。

〔九〕嘗執四部書目曰若讀此畢可言優仕矣　「嘗」原作「帝」，「若」原作「君」，誤以纘語爲武帝語，據梁書卷三四張緬傳附張纘傳改。

〔一〇〕丈人二從聿弼藝業何如　「從」下原衍「事」字，據南監本、北監本、汲本、殿本及通志卷一三九删。

〔一一〕入居衡尺　「居」，梁書卷三四張緬傳附張纘傳、類聚卷四八作「尸」。

〔一二〕時人謂張纘一盃酒殺吴氏三人　「謂」，原作「爲」，據南監本、北監本、汲本、殿本及通志卷一三九改。

〔一三〕仍檢括州府付度事　「付度事」，梁書卷三四張緬傳附張纘傳作「庶事」。按通鑑胡三省注：「付度者，前刺史以州府之若事若物付度後刺史。」

〔一四〕書二萬卷並搥還齋　「齋」，原作「齊」，據通志卷一三九改。

〔一五〕用人之本　梁書卷三四張緬傳附張綰傳、册府卷五一二無「之」字。

〔一六〕舊制僕射中丞坐位東西相當　「相當」，原作「時當」，據梁書卷三四張緬傳附張綰傳、册府卷七八二改。

〔一七〕綰兄纘爲僕射　梁書卷三四張緬傳附張綰傳、通志卷一三九前有「時」字。按梁書卷三武帝紀下載大同五年正月「吏部尚書張纘爲尚書僕射」，此云「大同四年元日」綰兄纘已爲僕射，疑有誤。

〔一八〕兄弟並導騶分趨兩塗　「塗」，梁書卷三四張緬傳附張綰傳、通志卷一三九作「陛」。

〔一九〕安成人劉敬宫挾祆道　史書其名或作「劉敬躬」，見梁書卷三武帝紀下、本書卷六三王神念傳附王僧辯傳、顔氏家訓卷五歸心等。

〔二〇〕進寇豫州　「豫州」，梁書卷三四張緬傳附張綰傳、通鑑卷一五八梁紀一四大同七年作「豫章」。按劉敬宫反叛地域在江州，與豫州無關，疑當作「豫章」。

〔二一〕尚簡文第十一女定陽公主　「定陽公主」，梁書卷三四張緬傳附張綰傳作「安陽公主」。

〔二二〕每痛至必叫　「痛」字原脱，據册府卷七五七、通志卷一三九補。

〔二三〕瞿塘水退爲庾公　「瞿」，原作「衢」，據南監本、北監本、汲本、殿本及通志卷一三九改。

〔二四〕徵爲左衛將軍　「左衛將軍」，梁書卷一一鄭紹叔傳作「左將軍」。梁書本傳載其卒後詔文又稱「右衛將軍」，「左」「右」未審孰是。

〔二五〕東平范人也　「東平范人」，原作「東海范陽人」，據梁書卷一一呂僧珍傳、建康實録卷一八、御覽卷三八八引梁書、册府卷八六〇宋本、卷七八二宋本改。按宋書卷三五州郡志一，兗州東平郡有范縣，徐州東海郡領縣無范或范陽，下文又云「武帝欲榮以本州，乃拜南兗州刺史」，知不當爲徐州之「東海」。

〔二六〕僧珍固求西歸得補叩令　「叩」，梁書卷一一呂僧珍傳北監本、殿本作「卬」。張森楷梁書校勘記：「叩、卬皆非縣名，不得有令。據漢書地理志，南郡有邔縣，續漢志、晉志並屬荆州，宋書、南齊志屬雍州，隋志無之，疑梁以後省。時高祖爲雍州，僧珍從之，當補邔令。」其説疑是。按梁書卷四一劉孺傳附劉遵傳：「王後爲雍州，復引爲安北諮議參軍、帶邔縣令。」南齊書卷一五州郡志下，雍州襄陽郡有邔縣。

〔二七〕自是僧珍晝直中書省　「書」字原脱，據梁書卷一一呂僧珍傳、通志卷一三九補。

〔二八〕張華以爲積油萬石必然　「石」，梁書卷一九樂藹傳、册府卷七八〇宋本、通志卷一三九作「匹」。

〔二九〕元帝承制　「元帝」二字原脱，據通志卷一三九補。

〔三〇〕克濟陶冶之功　「陶冶」，梁書卷三四傳論作「温陶」。按温謂温嶠，陶謂陶侃，平定蘇峻，爲晉勳臣。

南史卷五十七

列傳第四十七

沈約 子旋 孫衆 范雲 從兄縝

沈約字休文，吳興武康人也。昔金天氏有裔子曰昧，爲玄冥師，生子允格、臺駘。臺駘能業其官，宣汾洮，障大澤，以處太原。帝顓頊嘉之，封諸汾川。其後四國沈、姒、蓐、黄，沈子國今汝南平輿沈亭是也。春秋之時，列於盟會。魯昭四年，晉使蔡滅沈〔一〕，其後因國爲氏。自茲以降，譜諜罔存。

秦末有沈逞，徵丞相不就。漢初，逞曾孫保封竹邑侯。保子遵自本國遷居九江之壽春，官至齊王太傅，封敷德侯。遵生驃騎將軍達，達生尚書令乾，乾生南陽太守弘，弘生河内太守勗，勗生御史中丞奮，奮生將作大匠恪，恪生尚書關内侯謙，謙生濟陽太守靖，靖生戎。戎字威卿，仕爲州從事，説降劇賊尹良，漢光武嘉其功，封爲海昏縣侯，辭不受，因避地徙居會稽烏程縣之餘不鄉，遂家焉。順帝永建元年，分會稽爲吴郡，復爲吴郡人。靈帝初平五年，分烏程、餘杭爲永安縣，吴孫皓寶鼎二年，分吴郡爲吴興郡。晉太康三年，改永安爲武康縣〔二〕，復爲吴興武康人焉。雖邦邑屢改，而築室不遷。

戎子酆字聖通，位零陵太守，致黄龍芝草之瑞。第二子仲高〔三〕，安平相，少子景，河間相，演之、慶之、曇慶、懷文其後也。仲高子鸞字建光，少有高名，州舉茂才，公府辟州別駕從事史。時廣陵太守陸稠，鸞之舅也，以義烈政績顯名漢朝，復以女妻鸞，早卒。子直字伯平，州舉茂才，亦有清名，卒。子瑜、儀俱少有至行。瑜十歲、儀九歲而父亡，居喪毁瘁，過於成人。外祖會稽盛孝章，漢末名士也，深加憂傷，每撫慰之，曰：「汝並黄中英爽，終成奇器，何遽逾制自取殄滅邪。」三年禮畢，殆至滅性，故兄弟並以孝著。瑜早卒。儀字仲則，篤學有雅才，以儒素自業。時海内大亂，兵革並起，經術廢弛，士少全行。而儀淳深隱默，守道不移，風操貞整，不妄交納，唯與族子仲山、叔山及吴郡陸公紀友善。州郡禮請，二府交辟，公車徵，並不屈，以壽終。子曼字元禪〔四〕，左中郎、新都都尉、定陽侯，才志顯於吴朝。子矯字仲桓，以節氣立名，仕爲立武校尉、偏將軍。孫皓時，有將帥之稱。吴平，爲鬱林、長沙二太守，不就。太康末卒。子陵字景高，晉元帝之爲鎮東將軍，命參軍事。子延字思長，潁川太守，始居縣東鄉之博陸里餘烏村。延子賀字子寧，桓沖南中郎參軍。

賀子警字世明，惇篤有行業，學通左氏春秋，家産累千金。後將軍謝安命爲參軍，甚相敬重。警内足於財，爲東南豪士，無進仕意，謝病歸。安固留不止，乃謂曰：「沈參軍，卿有獨善之志，不亦高乎。」警曰：「使君以道御物，前所以懷德而至，既無用佐時，故遂飲啄之願爾。」還家積載，以素業自娱。前將軍王恭鎮京口，與警有舊好，復引爲參軍。手書殷勤，苦相招致，不得已而應之。尋復謝去。子穆夫字彦和，少好學，通左氏春秋。王恭命爲前將軍主簿，謂警曰：「足下既執不拔之志，高卧東南，故屈賢子共事，非吏職嬰之也〔五〕。」

初，錢唐人杜炅字子恭，通靈有道術，東土豪家及都下貴望並事之爲弟子，執在三之敬。警累世事道，亦敬事子恭。子恭死，門徒孫泰、泰弟子恩傳其業，警復事之。隆安三年，恩於會稽作亂，自稱征東將軍，三吴皆響應。穆夫在會稽，恩以爲餘姚令。及恩爲劉牢之所破，穆夫見害。先是穆夫宗人沈預與穆夫父警不協，至是告警及穆夫弟仲夫、任夫、預夫、佩夫，並遇害。唯穆夫子深子、雲子、田子、林子、虔子獲全〔六〕。田子、林子知名。

田子字敬光，從武帝剋京城，進平建鄴，參鎮軍事，封營道縣五等侯。帝北伐廣固，田子領偏師與龍驤將軍孟龍符爲前鋒。龍符戰没，田子力戰破之。及盧循逼都，帝遣田子與建威將軍孫季高海道襲破廣州，還除太尉參軍、淮陵内史，賜爵都鄉侯。義熙八年，從討劉毅。十一年，從討司馬休之，除振武將軍、扶風太守。十二年，武帝北伐，田子與順陽太守傅弘之各領别軍，從武關入，屯據青泥。姚泓將自禦大軍，慮田子襲其後，欲先平田子，然後傾國東出。乃率步騎數萬，奄至青泥。田子本爲疑兵，所領裁數百，欲擊之。傅弘之曰：「彼衆我寡，難可與敵。」田子曰：「師貴用奇，不必在衆。」弘猶固執，田子曰：「衆寡相傾，勢不兩立，若使賊圍既固，人情喪沮，事便去矣。及其未整，薄之必剋，所謂先人有奪人之志也。」便獨率所領，鼓譟而進。賊合圍數重，田子乃棄糧毁舍，躬勒士卒，前後奮擊，賊衆一時潰散，所殺萬餘人，得泓僞乘輿服御。武帝表言其狀。長安既平，武帝讌于文昌殿，舉酒賜田子曰：「咸陽之平，卿之功也，即以咸陽相賞。」即授咸陽、始平二郡太守。

大軍既還，桂陽公義真留鎮長安，以田子爲安西中兵參軍、龍驤將軍、始平太守。時赫連勃勃來寇，田子與安西司馬王鎮惡俱出北地禦之。初，武帝將還，田子及傅弘之等並以鎮惡家在關中，不可保信，屢言之。帝曰：「今留卿文武將士、精兵萬人，彼若欲爲不善，政足自滅耳。勿復多言。」及俱出北地，論者謂鎮惡欲盡殺諸南人，以數十人送義真南還，因據關中反叛。田子乃於弘之營内請鎮惡計事，使宗人敬仁於坐殺之，率左右數十人自歸義真。長史王脩收殺田子於長安稾倉門外，是歲十四年正月十五日也。武帝表天子，以田子卒發狂易，不深罪也。

林子字敬士，少有大度，年數歲，隨王父在京口，王恭見而奇之，曰：「此兒王子師之流也。」嘗與衆人共見遺寶，咸爭趨之，林子直去不顧。年十三，遇家禍，既門陷祆黨，兄弟並應從誅，而沈預家甚彊富，志相陷滅，林子兄弟沈伏山澤，無所投厝。會孫恩屢出會稽，武帝致討，林子乃自歸陳情，率老弱歸罪請命，因流涕哽咽，三軍爲之感動。帝甚奇之，乃載以别船，遂盡室移京口，帝分宅給焉。

林子博覽衆書，留心文義，從剋京城，進平都邑。時年十八，身長七尺五寸。沈預慮林子爲害，常被甲持戈，至是林子與兄田子還東報讎。五月夏節日至，預政大集會，子弟盈堂。林子兄弟挺身直入，斬預首，男女無論長幼悉屠之，以預首祭父祖墓。及帝爲揚州，辟爲從事，領建熙令，封資中縣五等侯。從伐慕容超，平盧循，並著軍功。後從征劉毅，參太尉軍事。復從討司馬休之。武帝每征討，林子輒推鋒居前〔七〕。時賊黨郭亮之招集蠻、晉〔八〕，屯據武陵，武陵太守王鎮惡出奔。林子率軍討之，斬亮之於七里澗而納鎮惡。武陵既平，復討魯軌於石城，軌棄衆走襄陽，復追躡之。襄陽既定，權留守江陵。

武帝伐姚泓，復參征西軍事，加建武將軍，統軍爲前鋒，從汴入河。僞并州刺史、河東太守尹昭據蒲坂，林子於陝城與冠軍檀道濟同攻蒲坂，龍驤王鎮惡攻潼關。姚泓聞大軍至，遣僞東平公姚紹爭據潼關。林子謂道濟曰：「潼關天岨，所謂形勝之地。鎮惡孤軍，勢危力屈，若使姚紹據之，則難圖也。及其未至，當并力爭之。若潼關事捷，尹昭可不戰而服。」道濟從之。及至，紹舉關右之衆，設重圍，圍林子及道濟、鎮惡等。道濟議欲度河避其鋒，或欲棄捐輜重還赴武帝。林子按劍曰：「下官今日之事，自爲將軍辦之。然二三君子或同業艱難，或荷恩罔極，以此退撓，亦何以見相公旗鼓邪。」塞井焚舍，示無全志。率麾下數百人，犯其西北。紹衆小靡，乘其亂而薄之，紹乃大潰，俘虜以千數，悉獲紹器械資實。時諸將破賊皆多其首級，而林子獻捷書至，每以實聞。武帝問其故，林子曰：「夫王者之師，本有征無戰，豈可復增張虜獲，以示誇誕。昔魏尚以盈級受罰，此亦後乘之良轍也。」武帝曰：「乃所望於卿也。」

初，紹退走，還保定城，留僞武衛將軍姚鸞精兵守嶮，林子銜枚夜襲，即屠其城，劓鸞而坑其衆。紹復遣撫軍將軍姚讚將兵屯河上，林子連破之。紹又遣長史姚伯子等屯據九泉，憑河固險，以絶糧援。武帝復遣林子累戰大破之，即斬伯子，所俘獲悉以還紹，使知王師之弘。紹志節沈勇，林子每戰輒勝，白武帝曰：「姚紹氣蓋關右而力以勢屈，但恐凶命先盡，不得以釁齊斧爾。」尋紹疽發背死。武帝以林子之驗，乃賜書嘉美之。於是讚統後軍復襲林子，林子禦之，連戰皆捷。

帝至閿鄉，姚泓掃境内兵屯嶢柳。時田子自武關北入，屯軍藍田，泓自率大衆攻之。帝慮衆寡不敵，遣林子步自秦嶺以相接援。比至，泓已破走。田子欲窮追，進取長安，林子止之曰：「往取長安，如指掌爾。復剋賊城，便爲獨平一國，不賞之功也。」田子乃止。林子威震關中，豪右望風請附。帝以林子、田子綏略有方，頻賜書褒美，并令深慰納之。長安既平，姚氏十餘萬口西奔隴上，林子追討至寡婦水，轉鬬至槐里。大軍東歸，林子領水軍於石門以爲聲援。還至彭城，帝令林子差次勳勤，隨才授用。

文帝出鎮荆州，議以林子及謝晦爲蕃佐。帝曰：「吾不可頓無二人，林子行則晦不宜出。」乃以林子爲西中郎中兵參軍，領新興太守。林子以行役久，士有歸心，乃深陳事宜。并言：「聖王所以戒慎祇肅，非以崇威立武，寔乃經國長畂。宜廣建蕃屏，崇嚴宿衛。」武帝深相訓納〔九〕。俄而謝翼謀反，帝歎曰：「林子之見，何其明也。」

文帝進號鎮西，隨府轉，加建威將軍、河東太守。時武帝以方隅未靜，復欲親戎，林子固諫。帝答曰：「吾輒當不復自行。」帝踐祚，以佐命功，封漢壽縣伯，固讓不許。永初三年卒，追贈征虜將軍。元嘉二十五年，謚曰懷。少子璞嗣〔一〇〕。

璞字道真，童孺時神意閑審。文帝召見，奇璞應對，謂林子曰：「此非常兒也。」初除南平王左常侍，文帝引見，謂之曰：「吾昔以弱年出蕃，卿家以親要見輔，今日之授，意在不薄。王家之事，一以相委。勿以國官乖清塗爲罔罔也。」元嘉十七年，始興王濬爲揚州刺史，寵愛殊異，以爲主簿。時順陽范曄爲長史行州事，曄性頗疎，文帝謂璞曰：「范曄性疎，必多不同，卿腹心所寄，當密以在意。彼行事，其實卿也。」璞以任遇既深，所懷輒以密啓，每至施行，必從中出。曄政謂聖明留察，故深更恭慎，而莫見其際也。在職八年，神州大寧，人無謗黷〔一一〕，璞有力焉。二十二年，范曄坐事誅，時濬雖曰親覽，州事一以付璞。濬年既長，璞固求辭事。以璞爲濬始興國大農，累遷淮南太守。

三十年，元凶弑立，璞以奉迎之晚見殺。有子曰約，其制自序大略如此。

約十三而遭家難，潛竄，會赦乃免。既而流寓孤貧，篤志好學，晝夜不釋卷。母恐其以勞生疾，常遣減油滅火。而晝之所讀，夜輒誦之，遂博通羣籍，善屬文。濟陽蔡興宗聞其才而善之，及爲郢州，引爲安西外兵參軍，兼記室。興宗常謂其諸子曰：「沈記室人倫師表，宜善師之。」及爲荆州，又爲征西記室，帶闕西令〔一二〕。

齊初爲征虜記室，帶襄陽令，所奉主即齊文惠太子。太子入居東宮，爲步兵校尉，管書記，直永壽省，校四部圖書。時東宮多士，約特被親遇，每旦入見，景斜方出。時王侯到宮或不得進，約每以爲言。太子曰：「吾生平嬾起，是卿所悉，得卿談論，然後忘寢。卿欲我夙興，可恒早入。」遷太子家令。後爲司徒右長史、黄門侍郎。時竟陵王招士，約與蘭陵蕭琛、琅邪王融、陳郡謝朓、南郡范雲、樂安任昉等皆游焉〔一三〕。當世號爲得人。

隆昌元年，除吏部郎，出爲東陽太守。齊明帝即位，徵爲五兵尚書，遷國子祭酒。明帝崩，政歸冢宰，尚書令徐孝嗣使約撰定遺詔。永元中，復爲司徒左長史，進號征虜將軍、南清河太守。

初，梁武在西邸，與約游舊。建康城平，引爲驃騎司馬。時帝勳業既就，天人允屬。約嘗扣其端，帝默然而不應。佗日又進曰：「今與古異，不可以淳風期萬物。士大夫攀龍附鳳者，皆望有尺寸之功，以保其福禄。今童兒牧豎悉知齊祚之終，且天文人事表革運之徵，永元以來，尤爲彰著。讖云，『行中水，作天子』。此又歷然在記。天心不可違，人情不可失。」帝曰：「吾方思之。」約曰：「公初起兵樊、沔，此時應思。今日王業已就，何所復思。昔武王伐紂，始入人便曰吾君。武王不違人意，亦無所思。公自至京邑，已移氣序，比於周武，遲速不同。若不早定大業，稽天人之望，脱一人立異，便損威德。且人非金石，時事難保，豈可以建安之封，遺之子孫。若天子還都，公卿在位，則君臣分定，無復異圖。

君明於上，臣忠於下，豈復有人方更同公作賊。」帝然之。約出，召范雲告之，雲對略同約旨。帝曰：「智者乃爾暗同，卿明早將休文更來。」雲出語約，約曰：「卿必待我。」雲許諾。而約先期入，帝令草其事。約乃出懷中詔書并諸選置，帝初無所改。俄而雲自外來，至殿門不得入，徘徊壽光閤外，但云「咄咄」。約出，雲問曰：「何以見處？」約舉手向左，雲笑曰：「不乖所望。」有頃，帝召雲謂曰：「生平與沈休文羣居，不覺有異人處，今日才智縱橫，可謂明識。」雲曰：「公今知約，不異約今知公。」帝曰：「我起兵於今三年矣，功臣諸將寔有其勞，然成帝業者乃卿二人也。」

梁臺建，爲散騎常侍、吏部尚書，兼右僕射。及受禪，爲尚書僕射，封建昌縣侯。又拜約母謝爲建昌國太夫人。奉策之日，吏部尚書范雲等二十餘人咸來致拜，朝野以爲榮。俄遷左僕射〔一四〕。天監二年，遭母憂，輿駕親出臨弔，以約年衰，不宜致毀，遣中書舍人斷客節哭。起爲鎮軍將軍、丹陽尹，置佐史。服闋，遷侍中、右光禄大夫，領太子詹事，奏尚書八條事。遷尚書令，累表陳讓，改授左僕射，領中書令。尋遷尚書令，領太子少傅。九年，轉左光禄大夫。

初，約久處端揆，有志台司，論者咸謂爲宜。而帝終不用，乃求外出，又不見許。與徐勉素善，遂以書陳情於勉，言已老病，「百日數旬，革帶常應移孔；以手握臂，率計月小半分」。欲謝事，求歸老之秩。勉爲言於帝，請三司之儀，弗許，但加鼓吹而已。

約性不飲酒，少嗜慾，雖時遇隆重，而居處儉素。立宅東田，矚望郊阜，常爲郊居賦以序其事。尋加特進，遷中軍將軍、丹陽尹，侍中、特進如故。十二年卒官，年七十三，謚曰隱。

約左目重瞳子，腰有紫志，聰明過人，好墳籍，聚書至二萬卷，都下無比。少孤貧，約干宗黨得米數百斛，爲宗人所侮，覆米而去。及貴不以爲憾，用爲郡部傳。嘗侍宴，有妓婢師是齊文惠宮人〔一五〕，帝問識坐中客不？曰：「唯識沈家令。」約伏地流涕，帝亦悲焉，爲之罷酒。約歷仕三代，該悉舊章，博物洽聞，當世取則。謝玄暉善爲詩，任彥昇工於筆，約兼而有之，然不能過也。自負高才，昧於榮利，乘時射勢，頗累清談。及居端揆，稍弘止足，每進一官，輒殷勤請退，而終不能去，論者方之山濤。用事十餘年，未常有所薦達，政之得失，唯唯而已。

初，武帝有憾於張稷，及卒，因與約言之。約曰：「左僕射出作邊州刺史，已往之事，何足復論。」帝以爲約昏家相爲，怒約曰：「卿言如此，是忠臣邪！」乃輦歸內殿。約懼，不覺帝起，猶坐如初。及還，未至牀，憑空頓於户下，因病。夢齊和帝劍斷其舌，召巫視之，巫言如夢。乃呼道士奏赤章於天，稱禪代之事，不由己出。先此，約嘗侍宴，會豫州獻栗，徑寸半。帝奇之，問栗事多少，與約各疏所憶，少帝三事。約出謂人曰：「此公護前，不讓即羞死。」帝以其言不遜，欲抵其罪，徐勉固諫乃止。及疾，上遣主書黄穆之專知省視，穆之夕還，增損不即啓聞，懼罪，竊以赤章事因上省醫徐奘以聞，又積前失。帝大怒，中使譴責者數焉，約懼遂卒。有司謚曰「文」，帝曰「懷情不盡曰隱」，故改爲隱。

約少時常以晉氏一代竟無全書，年二十許，便有撰述之意。宋泰始初，征西將軍蔡興宗爲啓，明帝有敕許焉。自此踰二十年，所撰之書方就，凡一百餘卷。條流雖舉，而採綴未周。永明初遇盜，失第五帙。又齊建元四年被敕撰國史，永明二年又兼著作郎，撰次起居注。五年春又被敕撰宋書，六年二月畢功，表上之。其所撰國史爲齊紀二十卷。天監中，又撰梁武紀十四卷，又撰邇言十卷，謚例十卷，文章志三十卷，文集一百卷，皆行於世。又撰四聲譜，以爲「在昔詞人累千載而不悟，而獨得胸衿，窮其妙旨」。自謂入神之作。武帝雅不好焉，嘗問周捨曰：「何謂四聲？」捨曰：「『天子聖哲』是也。」然帝竟不甚遵用約也。

子旋，字士規，襲爵，位司徒右長史，太子僕。以母憂去官，因蔬食辟穀，服除，猶絶粳粱。終于南康内史，謚曰恭。集注邇言，行於世。旋弟趨字孝鯉，亦知名，位黄門郎。旋卒，子寔嗣。寔弟衆。

衆字仲興〔二六〕，好學，頗有文詞。仕梁爲太子舍人。時梁武帝制千文詩，衆爲之注解。與陳郡謝景同時召見于文德殿，帝令衆爲竹賦。賦成奏之，手敕答曰：「卿文體翩翩，可謂無忝爾祖。」

累遷太子中舍人，兼散騎常侍，聘魏，還爲驃騎廬陵王諮議參軍。侯景之亂，表求還吳興召募故義部曲以討賊，梁武許之。及景圍臺城，衆率宗族及義附五千餘人入援都，軍容甚整，景深憚之。梁武於城内遥授太子右衛率。臺城陷，衆乃降景。景平，元帝以爲司徒左長史。魏剋江陵，見虜，尋亦逃歸。

陳武帝受命，位中書令。帝以衆州里知名，甚敬重之，賞賜超於時輩。性吝嗇，財帛億計，無所分遺。自奉甚薄，每朝會中，衣裳破裂，或躬提冠履。永定二年，兼起部尚書，監起太極殿。恒服布袍芒屩，以麻繩爲帶，又囊麥飯餅以噉之，朝士咸共誚其所爲。衆性狷急，因忿恨，遂歷詆公卿，非毁朝廷。武帝大怒，以衆素有令望，不欲顯誅，因其休假還武康，遂於吳中賜死。

范雲字彦龍，南鄉舞陰人，晉平北將軍汪六世孫也。祖璩之，宋中書侍郎。雲六歲就其姑夫袁叔明讀毛詩，日誦九紙。陳郡殷琰名知人，候叔明見之，曰「公輔才也」。雲性機警有識，且善屬文〔一七〕，下筆輒成，時人每疑其宿構。父抗爲郢府參軍，雲隨在郢。時吴興沈約、新野庾杲之與抗同府，見而友之。

起家郢州西曹書佐，轉法曹行參軍。俄而沈攸之舉兵圍郢城，抗時爲府長流，入城固守，留家屬居外。雲爲軍人所得，攸之召與語，聲色甚厲。雲貌不變〔一八〕，徐自陳説。攸之笑曰：「卿定可兒，且出就舍。」明旦又召雲令送書入城内，餉武陵王酒一石，犢一頭；餉長史柳世隆鱠魚二十頭，皆去其首。城内或欲誅雲，雲曰：「老母弱弟，懸命沈氏。若其違命，禍必及親。今日就戮，甘心如薺。」世隆素與雲善，乃免之。

後除員外散騎郎。齊建元初，竟陵王子良爲會稽太守，雲爲府主簿。王未之知。後剋日登秦望山，乃命雲。雲以山上有秦始皇刻石，此文三句一韻，人多作兩句讀之，並不得韻；又皆大篆，人多不識，乃夜取史記讀之令上口。明日登山，子良令賓僚讀之，皆茫然不識。末問雲，雲曰：「下官嘗讀史記，見此刻石文。」進乃讀之如流〔一九〕。子良大悦，因以爲上賓。自是寵冠府朝。王爲丹陽尹，復爲主簿，深相親任。時進見齊高帝，會有獻白烏，帝問此何瑞，雲位卑最後答，曰：「臣聞王者敬宗廟則白烏至。」時謁廟始畢，帝曰：「卿言是也。感應之理，一至此乎。」

子良爲南徐州、南兗州，雲並隨府遷，每陳朝政得失於子良。尋除尚書殿中郎。子良爲雲求禄，齊武帝曰：「聞范雲諂事汝，政當流之。」子良對曰：「雲之事臣，動相箴諫，諫書存者百有餘紙。」帝索視之，言皆切至，咨嗟良久，曰：「不意范雲乃爾，方令弼汝。」

子良爲司徒，又補記室。時巴東王子響在荆州，殺上佐，都下匈匈，人多異志。而豫章王嶷鎮東府，多還私邸，動移旬日。子良築第西郊，游戲而已。而梁武帝時爲南郡王文學，與雲俱爲子良所禮。梁武勸子良還石頭，并言大司馬宜還東府，子良不納。梁武以告雲。時廷尉平王植爲齊武帝所狎，雲謂植曰：「西夏不靜，人情甚惡，大司馬詎得久還私第？司徒亦宜鎮石頭。卿入既數，言之差易。」植因求雲作啓自呈之。俄而二王各鎮一城。

文惠太子嘗幸東田觀穫稻，雲時從。文惠顧雲曰：「此刈甚快。」雲曰：「三時之務，亦甚勤勞，願殿下知稼穡之艱難，無徇一朝之宴逸也。」文惠改容謝之。及出，侍中蕭緬先不相識，就車握雲手曰：「不謂今日復見讜言。」

永明十年使魏，魏使李彪宣命，至雲所，甚見稱美。彪爲設甘蔗、黄甘、粽，隨盡絶益〔二〇〕。彪笑謂曰：「范散騎小復儉之，一盡不可復得。」使還，再遷零陵内史。初，零陵舊政，公田奉米之外，别雜調四千石。及雲至郡，止其半，百姓悦之。深爲齊明帝所知，還除正員郎。

時高、武王侯並懼大禍，雲因帝召次曰：「昔太宰文宣王語臣，言嘗夢在一高山上，上有一深阬，見文惠太子先墜，次武帝，次文宣。望見僕射在室坐御牀，備王者羽儀，不知此是何夢，卿慎勿向人道。」明帝流涕曰：「文宣此惠亦難負。」於是處昭胄兄弟異於餘宗室。

雲之幸於子良，江祏求雲女婚姻，酒酣，巾箱中取翦刀與雲，曰：「且以爲娉。」雲笑受之。至是祏貴，雲又因酣曰：「昔與將軍俱爲黄鵠，今將軍化爲鳳皇，荆布之室，理隔華盛。」因出翦刀還之，祏亦更姻他族。及祏敗，妻子流離，每相經理。

又爲始興内史，舊郡界得亡奴婢，悉付作，部曲即貨去，買銀輸官。雲乃先聽百姓誌之，若百日無主，依判送臺。又郡相承後堂有雜工作，雲悉省還役，並爲帝所賞。郡多豪猾大姓，二千石有不善者，輒共殺害，不則逐之。邊帶蠻俚，尤多盜賊，前内史皆以兵刃自衞。雲入境，撫以恩德，罷亭候，商賈露宿，郡中稱爲神明。

遷廣州刺史、平越中郎將。至任，遣使祭孝子南海羅威唐頌、蒼梧丁密頓琦等墓。時江祏姨弟徐藝爲曲江令，祏深以託雲。有譚儼者，縣之豪族，藝鞭之，儼以爲恥，至都訴雲，雲坐徵還下獄，會赦免。

初，梁武爲司徒祭酒，與雲俱在竟陵王西邸，情好歡甚。永明末，梁武與兄懿卜居東郊之外，雲亦築室相依。梁武每至雲所，其妻常聞蹕聲。又嘗與梁武同宿顧暠之舍，暠之妻方產，有鬼在外曰：「此中有王有相。」雲起曰：「王當仰屬，相以見歸。」因是盡心推事。及帝起兵，將至都，雲雖無官，自以與帝素款，慮爲昏主所疑，將求入城，先以車迎太原孫伯翳謀之。伯翳曰：「今天文顯於上，灾變應於下，蕭征東以濟世雄武，挾天子而令諸侯，天時人事，寧俟多説。」雲曰：「此政會吾心，今羽翮未備，不得不就籠檻，希足下善聽之。」及入城，除國子博士，未拜，而東昏遇弒。侍中張稷使雲銜命至石頭，梁武恩待如舊，遂參贊謨謀，毗佐大業。仍拜黄門侍郎，與沈約同心翊贊。俄遷大司馬諮議參軍，領録事。

梁臺建，遷侍中。武帝時納齊東昏余妃，頗妨政事，雲嘗以爲言，未之納。後與王茂同入卧内，雲又諫，王茂因起拜曰：「范雲言是，公必以天下爲念，無宜留惜。」帝默然。雲便疏令以余氏賚茂，帝賢其意而許之。明日，賜雲、茂錢各百萬。及帝受禪，柴燎南郊，雲以侍中參乘。禮畢，帝升輦謂雲曰：「朕之今日，所謂懍乎若朽索之馭六馬。」雲對曰：「亦願陛下日慎一日。」帝善其言，即日遷散騎常侍、吏部尚書。以佐命功，封霄城縣侯。

雲以舊恩，超居佐命，盡誠翊亮，知無不爲。帝亦推心仗之，所奏多允。雲本大武帝十三歲，嘗侍宴，帝謂臨川王宏、鄱陽王恢曰：「我與范尚書少親善，申四海之敬。今爲天下主，此禮既革，汝宜代我呼范爲兄。」二王下席拜，與雲同車還尚書下省，時人榮之。帝嘗與雲言及舊事，云：「朕司州還，在三橋宅，門生王道牽衣云，『聞外述圖讖云，齊祚不久，別應有王者。官應取富貴』。朕齋中坐讀書，內感其言而外迹不得無怪，欲呼人縛之，道叩頭求哀，乃不復敢言。今道爲羽林監、文德主帥，知管籥。」雲曰：「此乃天意令道發耳。」帝又云：「布衣時，嘗夢拜兩舊妾爲六宮，有天下，此嫗已卒，所拜非復其人，恒以爲恨。」

其年，雲以本官領太子中庶子。二年，遷尚書右僕射，猶領吏部。頃之，坐違詔用人，免吏部，猶爲右僕射。

雲性篤睦，事寡嫂盡禮，家事必先諮而後行。好節尚奇，專趨人之急。少與領軍長史王畡善，雲起宅新成，移家始畢，畡亡於官舍，屍無所歸，雲以東箱給之。移屍自門入，躬自營唅，招復如禮，時人以爲難。及居選官，任寄隆重，書牘盈案，賓客滿門，雲應答如流，無所壅滯，官曹文墨，發擿若神，時人咸服其明贍。性頗激厲，少威重，有所是非，形於造次，士或以此少之。初，雲爲郡號廉絜，及貴重，頗通饋遺；然家無蓄積，隨散之親友。

武帝九錫之出，雲忽中疾，居二日半，召醫徐文伯視之。文伯曰：「緩之一月乃復，欲速即時愈，政恐二年不復可救。」雲曰：「朝聞夕死，而況二年。」文伯乃下火而壯焉〔一一〕，重衣以覆之。有頃，汗流於背即起〔一二〕。二年果卒。帝爲流涕，即日輿駕臨殯，詔贈侍中、衞將軍，禮官請謚曰宣，敕賜謚曰文。有集三十卷。子孝才嗣。

孫伯翳，太原人，晉秘書監盛之玄孫。曾祖放，晉國子博士、長沙太守。父康，起部郎，貧常映雪讀書，清介，交游不雜。伯翳位終驃騎鄱陽王參軍事。

雲從父兄縝。

縝字子真。父濛，奉朝請，早卒。縝少孤貧，事母孝謹。年未弱冠，從沛國劉瓛學，瓛甚奇之，親爲之冠。在瓛門下積年，恒芒屩布衣，徒行於路。瓛門下多車馬貴游，縝在其間，聊無恥愧〔一三〕。及長，博通經術，尤精三禮。性質直，好危言高論，不爲士友所安。唯與外弟蕭琛善，琛名曰口辯，每服縝簡詣。年二十九，髮白皤然，乃作傷暮詩、白髮詠以自嗟。

仕齊位尚書殿中郎。永明中，與魏氏和親，簡才學之士以爲行人，縝及從弟雲、蕭琛、琅邪顏幼明、河東裴昭明相繼將命，皆著名鄰國。

時竟陵王子良盛招賓客〔二四〕，縝亦預焉。嘗侍子良，子良精信釋教，而縝盛稱無佛。子良問曰：「君不信因果，何得富貴貧賤？」縝答曰：「人生如樹花同發，隨風而墮，自有拂簾幌墜於茵席之上，自有關籬墻落於糞溷之中。墜茵席者，殿下是也；落糞溷者，下官是也。貴賤雖復殊途，因果竟在何處。」子良不能屈，然深怪之。退論其理，著神滅論。以爲：「神即形也，形即神也，形存則神存，形謝則神滅。形者神之質，神者形之用。是則形稱其質，神言其用，形之與神，不得相異。神之於質，猶利之於刀〔二五〕，形之於用，猶刀之於利。利之名非刀也，刀之名非利也，然而捨利無刀，捨刀無利。未聞刀没而利存，豈容形亡而神在。」此論出，朝野諠譁。子良集僧難之而不能屈。太原王琰乃著論譏縝曰：「嗚呼范子！曾不知其先祖神靈所在。」欲杜縝後對。縝又對曰：「嗚呼王子！知其祖先神靈所在，而不能殺身以從之。」其險詣皆此類也。子良使王融謂之曰：「神滅既自非理，而卿堅執之，恐傷名教。以卿之大美〔二六〕，何患不至中書郎，而故乖剌爲此，可便毁棄之。」縝大笑曰：「使范縝賣論取官，已至令僕矣，何但中書郎邪。」

後爲宜都太守。性不信神鬼，時夷陵有伍相廟、唐漢三神廟、胡里神廟，縝乃下教斷不祠。後以母憂去職。居于南州。

梁武至，縝墨線來迎。武帝與縝有西邸之舊，見之甚悅。及建康城平，以縝爲晉安太守，在郡清約，資公禄而已。遷尚書左丞，及還，雖親戚無所遺，唯餉前尚書令王亮。縝在齊時，與亮同臺爲郎，舊相友愛。至是亮擯棄在家，縝自以首迎武帝，志在權軸，而所懷未滿，亦怏怏，故私相親結，以矯於時。竟坐亮徙廣州。在南累年，追爲中書郎，國子博士，卒。文集十五卷。

子胥字長才，傳父業，位國子博士，有口辯。大同中，常兼主客郎，應接北使，卒於鄱陽内史。

論曰：齊德將謝，昏虐君臨，喋喋黔黎，命懸晷刻。梁武撫茲歸運，嘯召風雲。范雲恩結龍潛，沈約情深惟舊，並以茲文義，首居帷幄，追蹤亂傑，各其時之遇也。而約以高才博洽，名亞董、遷，末迹爲躓，亦鳳德之衰乎。縝婞直之節，著于終始，其以王亮爲尤，亦不足非也。

校勘記

〔一〕魯昭四年晉使蔡滅沈　按馬宗霍校證：「按春秋經蔡滅沈非魯昭四年之事，沈約宋書自序作『定公四年』是也，此『魯昭』當作『魯定』。」

〔二〕晉太康三年改永安爲武康縣　「三年」，宋書卷一〇〇自序作「二年」。按宋書卷三五州郡志一，永安更名武康在太康元年。

〔三〕第二子仲高　宋書卷一〇〇自序云「第二子滸字仲高」，此避唐諱而省其名。

〔四〕子曼字元禪　宋書卷一〇〇自序作「子憲字元禮」。

〔五〕故屈賢子共事非吏職嬰之也　宋書卷一〇〇自序、册府卷七二七「吏職」上有「以」字。

〔六〕唯穆夫子深子雲子田子林子虔子獲全　「深子」，宋書卷一〇〇自序作「淵子」，此避唐諱而改。

〔七〕林子輒推鋒居前　「推」，南監本、汲本、殿本及宋書卷一〇〇自序作「摧」。

〔八〕時賊黨郭亮之招集蠻晉　「蠻晉」，宋書卷一〇〇自序作「蠻衆」。

〔九〕武帝深相訓納　「訓」，原作「訓」，通志卷一三一作「酬」，今改正。

〔一〇〕少子璞嗣　按錢大昕考異卷三七：「按宋書自序，林子封漢壽縣伯，子邵嗣。邵卒，子侃嗣。侃卒，子整應襲爵，齊受禪，國除。是璞未嘗嗣林子之封也，南史誤。」

〔一一〕人無謗讟　「人」，原作「又」。按宋書卷一〇〇自序作「民」，此當避唐諱作「人」而訛爲「又」，今改正。

〔一二〕又爲征西記室帶關西令　按錢大昕考異卷三七：「『關西』當作『厥西』。」李慈銘南史札記：「厥西縣，宋齊皆屬荆州南義陽郡，梁書作『闕西』。攷齊雖有闕西縣，屬司州隨郡。約爲荆州掾屬，不應帶司州縣令也。」

〔一三〕約與蘭陵蕭琛琅邪王融陳郡謝朓南郡范雲樂安任昉等皆游焉　「南郡」，梁書卷一三沈約傳、册府卷二九二作「南鄉」。按錢大昕考異卷三七：「『郡』當作『鄉』。」本卷及梁書卷一三范雲傳並載「南鄉舞陰人」，則當作「南鄉」爲是。

〔一四〕俄遷左僕射　「左僕射」，原作「右僕射」，據梁書卷一三沈約傳、册府卷四六一改。按梁書卷二武帝紀中：「天監二年正月「乙卯，以尚書僕射沈約爲尚書左僕射，吏部尚書范雲爲尚書右僕射」。

〔一五〕有妓婢師是齊文惠宫人　「師」，原作「帥」，據梁書卷一三沈約傳、册府卷九五三、通志卷一四〇改。

〔一六〕衆字仲興　「仲興」，北監本、殿本及陳書卷一八沈衆傳作「仲師」，建康實録卷一九作「仲監」。

〔一七〕雲性機警有識且善屬文　「且」，御覽卷六〇〇引梁書、册府卷八五〇作「具」。按「識具」爲當時熟語。

〔一八〕雲貌不變　「貌」，北監本、汲本、殿本及梁書卷一三范雲傳、册府卷七五三、卷九四〇、通志卷一四〇作「容貌」。

〔一九〕進乃讀之如流　「進乃」，册府卷七一八作「乃進」。

〔二〇〕隨盡絶益　「絶」，御覽卷八五一、卷九七四引齊書作「復」，疑是。

〔二一〕文伯乃下火而壯焉　「壯」，原作「牀」，據御覽卷七二三、卷七三八引梁書改。按馬宗霍校證：「壯者，醫用艾灸一灼謂之壯，故曰下火而壯。」

〔二二〕有頃汗流於背即起　「背」，原作「此」，據御覽卷七三八引梁書改。

〔二三〕縝在其間聊無恥愧　「間」，梁書卷四八儒林范縝傳作「門」。

〔二四〕時竟陵王子良盛招賓客　「招」，原作「昭」，據南監本、北監本、汲本、殿本及梁書卷四八儒林范縝傳、御覽卷五九五、卷六五四引梁書、通志卷一四〇改。

〔二五〕猶利之於刀　「刀」，弘明集卷九蕭琛難神滅論引范縝神滅論作「刃」。下同。

〔二六〕以卿之大美　「大美」，通鑑卷一三六齊紀二永明二年、通志卷一四〇作「才美」。

南史卷五十八

列傳第四十八

韋叡 兄纂 闡 叡子放 孫粲 放弟正 正子載 鼎 正弟稜 稜弟黯

裴邃 邃子之禮 兄子之高 之高弟之平 子忌 之高弟之横

韋叡字懷文，京兆杜陵人也。世爲三輔著姓。祖玄，避吏隱長安南山。宋武帝入關，以太尉掾徵，不至。伯父祖征，宋末爲光禄勳。父祖歸，寧遠長史。

叡事繼母以孝聞。祖征累爲郡守，每攜叡之職，視之如子。時叡内兄王憕、姨弟杜惲並有鄉里盛名，祖征謂叡曰：「汝自謂何如憕、惲？」叡謙不敢對。祖征曰：「汝文章或小減，學識當過之。然幹國家，成功業，皆莫汝逮也。」外兄杜幼文爲梁州刺史，要叡俱行。梁土富饒，往者多以賄敗，叡雖幼，獨以廉聞。

宋永光初，袁顗爲雍州刺史，見而異之〔一〕，引爲主簿。顗到州，與鄧琬起兵，叡求出爲義成郡，故免顗之禍。累遷齊興太守，本州別駕，長水校尉，右軍將軍。齊末多故，欲還鄉里，求爲上庸太守。

俄而太尉陳顯達、護軍將軍崔慧景頻逼建鄴，人心惶駭。西土人謀之，叡曰：「陳雖舊將，非高人才，崔頗更事，懦而不武。天下真人，殆興吾州矣。」乃遣其二子自結於梁武。及兵起檄至，叡率郡人伐竹爲筏，倍道來赴，有衆二千，馬二百匹。帝見叡甚悅，撫几曰：「佗日見君之面，今日見君之心，吾事就矣。」師剋郢、魯，平茄湖，叡多建策，皆見用。

大軍發郢，謀留守將，上難其人。久之，顧叡曰：「棄騏驥而不乘，焉遑遑而更索。」即日以爲江夏太守，行郢州府事。初，郢城之拒守也，男女垂十萬，閉壘經年，疾疫死者十七八，皆積屍於牀下，而生者寢處其上，每屋盈滿。叡料簡隱卹，咸爲營理，百姓賴之。

梁臺建，徵爲大理。武帝即位，遷廷尉，封都梁子〔二〕。天監二年，改封永昌，再遷豫州刺史，領歷陽太守。魏遣衆來伐，叡率州兵擊走之。

四年侵魏，詔叡都督衆軍。叡遣長史王超宗、梁郡太守馮道根攻魏小峴城，未能拔。叡巡行圍柵，魏城中忽出數百人陳於門外，叡欲擊之。諸將皆曰：「向本輕來，請還授甲而後戰。」叡曰：「魏城中二千餘人，閉門堅守，足以自保。今無故出人於外，必其驍勇，若能挫之，其城自拔。」衆猶遲疑，叡指其節曰：「朝廷授此，非以爲飾，韋叡之法，不可犯也。」乃進兵，魏軍敗，因急攻之，中宿而城拔。遂進討合肥。

先是右軍司馬胡景略至合肥，久未能下，叡案行山川，曰：「吾聞『汾水可以灌平陽』，即此是也。」乃堰肥水。頃之堰成水通，舟艦繼至。魏初分築東西小城，夾肥〔三〕。叡先攻二城。既而魏援將楊靈胤帥軍五萬奄至，衆懼不敵，請表益兵。叡曰：「賊已至城下，方復求軍。且吾求濟師，彼亦徵衆。『師克在和』，古人之義也。」因戰，破之，軍人少安。

初，肥水堰立，使軍主王懷靜築城於岸守之，魏攻陷城，乘勝至叡堤下〔四〕。軍監潘靈祐勸叡退還巢湖，諸將又請走保三丈〔五〕。叡怒曰：「將軍死綏，有前無却。」因令取繖扇麾幢樹之堤下，示無動志。叡素羸，每戰不嘗騎馬，以板輿自載，督勵衆軍。魏兵鑿堤，叡親與爭。魏軍却，因築壘於堤以自固。起鬬艦高與合肥城等，四面臨之。城潰，俘獲萬餘，所獲軍實，無所私焉。初，胡景略與前軍趙祖悦同軍交惡，志相陷害，景略一怒，自齧其齒，齒皆流血。叡以將帥不和，將致患禍，酌酒自勸景略曰：「且願兩武勿復私鬬。」故終於此役，得無害焉。

叡每晝接客旅，夜筭軍書，三更起張燈達曙，撫循其衆，常如不及，故投募之士爭歸之。所至頓舍脩立，館宇、藩籬、墉壁皆應準繩。

合肥既平，有詔班師，去魏軍既近，懼爲所躡。叡悉遣輜重居前，身乘小輿殿後，魏人服叡威名，望之不敢逼，全軍而還。於是遷豫州於合肥。

五年，魏中山王元英攻北徐州，圍刺史昌義之於鍾離，衆兵百萬，連城四十餘。武帝遣征北將軍曹景宗拒之。次邵陽洲，築壘相守，未敢進。帝怒，詔叡會焉，賜以龍環御刀，曰：「諸將有不用命者斬之。」叡自合肥徑陰陵大澤，過澗谷，輒飛橋以濟師。人畏魏軍盛，多勸叡緩行。叡曰：「鍾離今鑿穴而處，負户而汲，車馳卒奔，猶恐其後，而況緩乎。」旬日而至邵陽。初，帝敕景宗曰：「韋叡卿鄉望，宜善敬之。」景宗見叡甚謹。帝聞曰：「二將和，師必濟矣。」叡於景宗營前二十里，夜掘長塹，樹鹿角，截洲爲城，比曉而營立。元英大驚，以杖擊地曰：「是何神也！」景宗慮城中危懼，乃募軍士言文達、洪騏驎等齎敕入城，使固城守，潛行水底，得達東城。城中戰守日苦，始知有援，於是人百其勇。

魏將楊大眼將萬餘騎來戰，大眼以勇冠三軍，所向皆靡。叡結車爲陣，大眼聚騎圍之。叡以彊弩二千一時俱發，洞甲穿中，殺傷者衆。矢貫大眼右臂，亡魂而走。明旦，元英自率衆來戰，叡乘素木輿，執白角如意以麾軍，一日數合，英甚憚其彊。魏軍又夜來攻城，飛矢雨集。叡子黯請下城以避箭，叡不許。軍中驚，叡於城上厲聲呵之乃定。

魏人先於邵陽洲兩岸爲兩橋，樹柵數百步，跨淮通道。叡裝大艦，使梁郡太守馮道根、廬江太守裴邃、秦郡太守李文釗等爲水軍。會淮水暴長，叡即遣之，鬭艦競發，皆臨賊壘。以小船載草，灌之以膏，從而焚其橋。風怒火盛，敢死之士拔柵斫橋，樹又漂疾〔六〕，倏忽之間，橋柵盡壞。道根等皆身自搏戰，軍人奮勇，呼聲動天地，無不一當百。魏人大潰，元英脱身遁走。魏軍趨水死者十餘萬，斬首亦如之，其餘釋甲稽顙乞爲囚奴猶數十萬。叡遣報昌義之，義之且悲且喜，不暇答，但叫曰「更生！更生！」帝遣中書郎周捨勞軍於淮上。叡積所獲於軍門，捨觀之，謂叡曰：「君此獲復與熊耳山等矣。」以功進爵爲侯。

七年，遷左衞將軍，俄爲安西長史、南郡太守。會司州刺史馬仙琕自北還軍，爲魏人所躡，三關擾動。詔叡督衆軍援焉。叡至安陸，增築城二丈餘，更開大塹，起高樓。衆頗譏其示弱，叡曰：「不然，爲將當有怯時。」是時，元英復追仙琕，將復邵陽之恥，聞叡至乃退，帝亦詔罷軍。

十三年，爲丹陽尹，以公事免。十四年，爲雍州刺史。初，叡起兵鄉中，客陰雙光泣止叡〔七〕，叡還爲州，雙光道候。叡笑曰：「若從公言，乞食於路矣。」餉耕牛十頭。叡於故舊無所惜，士大夫年七十以上，多與假板縣令，鄉里甚懷之。

十五年，拜表致仕，優詔不許。徵拜護軍，給鼓吹一部，入直殿省。居朝廷恂恂，未嘗忤視，武帝甚禮敬之。性慈愛，撫孤兄子過於己子，歷官所得祿賜，皆散之親故，家無餘財。後爲護軍，居家無事，慕萬石、陸賈之爲人，因畫之於壁以自玩。時雖老，暇日猶課諸兒以學。第三子稜尤明經史，世稱其洽聞。叡每坐使稜說書，其所發擿，稜猶弗之逮。武帝方銳意釋氏，天下咸從風而化。叡自以信受素薄，位居大臣，不欲與衆俯仰，所行略如佗日。

普通元年，遷侍中、車騎將軍，未拜，卒於家，年七十九。遺令薄葬，斂以時服。武帝即日臨哭甚慟，贈車騎將軍、開府儀同三司，謚曰嚴。

叡雅有曠世之度，涖人以愛惠爲本，所居必有政績。將兵仁愛，士卒營幕未立，終不肯舍，井竈未成，亦不先食。被服必於儒者，雖臨陣交鋒，常緩服乘輿，執竹如意以麾進止，與裴邃俱爲梁世名將，餘人莫及。

初，邵陽之役，昌義之甚德叡，請曹景宗與叡會，因設錢二十萬官賭之。景宗擲得雉，叡徐擲得盧，遽取一子反之，曰「異事」，遂作塞。景宗時與羣帥爭先啓之捷〔八〕，叡獨居後，其不尚勝率多如是，世尤以此賢之。

叡兄纂、闡，並早知名。纂仕齊位司徒記室，特進沈約嘗稱纂於上曰：「恨陛下不與此人同時，其學非臣輩也。」闡爲建寧縣，所得俸禄百餘萬，還家悉委伯父處分，鄉里宗事之。位通直郎。

叡子放字元直，身長七尺七寸，腰帶八圍，容貌甚偉。襲封永昌縣侯，位竟陵太守。在郡和理，爲吏人所稱。

大通元年，武帝遣兼領軍曹仲宗等攻渦陽，又以放爲明威將軍，總兵會之。魏大將軍費穆帥衆奄至，放軍營未立，麾下止有二百餘人。放從弟洵驍果有勇力，單騎擊刺，屢折魏軍，洵馬亦被傷不能進，放胄又三貫矢。衆皆失色，請放突去。放厲聲叱之曰：「今日唯有死爾。」乃免胄下馬，據胡牀處分。士卒皆殊死戰，莫不一當百，逐北至渦陽。魏又遣常山王元昭、大將軍李獎、乞伏寳、費穆等五萬人來援，放大破之。渦陽城主王偉以城降〔九〕。魏人棄諸營壘，一時奔潰。衆軍乘之，斬獲略盡，禽穆弟超并王偉送建鄴，還爲太子右衛率。

中大通二年，徙北徐州刺史。卒於鎮，謚曰宣侯。

放性弘厚篤實，輕財好施，於諸弟尤雍穆。每將遠别及行役初還，常同一室卧起，時比之三姜。初，放與吴郡張率皆有側室懷孕，因指爲昏姻。其後各産男女，未及成長而率亡，遺嗣孤弱，放常贈卹之〔一〇〕。及爲北徐州，時有貴族請昏者，放曰：「吾不失信於故友。」乃以息岐娶率女，又以女適率子，時稱放能篤舊。子粲。

粲字長倩，少有父風，好學仗氣，身長八尺，容觀甚偉。初爲雲麾晉安王行參軍，後爲外兵參軍兼中兵。時潁川庾仲容、吴郡張率前輩才名，與粲同府，並忘年交好。及王爲皇太子，粲自記室遷步兵校尉，入爲東宮領直，後襲爵永昌縣侯，累遷右衛率，領直〔一一〕。粲以舊恩，任寄綢密，雖居職累徙，常留宿衛。頗擅權誕倨，不爲時輩所平。右衛朱异嘗於酒席厲色謂粲曰：「卿何得已作領軍面向人！」大同中，帝嘗不豫，一日暴劇，皇太子以下並入侍疾，内外咸云帝崩。粲將率宫甲度臺，微有喜色，問所由那不見辦長梯。以爲大行幸前殿，須長梯以復也。帝後聞之，怒曰：「韋粲願我死。」有司奏推之，帝曰：「各爲其主，不足推。」故出爲衡州刺史。皇太子出餞新亭，執粲手曰：「與卿不爲久別。」久之，帝復召還爲散騎常侍。

還至廬陵，聞侯景作逆，便簡閲部下，倍道赴援。至豫章，即就内史劉孝儀共謀之。孝儀曰：「必如此，當有敕，安可輕信單使，妄相驚動。或恐不然。」時孝儀置酒，粲怒以杯抵地曰：「賊已度江，便逼宫闕，水陸阻斷，何暇有報；假令無敕，豈得自安。韋粲今日何情飲酒。」即馳馬出，部分將發。會江州刺史當陽公大心遣使要粲，粲乃分麾下配弟八弟助、弟九弟警爲前軍。粲馳往見大心曰：「上游蕃鎮，江州去都最近，殿下情計，實宜在先。但中流任重，當須應接，不可闕鎮。今宜張軍聲勢，移鎮盆城，遣偏將賜隨，於事便足。」大心然之，遣中兵柳昕帥兵二千隨粲。粲悉留家累於江州，以輕舸就路。至南洲，粲外弟司州刺史柳仲禮亦帥步騎萬餘人至横江。粲即送糧仗給之，并散私金帛以賞其戰士。

先是，安北鄱陽王範亦自合肥遣西豫州刺史裴之高與其世子嗣帥江西之衆赴都，屯于張公洲，待上流諸軍。至是，之高遣船度仲禮，與粲合軍進屯新林王游苑。粲建議推仲禮爲大都督，報下流衆軍。裴之高自以年位高，恥居其下。乃云：「柳節下已是州將，何須我復鞭板。」累日不決。粲乃抗言於衆曰：「今同赴國難，義在除賊，所以推柳司州者〔一二〕，政以久捍邊疆，先爲侯景所憚。且士馬精鋭，無出其前。若論位次，柳在粲下，語其年齒，亦少於粲，直以社稷之計，不得復論。今日貴在將和，若人心不同，大事去矣。裴公朝之舊齒，豈應復挾私以阻大計。粲請爲諸君解釋之。」乃單舸至之高營切讓之。之高泣曰：「吾荷國榮，自應帥先士卒，顧恨衰老，不能効命，企望柳使君共平凶逆。前謂衆議已定，無俟老夫爾。若必有疑，當剖心相示。」於是諸將定議，仲禮方得進軍。次新亭，賊列陣於中興寺，相持至晚各解歸。

是夜，仲禮入粲營部分衆軍，旦日將戰，諸將各有據守。令粲頓青塘，當石頭中路。粲慮栅壘未立，賊爭之，頗以爲憚，謂仲禮曰：「下官才非禦武〔一三〕，直欲以身徇國，節下善量其宜，不可致有虧喪。」仲禮曰：「青塘立營，迫近淮渚，欲以糧儲船乘盡就迫之〔一四〕。此事大，非兄不可。若疑兵少，當更差軍相助。」粲帥所部水陸俱進。時昏霧，軍人失道，比及青塘，夜已過半，壘栅至曉未合。景登禪靈寺門，望粲營未立，便率鋭卒來攻。軍敗，乘勝入營，左右高馮牽粲避賊，粲不動，兵死略盡，遂見害。粲子尼及三弟助、警、構、從弟昂皆戰死，親戚死者數百人。賊傳粲首闕下，以示城内。簡文聞之流涕，謂御史中丞蕭愷曰：「社稷所寄，唯在韋公，如何不幸，先死行陣。」詔贈護軍將軍。元帝平侯景，追謚忠貞。

子諒，以學業爲陳始興王叔陵所引，爲中録事參軍兼記室。叔陵敗，伏誅。放弟正。

正字敬直，位襄陵太守〔一五〕。初，正與東海王僧孺善，及僧孺爲吏部郎，參掌大選，賓友故人莫不傾意，正獨澹然。及僧孺擯廢，正復篤素分，有踰曩日，論者稱焉。卒於給事黄門侍郎。子載。

載字德基，少聰慧，篤志好學。年十二，隨叔父稜見沛國劉顯，顯問漢書十事，載隨問應無疑滯。及長，博涉文史，沈敏有器局。仕梁爲尚書三公郎。

侯景之亂，元帝承制，以爲中書侍郎。尋爲尋陽太守，隨都督王僧辯東討侯景。景平，歷位琅邪、義興太守。陳武帝誅王僧辯，乃遣周文育襲載，載嬰城自守。載所屬縣卒，並陳武舊兵〔一六〕，多善用弩，載收得數十人，繫以長鎖，令所親監之，使射文育軍。約曰：「十發不兩中者死。」每發輒中，所中皆斃，相持數旬。陳武帝聞文育軍不利，以書喻載以誅王僧辯意，并奉梁敬帝敕，敕載解兵。載得書，乃以衆降。陳武帝引載恒置左右，與之謀議。

徐嗣徽、任約等引齊軍濟江，據石頭城，帝問計於載。載曰：「齊軍若分兵先據三吴之路，略地東境，則時事去矣。今可急於淮南即侯景故壘築城，以通東道轉輸，別令輕兵絕其糧運，使進無所虜，退無所資，則齊將之首，旬日可致。」帝從之。

永定中，位散騎常侍、太子右衛率。天嘉元年，以疾去官。載有田十餘頃，在江乘縣之白山，至是遂築室而居，屏絕人事，吉凶慶弔，無所往來，不入籬門者幾十載。卒於家。

載弟鼎。

鼎字超盛，少通曉，博涉經史，明陰陽逆刺，尤善相術。仕梁起家湘東王法曹參軍。遭父憂，水漿不入口者五日，哀毁過禮，殆將滅性。服闋，爲邵陵王主簿。侯景之亂，鼎兄昂於京口戰死，鼎負屍出，寄于中興寺，求棺無所得。鼎哀憤慟哭，忽見江中有物流至鼎所，竊異之，往視乃新棺也，因以充斂。元帝聞之，以爲精誠所感。

侯景平，司徒王僧辯以爲户曹屬。累遷中書侍郎。陳武帝在南徐州，鼎望氣知其當王，遂寄孥焉。因謂陳武帝曰：「明年有大臣誅死，後四歲，梁其代終。天之曆數，當歸舜後。昔周滅殷氏，封嬀汭于宛丘，其裔子孫，因爲陳氏。僕觀明公，天縱神武，繼絶統者無乃是乎。」武帝陰有圖僧辯意，聞其言大喜，因而定策。及受禪，拜黄門侍郎。太建中，以廷尉卿爲聘周使，加散騎常侍。後爲太府卿。

至德初，鼎盡貨田宅，寓居僧寺。友人大匠卿毛彪問其故，答曰：「江東王氣，盡於此矣。吾與爾當葬長安，期運將及，故破産爾。」

初，鼎之聘周也，嘗遇隋文帝，謂曰：「觀公容貌，不久必大貴，貴則天下一家。歲一周天，老夫當委質，願深自愛。」及陳亡，驛召入京，授上儀同三司，待遇甚厚，每公宴，鼎恒預焉。性簡貴，雖爲亡國之臣，未嘗俯仰當世。時吏部尚書韋世康兄弟顯貴，隋文帝從容謂鼎曰：「世康與公遠近？」對曰：「臣宗族南徙，昭穆非臣所知。」帝曰：「卿百代卿族，豈忘本也。」命官給酒肴，遣世康請鼎還杜陵。鼎乃自楚太傅孟以下二十餘世，並考論昭穆，作韋氏譜七卷示之，歡飲十餘日乃還。時蘭陵公主寡，上爲之求夫，選親衞柳述及蕭瑒等以示鼎，鼎曰：「瑒當封侯，而無貴妻之相；述亦通顯，而守位不終。」上曰：「位由我爾。」遂以主降述。上又問鼎，諸兒誰爲嗣位。答曰：「至尊皇后所最愛者，當與之，非臣敢預知也。」上笑曰：「不肯顯言乎？」

開皇十三年，除光州刺史〔一七〕，以仁義教導，務弘清靜。州中有土豪，外脩邊幅，而内行不軌，常爲劫盜。鼎於都會時謂之曰：「卿是好人，那忽作賊。」因條其徒黨姦謀逗遛，其人驚懼，即自首伏。又有人客游，通主家之妾，及其還去，妾盜珍物，於夜逃亡，尋於草中爲人所殺。主家知客與妾通，因告客殺之。縣司鞫問，具得姦狀，因斷客死。獄成，上於鼎，鼎覽之，曰：「此客實姦，而不殺也。乃某寺僧詃妾盜物，令奴殺之，贓在某處。」即放此客，遣人掩僧，并獲贓物。自是部内肅然，咸稱其神，道無拾遺。尋追入京，頃之而卒于長安，年七十九。正弟稜。

稜字威直，性恬素，以書史爲業，博物彊記，當世士咸就質疑。位終光禄卿。著漢書續訓二卷〔一八〕。稜弟黯。

黯字務直，性彊正，少習經史，位太府卿。侯景濟江，黯屯六門，尋改爲都督城西面諸軍。時景於城外起東西二土山，城内亦應之，簡文親自負土，哀太子以下，躬執畚鍤。黯守西土山，晝夜苦戰。以功授輕車將軍，加持節，卒於城内。

初，黯爲太僕卿，而兄子粲爲左衞率，黯以故常怏怏〔九〕，謂人曰：「韋粲已落驊騮前，朝廷是能用才不？」識者頗以此闚之。

裴邃字深明〔一〇〕，河東聞喜人，魏冀州刺史徽之後也。祖壽孫，寓居壽陽，爲宋武帝前軍長史。父仲穆，驍騎將軍。

邃十歲能屬文，善左氏春秋。齊東昏踐祚，始安王蕭遥光爲揚州刺史，引邃爲參軍。遥光敗，邃還壽陽，會刺史裴叔業以壽陽降魏，邃遂隨衆北徙。魏宣武帝雅重之。仕魏爲魏郡太守。魏遣王肅鎮壽陽，邃固求隨肅，密圖南歸。梁天監初，自拔南還，除後軍諮議參軍。邃求邊境自効，以爲廬江太守。

五年，征邵陽洲，魏人爲長橋斷淮以濟，邃築壘逼橋，每戰輒剋，於是密作没突艦。會甚雨，淮水暴溢，邃乘艦徑造橋側，進擊，大破之。以功封夷陵縣子。

遷廣陵太守，與鄉人共入魏武廟，因論帝王功業。其妻甥王篆之密啓梁武帝云：「裴邃多大言，有不臣跡。」由是左遷始安太守。邃志立功邊陲，不願閑遠，乃致書於吕僧珍曰：「昔阮咸、顔延有二始之歎，吾才不逮古人，今爲三始，非其願也，將如之何！」後爲竟陵太守，開置屯田，公私便之。再遷西戎校尉、北梁秦二州刺史，復開創屯田數千頃，倉廩盈實，省息邊運，人吏獲安。乃相率餉絹千餘匹，邃從容曰：「汝等不應爾，吾又不可逆。」納其二匹而已。入爲大匠卿。

普通二年，義州刺史文僧明以州入魏，魏軍來援，以邃爲信武將軍，督衆軍討焉。邃深入魏境，出其不意。魏所署義州刺史封壽據檀公峴，邃擊破之，遂圍其城。壽請降，義州平。除豫州刺史，加督，鎮合肥。

四年，大軍北侵，以邃督征討諸軍事，先襲壽陽，攻其郛，斬門而入，一日戰九合，爲後軍蔡秀成失道不至，邃以援絶拔還。於是邃復整兵，收集士卒，令諸將各以服色相别。邃自爲黄袍騎，先攻拔狄丘、甓城、黎漿，又屠安成、馬頭、沙陵等戍。明年，略地至汝、潁間，所在響應。魏壽陽守將長孫承業、河間王元琛出城挑戰，邃臨淮歎曰：「今日不破河間，方爲謝玄所笑。」乃爲四甄以待之。令直閤將軍李祖憐僞遁以引承業，承業等悉衆追之〔三〕，四甄競發，魏衆大敗，斬首萬餘級。承業奔走，閉門不敢復出。在軍疾篤，命衆軍守備，送喪還合肥。尋卒，贈侍中、左衛將軍，進爵爲侯，謚曰烈。邃沈深有思略，爲政寬明，能得士心，居身方正，有威重。將吏憚之，少敢犯法。及卒，淮、肥間莫不流涕，以爲邃不死，當大鬬士宇。子之禮嗣。

之禮字子義，美容儀，能言玄理。爲西豫州刺史。母憂居喪，唯食麥飯〔三〕。邃廟在光宅寺西，堂宇弘敞，松柏鬱茂。范雲廟在三橋，蓬蒿不翦。梁武帝南郊，道經二廟，顧而歎曰：「范爲已死，裴爲更生。」大同初，都下旱蝗，四籬門外桐柏凋盡，唯邃墓犬牙不入，當時異之。歷位黄門侍郎。

武帝設無遮會，儛象驚，排突陛衞，王公皆散，唯之禮與散騎常侍臧盾不動。帝壯之，以之禮爲壯勇將軍、北徐州刺史，盾兼中領軍將軍。

之禮卒於少府卿，謚曰壯。子政，承聖中位給事黄門侍郎。魏剋江陵，隨例入長安。

之高字如山，邃兄中散大夫髦之子也。頗讀書，少負意氣，常隨叔父邃征討，所在立功，甚爲邃所器重，戎政咸以委焉。

壽陽之役，邃卒於軍所，之高隸夏侯夔平壽陽，仍除梁郡太守，封都城縣男。時魏汝陰來附，敕之高應接，仍除潁州刺史。父憂還都，起爲光遠將軍，令討平陰陵盜，以爲譙州刺史。

侯景之亂，之高爲西豫州刺史，率衆入援。南豫州刺史鄱陽嗣王範命之高總督江右援軍諸軍事，頓張公洲。柳仲禮至横江，之高遣船舸迎致仲禮，與韋粲等俱會青塘。及城陷，之高還合肥，與鄱陽王範西上。元帝遣召之，以爲侍中、護軍將軍，到江陵。

時之高第六弟之悌在侯景中。或傳之悌斬侯景，元帝使兼中書舍人黄羅漢報之高，之高竟無言，直云：「賊自殺賊，非之高所聞。」元帝深嗟其介直。承制除特進、金紫光禄大夫。卒，謚曰恭。

子畿，官至太子右衛率。魏剋江陵，力戰死之。

之高第五弟之平字如原，少倜儻有志略，以軍功封費縣侯。承聖中，累遷散騎常侍、太子詹事。陳文帝初，除光禄大夫、慈訓宫徵衛尉〔二三〕，並不就。乃築山穿池，植以卉木，居處其中，有終焉志。天康元年卒，謚曰僖子。子忌。

忌字無畏，少聰敏，有識量，頗涉史傳，爲當時所稱。侯景之亂，招集勇力，乃隨陳武帝征討。及陳武帝誅王僧辯，僧辯弟僧智舉兵據吳郡，陳武帝遣黄他攻之，不能剋。命忌勒部下精兵，自錢唐直趣吳郡，夜至城下，鼓譟薄之。僧智疑大軍至，輕舟奔杜龕，忌入據吳郡。陳武帝嘉之，表授吳郡太守。

天嘉五年，累遷衞尉卿，封東興縣侯。及華皎稱兵上流，宣帝時爲録尚書輔政，盡命衆軍出討，委忌總知中外城防諸軍事。宣帝即位，改封樂安縣侯。歷位都官尚書。及吳明徹督衆北伐，詔忌以本官監明徹軍。淮南平，授豫州刺史。忌善於綏撫，甚得人和。及明徹進軍彭、汴，以忌爲都督，與明徹俱進〔二四〕。吕梁軍敗，見囚于周，授上開府。隋開皇十四年，卒於長安，年七十三。之高第十二弟之横〔二五〕。

之横字如岳，少好賓游，重氣俠，不事産業。之高以其縱誕，乃爲狹被蔬食以激厲之。之横歎曰：「大丈夫富貴，必作百幅被。」遂與僮屬數百人於芍陂大營田墅，遂致殷積。梁簡文在東宫，聞而要之，以爲河東王常侍。遷直閤將軍。

侯景之亂，隸鄱陽王範討景，景濟江，仍與範世子嗣入援臺城。城陷，退還合肥。侯景遣任約逼晉熙，範令之横下援。未及至，範薨，之横乃還。時尋陽王大心在江州，範副梅思立密要大心襲盆城，之横斬思立而拒大心。大心以州降侯景，之横與兄之高歸元帝，位廷尉卿、河東内史，隨王僧辯拒侯景。景退，遷東徐州刺史，封豫寧侯。又隨僧辯破景，景東奔，僧辯命之横與杜崱入守臺城。及陸納據湘州叛，又隸僧辯南討，斬納將李賢明，平之。又破武陵王於峽口。還除吴興太守，乃作百幅被以成其志。

魏剋江陵，齊遣上黨王高渙挾貞陽侯明攻東關。晉安王承制，以之横爲徐州刺史，都督衆軍，出守蘄城。之横營壘未周，而齊軍大至，兵盡矢窮，遂於陣没。贈司空，謚曰忠壯。子鳳寶嗣。

論曰：韋、裴少年勵操，俱以學尚自立，晚節驅馳，各著功於戎馬。觀叡制勝之道，謂爲魁梧之傑，然而形甚羸瘠，身不跨鞍，板輿指麾，隱如敵國，其器分有在，隆名豈虚得乎。邃自効邊疆，盛績克舉，其志不遂，良可悲夫。二門子弟，各著名節，與梁終始，克荷隆構。「將門有將」，斯言豈曰妄乎。

校勘記

〔一〕宋永光初袁顗爲雍州刺史見而異之　「永光」，原作「永元」，據梁書卷一二韋叡傳改。按永元爲齊東昏年號，宋書卷八四及本書卷二六袁顗傳載顗之死在宋明帝初，其爲雍州應在此之前，「永光」是。

〔二〕封都梁子　「都梁」二字原互倒。按「梁都」無考，都梁爲湘州邵陵郡轄縣，見宋書卷三七州郡志三、南齊書卷一五州郡志下。今乙正。

〔三〕魏初分築東西小城夾肥　「肥」，梁書卷一二韋叡傳、册府卷三六八、卷四〇四、通鑑卷一四六梁紀二天監五年作「合肥」。

〔四〕魏攻陷城乘勝至叡堤下　「堤下」，原作「城下」，據梁書卷一二韋叡傳、册府卷三六八、通志卷一四〇改。按城已被陷，下又云「因令取繖扇麾幢樹之堤下，示無動志」，知作「城下」誤。

〔五〕諸將又請走保三丈　「三丈」，梁書卷一二韋叡傳、通鑑卷一四六梁紀二天監五年作「三叉」。通鑑考異曰：「南史作『三丈』，今從梁書。蓋漅湖之水於此分三汊，故名。」疑當作「三叉」。

〔六〕樹又漂疾　「樹」，南監本、北監本、汲本、殿本及梁書卷一二韋叡傳、册府卷三五二、卷三六三、通鑑卷一四六梁紀二天監六年、通志卷一四〇作「水」。

〔七〕客陰雙光泣止叡　「陰雙光」，梁書卷一二韋叡傳作「陰儁光」。

〔八〕景宗時與羣帥爭先啓之捷　「爭先啓之捷」，通鑑卷一四六梁紀二天監六年、通志卷一四〇作「爭先告捷」。

〔九〕渦陽城主王偉以城降　「王偉」，梁書卷三二陳慶之傳、通鑑卷一五一梁紀七大通元年作「王緯」。

〔一〇〕放常贈卹之　「贈」，南監本、北監本、汲本、殿本及梁書卷二八韋放傳、通志卷一四〇作「贍」。

〔一一〕累遷右衛率領直　「右衛率」，梁書卷四三韋粲傳、册府卷九三〇作「左衛率」。按本卷韋叡傳附韋黯傳云「兄子粲爲左衛率」，疑當作「左衛率」。

〔一二〕所以推柳司州者　「以」字原脱，據梁書卷四三韋粲傳、册府卷三七二、通鑑卷一六一梁紀一七太清二年補。

〔一三〕下官才非禦武　「武」，梁書卷四三韋粲傳、册府卷三七二、通志卷一六六作「侮」。

〔一四〕欲以糧儲船乘盡就迫之　「迫」，梁書卷四三韋粲傳、册府卷三七二宋本、通志卷一六六作「泊」。

〔一五〕位襄陵太守　「襄陵」，梁書卷一二韋叡傳附韋正傳、通志卷一四〇作「襄陽」。按襄陵屬平陽郡，見晉書卷一四地理志上、魏書卷一〇六上地形志上，爲北魏所有，疑誤。

〔一六〕載所屬縣卒並陳武舊兵　「卒」字原脱，據陳書卷一八韋載傳補。按馬宗霍校證：「縣卒謂縣中兵卒也。」

〔一七〕開皇十三年除光州刺史　「十三」，隋書卷七八韋鼎傳作「十二」。

〔一八〕著漢書續訓二卷　「二卷」，梁書卷一二韋叡傳附韋稜傳、隋書卷三三經籍志二作「三卷」。

〔一九〕黯以故常怏怏　「故」字原脱，據通志卷一四〇補。

〔二〇〕裴邃字深明　「深明」，梁書卷二八裴邃傳作「淵明」，此避唐諱而改。

〔二一〕令直閣將軍李祖憐僞遁以引承業承業等悉衆追之　原不疊「承業」二字，據北監本、殿本及通志卷一四〇補。

〔二二〕母憂居喪唯食麥飯　按梁書卷二八裴邃傳附裴之禮傳云「丁父憂」，而未記「母憂」事。册府卷七五七載「丁父邃憂，邃墓在光宅寺西」云云，疑「母」當作「父」。

〔二三〕除光禄大夫慈訓宮徵衞尉　陳書卷二五裴忌傳無「徵」字。

〔二四〕以忌爲都督與明徹俱進　「忌」，原作「明徹」，據陳書卷二五裴忌傳、册府卷四四四改。

〔二五〕之高第十二弟之横　「十二」，梁書卷二八裴之横傳作「十三」。

南史卷五十九

列傳第四十九

江淹　任昉　王僧孺

江淹字文通，濟陽考城人也。父康之，南沙令，雅有才思。淹少孤貧，常慕司馬長卿、梁伯鸞之爲人，不事章句之學，留情於文章。早爲高平檀超所知，常升以上席，甚加禮焉。

起家南徐州從事，轉奉朝請。宋建平王景素好士，淹隨景素在南兗州。廣陵令郭彦文得罪，辭連淹，言受金，淹被繫獄。自獄中上書曰：

昔者，賤臣叩心，飛霜擊於燕地；庶女告天，振風襲於齊臺。下官每讀其書，未嘗不廢卷流涕。何者？士有一定之論，女有不易之行。信而見疑，貞而爲戮，是以壯夫義士伏死而不顧者以此也。下官聞仁不可恃，善不可依，謂徒虛語，乃今知之。伏願大王暫停左右，少加矜察。

下官本蓬户桑樞之人，布衣韋帶之士，退不飾詩書以驚愚，進不買聲名於天下。日者，謬得升降承明之闕，出入金華之殿，何嘗不局影凝嚴，側身扃禁者乎。竊慕大王之義，復爲門下之賓，備鳴盜淺術之餘，豫三五賤伎之末。大王惠以恩光，顧以顏色，實佩荆卿黃金之賜，竊感豫讓國士之分矣。常欲結纓伏劍，少謝萬一，剖心摩踵，以報所天。不圖小人固陋，坐貽謗缺，迹墜昭憲，身限幽圄，履影弔心，酸鼻痛骨。下官聞虧名爲辱，虧形次之，是以每一念來，忽若有遺；加以涉旬月，迫季秋，天光沈陰，左右無色，身非木石，與獄吏爲伍。此少卿所以仰天搥心，泣盡而繼之以血者也。下官雖乏鄉曲之譽，然嘗聞君子之行矣：其上則隱於簾肆之間，卧於巖石之下；次則結綬金馬之庭，高議雲臺之上；退則虜南越之君，係單于之頸。俱啓丹册，並圖青史。寧爭分寸之末，競錐刀之利哉！下官聞積毁銷金，積讒摩骨，遠則直生取疑於盜金，近則伯魚被名於不義。彼之二才，猶或如是，況在下官，焉能自免？昔上將之恥，絳侯幽獄，名臣之羞，史遷下室，至如下官，當何言哉。夫以魯連之智，辭禄而不反，接輿之賢，行歌而忘歸，子陵閉關於東越，仲蔚杜門於西秦，亦良可知也。若使下官事非其虛，罪得其實，亦當鉗口吞舌，伏匕首以殞身，何以見齊魯奇節之人，燕趙悲歌之士乎。

方今聖歷欽明，天下樂業，青雲浮洛，榮光塞河，西洎臨洮、狄道，北距飛狐、陽原，莫不寖仁沐義，照景飲醴，而下官抱痛圓門〔一〕，含憤獄户，一物之微，有足悲者。仰惟大王少垂明白，則梧丘之魂不愧於沈首，鵠亭之鬼無恨於灰骨。

景素覽書，即日出之。尋舉南徐州秀才，對策上第，再遷府主簿。景素爲荆州，淹從之鎮。少帝即位，多失德，景素專據上流，咸勸因此舉事。淹每從容進諫，景素不納。及鎮京口，淹爲鎮軍參軍，領南東海郡丞。景素與腹心日夜謀議，淹知禍機將發，乃贈詩十五首以諷焉。會東海太守陸澄丁艱〔二〕，淹自謂郡丞應行郡事，景素用司馬柳世隆。淹固求之，景素大怒，言於選部，黜爲建安吴興令。

及齊高帝輔政，聞其才，召爲尚書駕部郎、驃騎參軍事。俄而荆州刺史沈攸之作亂，高帝謂淹曰：「天下紛紛若是，君謂何如？」淹曰：「昔項彊而劉弱，袁衆而曹寡，羽卒受一劍之辱，紹終爲奔北之虜，此所謂『在德不在鼎』，公何疑哉。」帝曰：「試爲我言之。」淹曰：「公雄武有奇略，一勝也；寬容而仁恕，二勝也；賢能畢力，三勝也；人望所歸，四勝也；奉天子而伐叛逆，五勝也。彼志鋭而器小，一敗也；有威無恩，二敗也〔三〕；士卒解體，三敗也；搢紳不懷，四敗也；懸兵數千里，而無同惡相濟，五敗也。雖犲狼十萬，而終爲我獲焉。」帝笑曰：「君談過矣。」

桂陽之役，朝廷周章，詔檄久之未就。齊高帝引淹入中書省，先賜酒食，淹素能飲啖，食鵝炙垂盡，進酒數升訖，文誥亦辦。相府建，補記室參軍。高帝讓九錫及諸章表，皆淹製也。齊受禪，復爲驃騎豫章王嶷記室參軍。

建元二年，始置史官，淹與司徒左長史檀超共掌其任，所爲條例，並爲王儉所駮，其言不行。淹任性文雅，不以著述在懷，所撰十三篇竟無次序。又領東武令〔四〕，參掌詔策。後拜中書侍郎，王儉嘗謂曰：「卿年三十五，已爲中書侍郎〔五〕，才學如此，何憂不至尚書金紫。所謂富貴卿自取之，但問年壽何如爾。」淹曰：「不悟明公見眷之重。」

永明三年，兼尚書左丞。時襄陽人開古冢，得玉鏡及竹簡古書，字不可識。王僧虔善識字體，亦不能諳，直云似是科斗書。淹以科斗字推之，則周宣王之前也。簡殆如新。

少帝初，兼御史中丞。明帝作相，謂淹曰：「君昔在尚書中，非公事不妄行，在官寬猛能折衷。今爲南司，足以振肅百僚也。」淹曰：「今日之事，可謂當官而行，更恐不足仰稱明旨爾。」於是彈中書令謝朏、司徒左長史王繢、護軍長史庾弘遠，並以託疾不預山陵公事。又奏收前益州刺史劉悛、梁州刺史陰智伯，並贓貨巨萬，輒收付廷尉。臨海太守沈昭略、永嘉太守庾曇隆及諸郡二千石并大縣官長，多被劾，內外肅然。明帝謂曰：「自宋以來，不復有嚴明中丞，君今日可謂近世獨步。」

累遷祕書監，侍中，衞尉卿。初，淹年十三時，孤貧，常采薪以養母，曾於樵所得貂蟬一具，將鬻以供養。其母曰：「此故汝之休徵也，汝才行若此，豈長貧賤也，可留待得侍中著之。」至是果如母言。

永元中，崔慧景舉兵圍都，衣冠悉投名刺，淹稱疾不往。及事平，時人服其先見。東昏末，淹以祕書監兼衞尉，又副領軍王瑩。及梁武至新林，淹微服來奔，位相國右長史。天監元年，爲散騎常侍、左衞將軍，封臨沮縣伯。淹乃謂子弟曰：「吾本素宦〔六〕，不求富貴，今之忝竊，遂至於此。平生言止足之事，亦以備矣。人生行樂，須富貴何時。吾功名既立，正欲歸身草萊耳。」以疾遷金紫光禄大夫，改封醴陵侯〔七〕，卒。武帝爲素服舉哀，謚曰憲。

淹少以文章顯，晚節才思微退，云爲宣城太守時罷歸，始泊禪靈寺渚，夜夢一人自稱張景陽，謂曰：「前以一匹錦相寄，今可見還。」淹探懷中得數尺與之，此人大恚曰：「那得割截都盡。」顧見丘遲謂曰：「餘此數尺既無所用，以遺君。」自爾淹文章躓矣。又嘗宿於冶亭〔八〕，夢一丈夫自稱郭璞，謂淹曰：「吾有筆在卿處多年，可以見還。」淹乃探懷中得五色筆一以授之。爾後爲詩絶無美句，時人謂之才盡。凡所著述，自撰爲前後集，并齊史十志，並行於世。嘗欲爲赤縣經以補山海之闕，竟不成。子蔿嗣。

任昉字彦升，樂安博昌人也。父遥，齊中散大夫。遥兄遐字景遠，少敦學業，家行甚謹，位御史中丞、金紫光禄大夫、始興〔九〕。永明中，遐以罪將徙荒裔，遥懷名請訴，言淚交下，齊武帝聞而哀之，竟得免。

遥妻河東裴氏，高明有德行，嘗晝卧，夢有五色采旗蓋四角懸鈴，自天而墜，其一鈴落入懷中，心悸因而有娠。占者曰：「必生才子。」及生昉，身長七尺五寸，幼而聰敏，早稱神悟。四歲誦詩數十篇，八歲能屬文，自製月儀，辭義甚美。褚彦回嘗謂遥曰：「聞卿有令子，相爲喜之。所謂百不爲多，一不爲少。」由是聞聲藉甚。年十二，從叔晷有知人之量，見而稱其小名曰：「阿堆，吾家千里駒也。」昉孝友純至，每侍親疾，衣不解帶，言與淚并，湯藥飲食必先經口。

初爲奉朝請，舉兖州秀才，拜太學博士。永明初，衞將軍王儉領丹陽尹，復引爲主簿。儉每見其文，必三復殷勤，以爲當時無輩，曰：「自傅季友以來，始復見於任子。若孔門是用，其入室升堂。」於是令昉作一文，及見，曰：「正得吾腹中之欲。」乃出自作文，令昉點正，昉因定數字。儉拊几歎曰：「後世誰知子定吾文！」其見知如此。

後爲司徒竟陵王記室參軍。時琅邪王融有才儁，自謂無對當時，見昉之文，怳然自失。以父喪去官，泣血三年，杖而後起。齊武帝謂昉伯遐曰：「聞昉哀瘠過禮，使人憂之，非直亡卿之寶，亦時才可惜。宜深相全譬。」遐使進飲食，當時勉勵，回即歐出。昉父遥本性重檳榔，以爲常餌，臨終嘗求之，剖百許口，不得好者，昉亦所嗜好，深以爲恨，遂終身不嘗檳榔。遭繼母憂〔一〇〕，昉先以毁瘠，每一慟絶，良久乃蘇，因廬於墓側，以終喪禮。哭泣之地，草爲不生。昉素彊壯，腰帶甚充，服闋後不復可識。

齊明帝深加器異，欲大相擢引，爲愛憎所白，乃除太子步兵校尉，掌東宫書記。齊明帝廢鬱林王，始爲侍中、中書監、驃騎大將軍、開府儀同三司、揚州刺史、録尚書事，封宣城郡公，使昉具草。帝惡其辭斥，甚愠，昉亦由是終建武中位不過列校。

昉尤長爲筆，頗慕傅亮才思無窮，當時公王表奏無不請焉。昉起草即成，不加點竄。沈約一代辭宗，深所推挹。永元中，紆意於梅蟲兒，東昏中旨用爲中書郎。謝尚書令王亮，亮曰：「卿宜謝梅，那忽謝我。」昉慙而退。末爲司徒右長史。

梁武帝剋建鄴，霸府初開，以爲驃騎記室參軍，專主文翰。每制書草，沈約輒求同署。

嘗被急召，昉出而約在，是後文筆，約參製焉。

始梁武與昉遇竟陵王西邸，從容謂昉曰：「我登三府，當以卿爲記室。」昉亦戲帝曰：「我若登三事，當以卿爲騎兵。」以帝善騎也。至是引昉符昔言焉。昉奉牋云：「昔承清宴，屬有緒言，提挈之旨，形乎善謔。豈謂多幸，斯言不渝。」蓋爲此也。梁臺建，禪讓文誥，多昉所具。

奉世叔父母不異嚴親，事兄嫂恭謹。外氏貧闕，恒營奉供養。禄奉所收，四方餉遺，皆班之親戚，即日便盡。性通脱，不事儀形，喜愠未嘗形於色，車服亦不鮮明。

武帝踐祚，歷給事黄門侍郎，吏部郎。出爲義興太守。歲荒民散，以私奉米豆爲粥，活三千餘人。時産子者不舉，昉嚴其制，罪同殺人。孕者供其資費，濟者千室。在郡所得公田奉秩八百餘石，昉五分督一，餘者悉原，兒妾食麥而已。友人彭城到溉、溉弟洽從昉共爲山澤游。及被代登舟，止有絹七匹，米五石。至都無衣，鎮軍將軍沈約遣裙衫迎之〔一一〕。

重除吏部郎，參掌大選，居職不稱。尋轉御史中丞、祕書監。自齊永元以來，祕閣四部，篇卷紛雜，昉手自讎校，由是篇目定焉〔一二〕。

出爲新安太守，在郡不事邊幅，率然曳杖，徒行邑郭。人通辭訟者，就路決焉。爲政清省，吏人便之。卒於官，唯有桃花米二十石，無以爲斂。遺言不許以新安一物還都，雜木爲棺，浣衣爲斂。闔境痛惜，百姓共立祠堂於城南，歲時祠之。武帝聞問，方食西苑緑沈瓜，投之於盤，悲不自勝。因屈指曰：「昉少時常恐不滿五十，今四十九，可謂知命。」即日舉哀，哭之甚慟。追贈太常，謚曰敬子。

昉好交結，獎進士友，不附之者亦不稱述，得其延譽者多見升擢，故衣冠貴游莫不多與交好，坐上客恒有數十。時人慕之，號曰任君，言如漢之三君也。在郡尤以清絜著名，百姓年八十以上者，遣户曹掾訪其寒温。嘗欲營佛齋，調楓香二石，始入三斗，便出教長斷，曰：「與奪自己，不欲貽之後人。」郡有蜜嶺及楊梅，舊爲太守所采，昉以冒險多物故，即時停絶，吏人咸以百餘年未之有也。爲家誡，殷勤甚有條貫。陳郡殷芸與建安太守到溉書曰：「哲人云亡，儀表長謝。元龜何寄，指南何託？」其爲士友所推如此。

昉不事生産，至乃居無室宅。時或譏其多乞貸，亦隨復散之親故，常自歎曰：「知我者亦以叔則，不知我者亦以叔則。」既以文才見知，時人云「任筆沈詩」。昉聞，甚以爲病。晚節轉好著詩，欲以傾沈，用事過多，屬辭不得流便，自爾都下士子慕之，轉爲穿鑿，於是有才盡之談矣。博學，於書無所不見，家雖貧，聚書至萬餘卷，率多異本。及卒後，武帝使學士賀縱共沈約勘其書目，官無者就其家取之。所著文章數十萬言，盛行於時。東海王僧孺嘗論之，以爲「過於董生、揚子。昉樂人之樂，憂人之憂，虛往實歸，忘貧去吝，行可以厲風俗，義可以厚人倫，能使貪夫不取，懦夫有立」。其見重如此。

有子東里、西華、南容、北叟，並無術業，墜其家聲。兄弟流離不能自振，生平舊交莫有收卹。西華冬月著葛帔練裙，道逢平原劉孝標，泫然矜之，謂曰：「我當爲卿作計。」乃著廣絶交論以譏其舊交曰：

客問主人曰：「朱公叔絶交論，爲是乎，爲非乎？」主人曰：「客奚此之問？」客曰：「夫草蟲鳴則阜螽躍，彫虎嘯而清風起，故氛氳相感，霧涌雲蒸，嚶鳴相召，星流電激。是以王陽登則貢公喜，罕生逝而國子悲。且心同琴瑟，言鬱郁於蘭茝；道叶膠漆，志婉孌於塤篪。聖賢以此鏤金板而鐫盤盂，書玉牒而刻鍾鼎。若乃匠石輟成風之妙巧，伯牙息流波之雅引，范、張款款於下泉，尹、班陶陶於永夕〔一三〕。駱驛從横，烟霏雨散，巧歷所不知，心計莫能測。而朱益州汩彝敍，粤謨訓，捶直切，絶交遊，視黔首以鷹鸇，媲人靈於豺虎。蒙有猜焉，請辯其惑。」

主人听然曰：「客所謂撫弦徽音，未達燥濕變響；張羅沮澤，不睹鴻鴈高飛。蓋聖人握金鏡，闡風烈，龍驤蠖屈，從道汙隆。日月連璧，贊亹亹之弘致，雲飛雷薄，顯棣華之微旨。若五音之變化，濟九成之妙曲，此朱生得玄珠於赤水，謨神睿以爲言。

至夫組織仁義，琢磨道德，懽其愉樂，恤其陵夷，寄通靈臺之下，遺跡江湖之上，風雨急而不輟其音，霜雪零而不渝其色，斯賢達之素交，歷萬古而一遇。逮叔世人訛，狙詐飈起，溪谷不能踰其險，鬼神無以究其變，競毛羽之輕，趨錐刀之末。於是素交盡，利交興，天下蚩蚩，鳥驚雷駭。然利交同源，派流則異，較言其略，有五術焉：

「若其寵均董、石，權壓梁、竇，彫刻百工，鑪錘萬物，吐嗽興雲雨，呼噏下霜露，九域聳其風塵，四海疊其熏灼。靡不望影星奔，藉響川鶩。雞人始唱，鶴蓋成陰，高門旦開，流水接軫，皆願摩頂至踵，隳膽抽腸。約同要離焚妻子，誓殉荆卿湛七族。是曰勢交，其流一也。

「富埒陶、白，貲巨程、羅，山擅銅陵，家藏金穴，出平原而聯騎，居里閈而鳴鐘。則有窮巷之賓，繩樞之士，冀宵燭之末光，邀潤屋之微澤。魚貫鳧踊，颯沓鱗萃，分鴈鶩之稻粱，霑玉斝之餘瀝。銜恩遇，進款誠，援青松以示心，指白水而旌信。是曰賄交，其流二也。

「陸大夫宴喜西都，郭有道人倫東國，公卿貴其籍甚，搢紳羨其登仙。加以顩頤蹙頞，涕唾流沫，騁黄馬之劇談，縱碧雞之雄辯。敍温燠則寒谷成暄〔一四〕，論嚴苦則春叢零葉〔一五〕，飛沈出其顧指，榮辱定其一言。於是有弱冠王孫，綺紈公子，道不挂於通人，聲未遒於雲閣，攀其鱗翼，丐其餘論，附騏驥之旄端，軼歸鴻於碣石。是曰談交，其流三也。

「陽舒陰慘，生靈大情，憂合歡離，品物恒性。故魚以泉涸而呴沫，鳥因將死而鳴哀。同病相憐，綴河上之悲曲，恐懼寘懷，昭谷風之盛典，斯則斷金由於湫隘，刎頸起於苦蓋。是以伍員濯溉於宰嚭，張王撫翼於陳相。是曰窮交，其流四也。

「馳騖之俗，澆薄之倫，無不操權衡，執纖纊，衡所以揣其輕重，纊所以屬其鼻息。若衡不能舉，纊不能飛，雖顏、冉龍翰鳳鶵，曾、史蘭薰雪白，舒、向金玉泉海，卿、雲黼黻河漢，視若游塵，遇同土梗，莫肯費其半菽，罕有落其一毛。若衡重錙銖，纊微彯撇，雖共工之蒐慝，驩兜之掩義，南荊之跋扈，東陵之巨猾，皆爲匍匐委蛇，折支舐痔。金膏翠羽將其意，脂韋便辟導其誠。故輪蓋所游，必非夷、惠之室，包苴所入，寔行張、霍之家。謀而後動，芒豪寡忒。是曰量交，其流五也。

「凡斯五交，義同賈鬻，故桓譚譬之於闤闠〔一六〕，林回諭之於甘醴。夫寒暑遞進，盛衰相襲，或前榮而後悴，或始富而終貧，或初存而末亡，或古約而今泰。循環翻覆，迅若波瀾，此則徇利之情未嘗異，變化之道不得一。由是觀之，張、陳所以凶終，蕭、朱所以隙末，斷焉可知矣。而翟公方規規然勒門以箴客，何所視之晚乎？然因此五交，是生三舋：敗德殄義，禽獸相若，一舋也；難固易攜，讎訟所聚，二舋也；名陷饕餮，貞介所羞，三舋也。古人知三舋之爲梗，懼五交之速尤，故王丹威子以檟楚，朱穆昌言而示絕，有旨哉！有旨哉！

「近世有樂安任昉，海内髦傑，早綰銀黄，夙昭人譽。遒文麗藻，方駕曹、王，英跱俊邁，聯衡許、郭。類田文之愛客，同鄭莊之好賢。見一善則盱衡扼腕，遇一才則揚眉抵掌。雌黄出其脣吻，朱紫由其月旦。於是冠蓋輻湊，衣裳雲合，輜軿擊轊，坐客恒滿。蹈其閫閾，若升闕里之堂；入其隩隅，謂登龍門之坂。至於顧眄增其倍價，翦拂使其長鳴，彯組雲臺者摩肩，趨走丹墀者疊跡。莫不締恩狎，結綢繆。想惠、莊之清塵〔一七〕，庶羊、左之徽烈。及瞑目東粤，歸骸洛浦，繐帳猶懸，門罕漬酒之彦，壙未宿草，野絕動輪之賓。藐爾諸孤，朝不謀夕，流離大海之南，寄命瘴癘之地。自昔把臂之英，金蘭之友，曾無羊舌下泣之仁，寧慕郈成分宅之德。嗚呼！世路嶮巇，一至於此！太行孟門，豈云嶄絕。是以耿介之士，疾其若斯，裂裳裹足，棄之長騖。獨立高山之頂，懽與麋鹿同羣，皦皦然絕其雰濁，誠恥之也，誠畏之也。」

到溉見其論，抵几於地，終身恨之。

昉撰雜傳二百四十七卷，地記二百五十二卷，文章三十三卷。東里位尚書外兵郎。

王僧孺字僧孺，東海郯人也。魏衞將軍肅八世孫也。曾祖雅，晉左光禄大夫、儀同三司。祖準之，宋司徒左長史。父延年，員外常侍，未拜卒。

僧孺幼聰慧，年五歲便機警，初讀孝經，問授者曰：「此書何所述？」曰：「論忠孝二事。」僧孺曰：「若爾，願常讀之。」又有餽其父冬李，先以一與之，僧孺不受，曰：「大人未見，不容先嘗。」七歲能讀十萬言，及長篤愛墳籍。家貧，常傭書以養母，寫畢諷誦亦了。

仕齊爲太學博士，尚書僕射王晏深相賞好。晏爲丹陽尹，召補功曹，使撰東宮新記。司徒竟陵王子良開西邸，招文學，僧孺與太學生虞羲、丘國賓、蕭文琰、丘令楷、江洪、劉孝孫並以善辭藻游焉。而僧孺與高平徐夤俱爲學林。文慧太子欲以爲宮僚，乃召入直崇明殿。會薨，出爲晉安郡丞，仍除候官令。建武初舉士，爲始安王遥光所薦，除儀曹郎，遷書侍御史，出爲錢唐令。初僧孺與樂安任昉遇於竟陵王西邸，以文學會友，及將之縣，昉贈詩曰：「唯子見知，唯余知子，觀行視言，要終猶始。敬之重之，如蘭如芷，形應影隨，曩行今止。百行之首，立人斯著，子之有之，誰毁誰譽。脩名既立，老至何遽，誰其執鞭，吾爲子御。劉略班藝，虞志荀録，伊昔有懷，交相欣勗。下帷無倦，升高有屬，嘉爾晨登，惜余夜燭〔一八〕。」其爲士友推重如此。

梁天監初，除臨川王後軍記室，待詔文德省。出爲南海太守。南海俗殺牛，曾無限忌，僧孺至便禁斷。又外國舶物、高涼生口歲數至，皆外國賈人以通貨易。舊時州郡就市，回而即賣，其利數倍，歷政以爲常。僧孺歎曰：「昔人爲蜀部長史〔一九〕，終身無蜀物，吾欲遺子孫者，不在越裝。」並無所取。視事二歲〔二〇〕，聲績有聞。詔徵將還，郡中道俗六百人詣闕請留，不許。至，拜中書侍郎，領著作，復直文德省。撰起居注、中表簿，遷尚書左丞，俄兼御史中丞。僧孺幼貧，其母鬻紗布以自業，嘗攜僧孺至市，道遇中丞鹵簿，驅迫墜溝中。及是拜日，引騶清道，悲感不自勝。頃之即真。

時武帝制春景明志詩五百字，敕沈約以下辭人同作，帝以僧孺爲工。歷少府卿，尚書吏部郎，參大選，請謁不行。出爲仁威南康王長史、蘭陵太守，行府、州、國事。初，帝問僧孺妾媵之數，對曰：「臣室無傾視。」及在南徐州，友人以妾寓之，行還，妾遂懷孕。爲王典籤湯道愍所糾，逮詣南司，坐免官，久之不調。友人廬江何烱猶爲王府記室，僧孺乃與烱書以見其意。後爲安成王參軍事，鎮右中記室參軍。

僧孺工屬文，善楷隸，多識古事。侍郎全元起欲注素問，訪以砭石〔二一〕。僧孺答曰：「古人當以石爲針，必不用鐵。說文有此砭字，許慎云：『以石刺病也。』東山經：『高氏之山多針石。』郭璞云：『可以爲砭針。』春秋：『美疢不如惡石。』服子慎注云：『石，砭石也。』季世無復佳石，故以鐵代之爾。」

轉北中郎諮議參軍，入直西省，知撰譜事。先是，尚書令沈約以爲「晉咸和初，蘇峻作亂，文籍無遺。後起咸和二年以至于宋，所書並皆詳實，並在下省左户曹前廂，謂之晉籍，有東西二庫。此籍既並精詳，寔可寶惜，位宦高卑，皆可依案。宋元嘉二十七年，始以七條徵發。既立此科，人姦互起，僞狀巧籍，歲月滋廣。以至于齊，患其不實，於是東堂校籍，置郎令史以掌之。競行姦貨，以新換故，昨日卑細，今日便成士流。凡此姦巧，並出愚下，不辨年號，不識官階。或注隆安在元興之後，或以義熙在寧康之前。此時無此府，此時無此國。元興唯有三年，而猥稱四、五。詔書甲子，不與長歷相應。校籍諸郎亦所不覺，不才令史固自忘言。臣謂宋、齊二代，士庶不分，雜役減闕，職由於此。竊以晉籍所餘，宜加寶愛」。武帝以是留意譜籍，州郡多離其罪，因詔僧孺改定百家譜。始晉太元中，員外散騎侍郎平陽賈弼篤好簿狀，乃廣集衆家，大搜羣族，所撰十八州一百一十六郡，合七百一十二卷。凡諸大品，略無遺闕，藏在祕閣，副在左户。及弼子太宰參軍匪之、匪之子長水校尉深世傳其業。太保王弘、領軍將軍劉湛並好其書。弘日對千客，不犯一人之諱。湛爲選曹，始撰百家以助銓序，而傷於寡略。齊衛將軍王儉復加去取，得繁省之衷。

僧孺之撰，通范陽張等九族以代鴈門解等九姓。其東南諸族别爲一部，不在百家之數焉。普通二年卒[三]。

僧孺好墳籍，聚書至萬餘卷，率多異本，與沈約、任昉家書埒。少篤志精力，於書無所不覩，其文麗逸，多用新事，人所未見者，時重其富博。集十八州譜七百一十卷，百家譜集抄十五卷，東南譜集抄十卷，文集三十卷，兩臺彈事不入集，别爲五卷，及東宫新記並行於世。

虞羲字士光，會稽餘姚人，盛有才藻，卒於晉安王侍郎。丘國賓，吴興人，以才志不遇，著書以譏揚雄。蕭文琰，蘭陵人。丘令楷，吴興人。江洪，濟陽人。竟陵王子良嘗夜集學士，刻燭爲詩，四韻者則刻一寸，以此爲率。文琰曰：「頓燒一寸燭，而成四韻詩，何難之有。」乃與令楷、江洪等共打銅鉢立韻，響滅則詩成，皆可觀覽。劉孝孫，彭城人，博學通敏，而仕多不遂，常歎曰：「古人或開一説而致卿相，立談間而降白璧，書籍妄耳。」徐夤，高平人，有學行。父榮祖位祕書監，嘗有罪繫獄，旦日原之，而髮皓白。齊武問其故，曰：「臣思愆於内，而髮變於外。」當時稱之。

論曰：二漢求士，率先經術，近代取人，多由文史。觀江、任之所以効用，蓋亦會其時焉。而淹實先覺，加之以沈靜；昉乃舊恩，持之以内行。其所以名位自畢，各其宜乎。僧孺碩學，而中年遭躓，非爲不遇，斯乃窮通之數也。

校勘記

〔一〕而下官抱痛圓門　「而」下原衍「已」字，據梁書卷一四江淹傳、文選卷三九江文通詣建平王上書、册府卷八七五删。

〔二〕會東海太守陸澄丁艱　「東海」，梁書卷一四江淹傳作「南東海」。按馬宗霍校證：「上文淹『領南東海郡丞』，則此文『南』字爲誤奪。」

〔三〕有威無恩二敗也　「威」「恩」二字原互倒，與下「士卒解體」「搢紳不懷」不合，據梁書卷一四江淹傳、建康實録卷一八、册府卷七一七、通鑑卷一三四宋紀一六昇明元年、通志卷一四〇乙正。

〔四〕又領東武令　「領」，梁書卷一四江淹傳作「帶」。按王鳴盛商榷卷六三：「若淹以記室帶東武令，當是食其禄，不赴任，南史改『帶』爲『領』，未確。」

〔五〕卿年三十五已爲中書侍郎　「三十五」，北監本、殿本作「二十五」。按洪頤煊諸史考異：「案梁書本傳，淹天監四年卒，時年六十二。淹年三十五，當昇明二年，在建元前矣，前後年歲當有一誤。」

〔六〕吾本素宧　「宧」，原作「官」，據梁書卷一四江淹傳、通志卷一四〇改。

〔七〕改封醴陵侯　按江淹原封臨沮縣伯，改封仍當爲「伯」。下「謚曰憲」，梁書卷一四江淹傳作「謚曰憲伯」，知此「侯」爲「伯」之訛。

〔八〕又嘗宿於冶亭　「冶亭」，原作「治亭」，據北監本、殿本及御覽卷六〇五引齊書、通志卷一四〇改。

〔九〕位御史中丞金紫光禄大夫始興　通志卷一四〇無「始興」二字，按王懋竑記疑：「二字疑衍，或有脱文。」

〔一〇〕遭繼母憂　梁書卷一四任昉傳、册府卷七五七作「續遭母憂」。此「遭繼」二字疑互倒。

〔一一〕鎮軍將軍沈約遣裙衫迎之　「遣」，御覽卷二五九、卷六八九、卷八一七引梁書、册府卷六七九、通志卷一四〇作「遺」。

〔一二〕由是篇目定焉　「篇」，原作「第」，據北監本、殿本及梁書卷一四任昉傳、御覽卷二三三引梁書、册府卷六〇八改。

〔一三〕尹班陶陶於永夕　「班」，原作「斑」，據梁書卷一四任昉傳、文選卷五五劉孝標廣絶交論、通志卷一四〇改。

〔一四〕敍温燠則寒谷成暄　「温」，原作「寒」，據北監本、殿本及梁書卷一四任昉傳、文選卷五五劉孝標廣絶交論、通志卷一四〇改。

〔一五〕論嚴苦則春叢零葉　「苦」，梁書卷一四任昉傳、通志卷一四〇作「枯」。

〔一六〕故桓譚譬之於闤闠　「桓譚」疑爲「譚拾」之誤。按文選卷五五劉孝標廣絶交論李善注：「譚集及新論並無以市喻交之文。戰國策：『譚拾子謂孟嘗君曰：……富貴則就之，貧賤則去之，請以市喻。……』疑『拾』誤爲『桓』，遂居『譚』上耳。」

〔一七〕想惠莊之清塵　「惠莊」，原作「慧莊」，據梁書卷一四任昉傳、文選卷五五劉孝標廣絶交論、通志卷一四〇、南史詳節卷一九改。按「惠」謂惠施，「莊」謂莊周。

〔一八〕嘉爾晨登惜余夜燭　「登」，梁書卷三三王僧孺傳作「燈」。

〔一九〕昔人爲蜀部長史　「蜀部」，原作「蜀郡」，據梁書卷三三王僧孺傳改。按郡無長史之官。魏景元後，益州鎮成都，故益州以蜀部爲稱。

〔二〇〕視事二歲　「二歲」，梁書卷三三王僧孺傳、册府卷六八二、通志卷一四一作「朞月」。

〔二一〕侍郎全元起欲注素問訪以砭石　「全」，原作「金」，據册府卷七八〇改。全元起見隋書卷三四經籍志二。

〔二二〕普通二年卒　「二年」，梁書卷三三王僧孺傳作「三年」。

南史卷六十

列傳第五十

范岫　傅昭弟映　孔休源　江革子德藻　徐勉　許懋子亨　殷鈞宗人芸

范岫字懋賓，濟陽考城人也。高祖宣，晉徵士。父羲，宋尚書殿中郎，本州別駕。竟陵王誕反，羲在城中，事平遇誅。

岫幼而好學，早孤，事母以孝聞。外祖顏延之早相題目，以爲中外之寶。蔡興宗臨荆州，引爲主簿。及蔡將卒，以岫貧乏，遺旨賜錢二十萬，固辭拒之。

仕齊爲太子家令。文惠太子之在東宮，沈約之徒以文才見引，岫亦預焉。岫文雖不逮約，而名行爲時輩所與。博涉多通，尤悉魏、晉以來吉凶故事。約常稱曰：「范公好事該博〔一〕，胡廣無以加。」南鄉范雲謂人曰：「諸君進止威儀，當問范長頭。」以岫多識前代舊事也。

遷國子博士。岫長七尺八寸，姿容奇偉。永明中，魏使至，詔妙選朝士有辭辯者，接使於界首，故以岫兼淮陰長史迎焉。入爲尚書左丞。丁母憂，居喪過禮。朝廷頻起，並不拜。朝廷亮其哀款，得終喪制。出爲安成内史，創立鈞折行倉，公私弘益。徵黃門侍郎，兼御史中丞，吏將送一無所納。永元末，爲輔國將軍、冠軍晉安王長史，行南徐州事。梁武帝平建鄴，承制徵爲尚書吏部郎，參大選。天監五年，爲散騎常侍、光禄大夫，侍皇太子，給扶。累遷祠部尚書，金紫光禄大夫。卒官。

岫恭敬儼恪，進止以禮，自親喪後，蔬食布衣以終身。每所居官，恒以廉絜著稱。爲長城令時，有梓材巾箱，至數十年，經貴遂不改易。在晉陵唯作牙管筆一雙，猶以爲費。所著文集、禮論、雜儀、字訓行於世。二子褎、偉。

傅昭字茂遠，北地靈州人，晉司隸校尉咸七世孫也。祖和之，父淡，善三禮，知名宋世。淡事宋竟陵王誕，誕反坐誅。

昭六歲而孤，哀毀如成人，爲外祖所養。十歲，於朱雀航賣曆日，雍州刺史袁顗見而奇之。顗嘗來昭所，昭讀書自若，神色不改。顗歎曰：「此兒神情不凡，必成佳器。」司徒建安王休仁聞而悅之，固欲致昭〔二〕。昭以宋氏多故，遂不往。或有稱昭於廷尉虞愿，乃遣車迎昭。時愿宗人通之在坐，並當時名流。通之貽昭詩曰：「英妙擅山東，才子傾洛陽。清塵誰能嗣，及爾遘遺芳。」太原王延秀薦昭於丹陽尹袁粲，深見禮，辟爲郡主簿，使諸子從昭受學。會明帝崩，粲造哀策文，乃引昭定其所製，昭有其半焉。粲每經昭户，輒歎曰：「經其户寂若無人，披其帷其人斯在〔三〕，豈非名賢。」尋爲總明學士、奉朝請。

齊永明中，累遷尚書儀曹郎。先是御史中丞劉休薦昭於齊武帝，永明初，以昭爲南郡王侍讀。王嗣帝位，故時臣隸爭求權寵，唯昭及南陽宗夬保身而已，守正無所參入，竟不罹禍。明帝踐阼，引昭爲中書通事舍人。時居此職者，皆權傾天下，昭獨廉靜無所干豫，器服率陋，身安麤糲。常插燭板牀，明帝聞之，賜漆合燭盤，敕曰：「卿有古人之風，故賜卿古人之物。」累遷尚書左丞。

梁武帝素重昭，梁臺建，以爲給事黃門侍郎，領著作，兼御史中丞。天監三年，兼五兵尚書，參選事。四年即真。歷位左户尚書，安成内史。郡自宋來，兵亂相接，府舍稱凶。每昏旦間，人鬼相觸，在任者鮮以吉終。及昭至，有人夜見甲兵出〔四〕，曰：「傅公善人，不可侵犯。」乃騰虛而去。有頃風雨總至，飄郡聽事入隍中，自是郡遂無患，咸以昭貞正所致。郡溪無魚，或有暑月薦昭魚者，昭既不納，又不欲拒，遂餒于門側。郡多猛獸爲害，常設檻穽，昭曰：「人不害猛獸，猛獸亦不害人。」乃命去檻穽，猛獸竟不爲害。

歷秘書監，太常卿，遷臨海太守。郡有蜜巖，前後太守皆自封固，專收其利。昭以周文之囿，與百姓共之，大可喻小，乃教勿封。縣令嘗餉栗，置絹于薄下，昭笑而還之。普通五年，爲散騎常侍、金紫光禄大夫。

昭所莅官，常以清靜爲政，不尚嚴肅。居朝廷，無所請謁，不畜私門生，不交私利。終日端居，以書記爲樂，雖老不衰。博極古今，尤善人物，魏、晉以來，官宦簿伐，姻通内外，舉而論之，無所遺失，世稱爲學府。性尤篤慎，子婦嘗得家餉牛肉以進昭，昭召其子曰：「食之則犯法，告之則不可。取而埋之。」其居身行己，不負闇室，類皆如此。後進宗其學，重其道，人人自以爲不逮。卒，謚曰貞。

長子諝，位尚書郎，湘東王外兵參軍。諝子準有文才，梁宣帝時，位度支尚書。

昭弟映字徽遠，三歲而孤。兄弟友睦，脩身勵行，非禮不動。始昭之守臨海，陸倕餞之，賓主俱懽，日暮不反。映以昭年高，不可連夜極樂，乃自往候接，同乘而歸。兄弟並已斑白，時人美而服焉。及昭卒，映喪之如父，年踰七十，哀戚過禮，服制雖除，每言輒慟。天監中，位烏程令，卒於太中大夫。子弘。

孔休源字慶緒，會稽山陰人，晉尚書沖之八世孫，沖即開府儀同三司愉之世父也。曾祖遥之，宋尚書水部郎。父佩，齊通直郎〔五〕。

休源十一而孤，居喪盡禮，每見父手所寫書，必哀慟流涕不能自勝，見者莫不爲之垂泣。後就吴興沈驎士受經，略通大義。州舉秀才，太尉徐孝嗣省其策，深善之，謂同坐曰：「董仲舒、華令思何以尚此，可謂後生之準的也。觀此足稱王佐之才。」琅邪王融雅相友善，乃薦之於司徒竟陵王，爲西邸學士。

梁臺建，與南陽劉之遴同爲太學博士，當時以爲美選。休源初到都，寓於宗人少府孔登。曾以祠事入廟，侍中范雲一與相遇，深加褒賞，曰：「不期忽覿清顔，頓祛鄙吝，觀天披霧，驗之今日。」後雲命駕到少府，登便拂筵整帶，謂當詣己，備水陸之品。雲駐節命休源，及至，命取其常膳，正有赤倉米飯〔六〕，蒸鮑魚。雲食休源食，不舉主人之饌。高談盡日，同載還家。登深以爲愧。尚書令沈約當朝貴顯，軒蓋盈門，休源或時後來，必虚襟引接，處之坐右，商略文義。其爲通人所推如此。

武帝嘗問吏部尚書徐勉求一有學藝解朝儀者，爲尚書儀曹郎，勉曰：「孔休源識見清通，詳練故事，自晉、宋起居注，誦略上口。」武帝亦素聞之，即日除兼尚書儀曹郎。時多所改作，每逮訪前事，休源即以所誦記隨機斷決，曾無疑滯。吏部郎任昉常謂之爲「孔獨誦」。

遷建康獄正，平反辯析，時罕冤人。後有選人爲獄司者，帝常引休源以勵之。除中書舍人。後爲尚書左丞，彈肅禮闈，雅允朝望。時周捨撰禮疑義，自漢、魏至于齊、梁，並皆搜采，休源所有奏議，咸預編録。再遷長兼御史中丞，正色直繩，無所回避，百寮憚之。

後爲晉安王長史、南郡太守，行荆州府州事。帝謂曰：「荆州總上流衝要，義高分陝，今以十歲兒委卿，善匡翼之，勿憚周昌之舉也。」乃敕晉安王曰：「孔休源人倫儀表，汝年尚幼，當每事師之。」尋始興王憺代鎮荆州，復爲憺府長史，太守、行府事如故。在州累政，甚有政績，平心決斷，請託弗行。帝深嘉之。歷祕書監，復爲晉安王府長史、南蘭陵太守，別敕專行南徐州事。休源累佐名蕃，甚得人譽，王深相倚杖，常於中齋別施一榻，云「此是孔長史坐」，人莫得預焉，其見敬如此。歷都官尚書。

普通七年，揚州刺史臨川王宏薨，武帝與羣臣議代居州任者，時貴戚王公咸望遷授。

帝曰：「朕已得人，孔休源才識通敏，寔應此選。」乃授宣惠將軍、監揚州事。休源初爲臨川王行佐，及王薨而管州任，時論榮之。神州都會，簿領殷繁，休源剖斷如流，傍無私謁。中大通二年，加金紫光禄大夫。在州晝決辭訟，夜覽墳籍。每車駕巡幸，常以軍國事委之。昭明太子薨，有敕夜召休源入宴居殿與羣公參定謀議，立晉安王綱爲皇太子。自公卿珥貂插筆奏決於休源前，休源怡然無愧，時人名爲兼天子。四年，卒，遺令薄葬，節朔薦蔬菲而已。帝爲之流涕，顧謝舉曰：「孔休源居職清忠，方欲共康政道，奄至隕没，朕甚痛之。」舉曰：「此人清介彊直，臣竊爲陛下惜之。」謚曰貞子。

休源風範彊正，明練政體，常以天下爲己任。武帝深委杖之。累居顯職，性縝密〔七〕，未嘗言禁中事。聚書盈七千卷，手自校練。凡奏議彈文勒成十五卷。

長子雲章頗有父風〔八〕，位東揚州别駕。少子宗範聰敏有識度〔九〕，位中書郎。

江革字休映，濟陽考城人也。祖齊之，宋都水使者，尚書金部郎。父柔之，齊尚書倉部郎，有孝行，以母憂毁卒。

革幼而聰敏，早有才思，六歲便解屬文。柔之深加賞器，曰：「此兒必興吾門。」九歲丁父艱，與第四弟觀同生，少孤貧，傍無師友，兄弟自相訓勗，讀書精力不倦。十六喪母，以孝聞。服闋，與觀俱詣太學，補國子生，舉高第。齊中書郎王融、吏部郎謝朓雅相欽重。朓嘗行還過候革，時大寒雪，見革弊絮單席，而耽學不倦，嗟歎久之，乃脱其所著襦，并手割半氈與革充卧具而去。司徒竟陵王聞其名，引爲西邸學士。

弱冠舉南徐州秀才。時豫章胡諧之行州事，王融與諧之書令薦革。諧之方貢琅邪王汎，便以革代之。僕射江祏深相引接，祏爲太子詹事，啓革爲丞。祏時權傾朝右，以革才堪經國，令參掌機務，詔誥文檄皆委以具。革防杜形迹，外人不知。祏誅，賓客皆罹其罪，革獨以智免。除尚書駕部郎。

中興元年，梁武帝入石頭，時吴興太守袁昂據郡拒義不從，革製書與昂，於坐立成，辭義典雅，帝深賞歎之，令與徐勉同掌書記。建安王爲雍州刺史，表求管記，以革爲征北記室參軍，帶中廬令。與弟觀少長共居，不忍離别，苦求同行。以觀爲征北行參軍，兼記室。時吴興沈約、樂安任昉與革書云：「比聞雍府妙選英才，文房之職，總卿昆季，可謂馭二龍於長途，騁騏驥於千里。」途次江夏，觀卒。革在雍州，爲府王所禮，款若布衣。

後爲建康正，頻遷秣陵、建康令，爲政明肅，豪彊憚之。歷中書舍人，尚書左丞，晉安王長史、尋陽太守，行江州府事。徙廬陵王長史，太守、行事如故。以清嚴爲屬城所憚。

時少王行事，多傾意於籤帥，革以正直自居，不與典籤趙道智坐。道智因還都啓事，面陳革墮事好酒〔一〇〕，以琅邪王曇聰代爲行事。南州士庶爲之語曰：「故人不道智，新人佞散騎，莫知度不度，新人不如故。」遷御史中丞，彈奏豪權，一無所避。

後爲鎮北豫章王長史、廣陵太守。時魏徐州刺史元法僧降附，革被敕隨府王鎮彭城。城既失守，革素不便馬，汎舟而還。途經下邳，爲魏人所執。魏徐州刺史安豐王延明聞革才名，厚加接待。革稱腳疾不拜，延明將害之，見革辭色嚴正，更加敬重。時祖晅同被拘縶，延明使晅作欹器漏刻銘，革唾罵晅曰：「卿荷國厚恩，已無報答，乃爲虜立銘，孤負朝廷。」延明聞之，乃令革作丈八寺碑并祭彭祖文，革辭以囚執既久，無復心思。延明將加箠扑，革厲色曰：「江革年六十〔一一〕，不能殺身報主，今日得死爲幸，誓不爲人執筆。」延明知不可屈乃止。日給脱粟三升，僅餘性命。會魏帝請中山王元略反北，乃放革及祖晅還朝。上大宴，舉酒勸革曰：「卿那不畏延明害？」對曰：「臣行年六十，死不爲夭，豈畏延明。」帝曰：「今日始見蘇武之節。」於是以爲太尉臨川王長史。

時帝惑於佛教〔一二〕，朝賢多啓求受戒。革精信因果，而帝未知，謂革不奉佛法，乃賜革覺意詩五百字，云：「唯當勤精進，自彊行勝脩。豈可作底突，如彼必死囚。」以此告革及諸貴遊〔一三〕。又手敕曰：「果報不可不信，豈得底突如對元延明邪。」革因乞受菩薩戒。

時武陵王紀在東州，頗驕縱，上以臧盾性弱，不能匡正，召革慰遣，乃除武陵王長史、會稽郡丞，行府州事。革門生故吏家多在東，聞革應至，並賚持緣道迎候。革曰：「我通不受餉，不容獨當故人筐篚。」至鎮唯資公俸，食不兼味。郡境殷廣，辭訟日數百，革分判辯析，曾無疑滯，人安吏畏，百城震恐。琅邪王騫爲山陰令，贓貨狼籍，望風自解。府王憚之。每侍讌，言論必以詩、書，王因此耽學好文。典籤沈熾文以王所制詩呈武帝，帝謂僕射徐勉曰：「革果稱職。」乃除都官尚書。將還，贈遺一無所受，送故依舊訂舫，革並不納，唯乘臺所給一舸。舸艚偏欹，不得安卧。或請濟江徙重物以迮輕艚，革既無物，乃於西陵岸取石十餘片以實之。其清貧如此。

尋監吴郡，時境内荒儉，劫盜公行。革至郡唯有公給仗身二十人，百姓皆懼不能靜寇，革乃省游軍尉〔一四〕，百姓逾恐。革乃廣施恩惠，盜賊靜息。

武陵王出鎮江州，乃曰：「我得江革文，得革清貧〔一五〕，豈能一日忘之，當與其同飽。」乃表革同行。除南中郎長史、尋陽太守。徵入爲度支尚書。好獎進閭閻，爲後生延譽，由是衣冠士子翕然歸之。時尚書令何敬容掌選，序用多非其人。革性彊直，每朝宴恒有褒貶，以此爲權貴所疾。乃謝病還家，除光禄大夫，優游閑放，以文酒自娱。卒，謚曰彊子。有集二十卷行於世。革歷官八府長史，四王行事，三爲二千石，傍無姬侍，家徒壁立，時以此高之。長子行敏早卒〔一六〕，次子德藻。

德藻字德藻，好學，美風儀，身長七尺四寸。性至孝，事親盡禮。與異産昆弟居，恩惠甚篤。涉獵經籍，善屬文。仕梁爲尚書比部郎，以父憂去職。服闋後，容貌毁瘠，如居喪時。

及陳武帝受禪，爲祕書監，兼尚書左丞。尋以本官兼中書舍人。天嘉中，兼散騎常侍，與中書郎劉師知使齊，著北征道里記三卷。還除太子中庶子。遷御史中丞，坐公事免。後自求宰縣，補新淦令。政尚恩惠，頗有異績。卒於官，文帝贈散騎常侍。文筆十五卷。子椿亦善屬文，位尚書右丞。

德藻弟從簡，少有文情，年十七，作采荷調以刺何敬容，爲當時所賞。位司徒從事中郎。侯景亂，爲任約所害。子兼叩頭流血，乞代父命，以身蔽刃，遂俱見殺，天下痛之。

徐勉字脩仁，東海郯人也。祖長宗，宋武帝霸府行參軍。父融，南昌相。

勉幼孤貧，早勵清節。年六歲，屬霖雨，家人祈霽，率爾爲文，見稱耆宿。及長好學，宗人孝嗣見之歎曰：「此所謂人中之騏驥，必能致千里。」又嘗謂諸子曰：「此人師也，爾等則而行之。」年十八，召爲國子生，便下帷專學，精力無怠。同時儕輩肅而敬之。祭酒王儉每見，常目送之，曰：「此子非常器也。」每稱有宰輔之量。射策甲科，起家王國侍郎，補太學博士。時每有議定，勉理證明允，莫能貶奪，同官咸取則焉。

遷臨海王西中郎田曹行參軍，俄徙署都曹。時琅邪王融一時才儁，特相慕悅，嘗請交焉。勉謂所親曰：「王郎名高望促，難可輕褻衣裾。」融後果陷於法，以此見推識鑒。累遷領軍長史。

初與長沙宣武王游，梁武帝深器賞之，及武帝兵至建鄴，勉於新林謁見，帝甚加恩禮，使管書記。及帝即位，拜中書侍郎，進領中書通事舍人，直内省。遷臨川王後軍諮議、尚書左丞。自掌樞憲，多所糾舉，時論以爲稱職。

天監三年〔一七〕，除給事黄門侍郎，尚書吏部郎，參掌大選。遷侍中。時師方侵魏，候驛填委。勉參掌軍書，劬勞夙夜，動經數旬，乃一還家。羣犬驚吠，勉歎曰：「吾憂國忘家，乃至於此。若吾亡後，亦是傳中一事。」

六年，除給事中、五兵尚書，遷吏部尚書。勉居選官，彝倫有序。既閑尺牘，兼善辭令，雖文案填積，坐客充滿，應對如流，手不停筆。又該綜百氏，皆避其諱。嘗與門人夜集，客有虞暠求詹事五官。勉正色答云：「今夕止可談風月，不宜及公事。」故時人服其無私。天監初，官名互有省置，勉撰立選簿奏之，有詔施用。其制開九品爲十八班，自是貪冒苟進者以財貨取通，守道淪退者以貧寒見没矣。

後爲左衞將軍，領太子中庶子，侍東宫。昭明太子尚幼，敕知宫事，太子禮之甚重，每事詢謀。嘗於殿講孝經，臨川王宏、尚書令沈約備二傅，勉與國子祭酒張充爲執經，王瑩、張稷、柳憕、王暕爲侍講。時選極親賢，妙盡人譽。勉陳讓數四，又與沈約書，求换侍講，詔弗許，然後就焉。舊揚、徐首迎主簿，盡選國華中正，取勉子崧充南徐選首。帝敕之曰：「卿寒士，而子與王志子同迎，偃王以來未之有也。」勉耻以其先爲戲，答旨不恭，由是左遷散騎常侍，領游擊將軍。

後爲太子詹事，又遷尚書右僕射，詹事如故。時人間喪事多不遵禮，朝終夕殯，相尚以速。勉上疏曰：「禮記問喪云：『三日而後斂者，以俟其生也。三日而不生，亦不生矣。』頃來不遵斯制，送終之禮，殯以朞日。潤屋豪家，乃或半晷。衣衾棺槨，以速爲榮。親戚徒隸，各念休反。故屬纊纔畢，灰釘已具。忘狐鼠之顧步，媿燕雀之徊翔，傷情戚理〔一八〕，莫此爲大。且人子承衾之時，志懣心絶，喪事所資，悉關他手。愛憎深淺，事寔難原。如覘視或爽，存没違濫，使萬有其一，怨酷已多，豈不緩其告斂之辰〔一九〕，申其望生之冀。請自今士庶宜悉依古，三日大斂。如其不奉，加以糾繩。」詔可其奏。

又除尚書僕射、中衞將軍。勉以舊恩，繼升重位，盡心奉上，知無不爲。爰自小選迄于此職，常參掌衡石，甚得士心。禁省中事，未嘗漏泄，每有表奏，輒焚藁草。博通經史，多識前載。齊世王儉居職已後，莫有逮者。朝儀國典，昏冠吉凶，勉皆預圖議。

初，勉受詔知撰五禮，普通六年功畢，表上之曰：

夫禮以安上化人，弘風訓俗，經國家，利後嗣者也。唐、虞、三代，咸必由之。在乎有周，憲章尤備，因殷革夏，損益可知。雖復經禮三百，曲禮三千，經文三百，威儀三千，其大歸有五，即宗伯所掌典禮，吉爲上，凶次之，賓次之，軍次之，嘉爲下也。故祠祭不以禮，則不齊不莊；喪紀不以禮，則背死忘生者衆；賓客不以禮，則朝覲失其儀；軍旅不以禮，則致亂於師律；冠昏不以禮，則男女失其時。爲國脩身，於斯攸急。洎周室大壞，王道既衰，官守斯文，日失其序。暴秦滅學，埽地無餘。漢氏鬱興，日不暇給，猶命叔孫於外野，方知帝王之爲貴。末葉紛綸，遞有興毀。及東京曹褒，南宮制述，集其散略，百有餘篇。雖寫以尺簡，而終闕平奏。其後兵革相尋，異端互起，章句既淪，俎豆斯輟。方領矩步之容，事滅於旌鼓；蘭臺石室之典，用盡於帷蓋。至乎晉氏，爰定新禮，荀顗制之於前，摯虞刪之於末。既而中原喪亂，罕有所遺，江左草創，因循而已。釐革之風，是則未暇。

伏惟陛下睿明啓運，光天改物〔二〇〕，撥亂惟武，經俗以文。作樂在乎功成，制禮弘於業定。伏尋所定五禮，起齊永明二年，太子步兵校尉伏曼容表求制一代禮樂。于時參議，置新舊學士十人，止脩五禮，諮稟衞將軍丹陽尹王儉，學士亦分住郡中，制作歷年，猶未克就。及文憲薨，遺文散逸，又以事付國子祭酒何胤，經涉九載，猶復未畢。建武四年，胤還東山，齊明帝敕委尚書令徐孝嗣，舊事本末，隨在南第。永元中，孝嗣於此遇禍，又多零落。當時鳩集所餘，權付尚書左丞蔡仲熊、驍騎將軍何佟之共掌其事。時禮局住在國子學中門外，東昬之時，頻有軍火，其所散失，又踰太半。天監元年，佟之啓審省置之宜，敕使外詳。時尚書參詳，以天地初革，庶務權輿，宜俟隆平，徐議删撰。欲且省禮局，併還尚書儀曹。詔旨云：「禮壞樂缺，故國異家殊，寔宜以時脩定，以爲永準。」於是尚書僕射沈約等參議，請五禮各置舊學士一人，人各自舉學士二人相助，抄撰其中。有疑者依前漢石渠、後漢白虎，隨源以聞，請旨斷決。乃以舊學士右軍記室參軍明山賓掌吉禮，中軍騎兵參軍嚴植之掌凶禮，中軍田曹行參軍兼太常丞賀瑒掌賓禮，征虜記室參軍陸璉掌軍禮，右軍參軍事司馬褧掌嘉禮，尚書右丞何佟之總參其事。佟之亡後，以鎮北諮議參軍伏暅代之。後又以暅代嚴植之掌凶禮。晅尋遷官，以五經博士繆昭掌凶禮。復以禮儀深廣，記載殘缺，宜須博論，共盡其致，更使鎮軍將軍丹陽尹沈約、太常卿張充及臣三人同參厥務，臣又奉别敕總知其事。末又使中書侍郎周捨、庾於陵二人復豫參知。若有疑義，所掌學士當職先立議，通諮五禮舊學士及參知各言同異，條牒啓聞，決之制旨。疑事既多，歲時又積，制旨裁斷，其數不少。莫不網羅經誥，玉振金聲。凡諸奏決，皆載篇首，具列聖旨，爲不刊之則。寧孝宣之能擬，豈孝章之足云。

五禮之職，事有繁簡，及其列畢，不得同時。嘉禮儀注以天監六年五月七日上尚書，合十有二帙，一百一十六卷，五百三十六條。賓禮儀注以天監六年五月二十日上尚書，合十有七帙，一百三十三卷，五百四十五條。軍禮儀注以天監九年十月二十九日上尚書，合十有八帙，一百八十九卷，二百四十條。吉禮儀注以天監十一年十一月十日上尚書，合二十有六帙，二百二十四卷，一千五條。凶禮儀注以天監十一年十一月十七日上尚書，合四十有七帙，五百一十四卷，五千六百九十三條。大凡一百二十帙，一千一百七十六卷，八千一十九條。又列副祕閣及五經典書各一通，繕寫校定，以普通五年二月始獲洗畢。

竊以撰正履禮，歷代罕就，皇明在運，厥功克成。周代三千，舉其盈數，今之八千，隨事附益。質文相變，故其數兼倍，猶如八卦之爻，因而重之，錯綜成六十四也。臣以庸識，謬司其任，淹留歷稔，允當斯責。兼勒成之初，未遑表上，寔由才輕務廣，思力不周，永言慙惕，無忘寤寐。自今春輿駕將親六師，搜尋軍禮，閱其條章，靡不該備，可以懸諸日月，頒之天下者矣。

詔有司案以遵行。

尋加中書令，勉以疾求解內任，詔不許，乃令停下省，三日一朝，有事遣主書論決。患脚轉劇，久闕朝覲，固陳求解[二一]，詔許疾差還省。

勉雖居顯職，不營產業，家無畜積，奉祿分贍親族之貧乏者。門人故舊或從容致言，勉乃答曰：「人遺子孫以財，我遺之清白。子孫才也，則自致輜軿；如不才，終爲佗有。」嘗爲書戒其子崧曰：

吾家本清廉，故常居貧素。至於產業之事，所未嘗言，非直不經營而已。薄躬遭逢，遂至今日，尊官厚祿，可謂備之。每念叨竊若斯，豈由才致，仰藉先門風範及以福慶，故臻此爾。古人所謂「以清白遺子孫，不亦厚乎」。又云「遺子黃金滿籯，不如一經」。詳求此言，信非徒語。吾雖不敏，寔有本志，庶得遵奉斯義，不敢墜失。所以顯貴以來，將三十載，門人故舊，承薦便宜[二二]，或使創闢田園，或勸興立邸店，又欲舳艫運致，亦令貨殖聚斂。若此衆事，皆距而不納。非謂拔葵去織，且欲省息紛紜。

中年聊於東田開營小園者，非存播藝以要利，政欲穿池種樹，少寄情賞。又以郊際閑曠，終可爲宅，儻獲懸車致事，寔欲歌哭於斯。慧日、十住等既應營昏，又須住止。吾清明門宅無相容處，所以爾者，亦復有以。前割西邊施宣武寺，既失西廂，不復方幅，意亦謂此逆旅舍爾，何事須華。常恨時人謂是我宅。古往今來，豪富繼踵，高門甲第，連闥洞房，宛其死矣，定是誰室？但不能不爲培塿之山，聚石移果，雜以花卉，以娱休沐，用託性靈。隨便架立，不存廣大，唯功德處小以爲好，所以內中逼促，無復房宇。近脩東邊兒孫二宅，乃藉十住南還之資，其中所須，猶爲不少。既牽挽不至，又不可中途而輟，郊間之園，遂不辦保，貨與韋黯，乃獲百金。成就兩宅，已消其半。尋園價所得，何以至此？由吾經始歷年，粗已成立，桃李茂密，桐竹成陰，塍陌交通，渠畎相屬。華樓迥榭，頗有臨眺之美；孤峰叢薄，不無糾紛之興。瀆中並饒荇莕〔二三〕，湖裏殊富芰蓮。雖云人外，城闕密邇，韋生欲之，亦雅有情趣。追述此事，非有吝心，蓋是事意所至爾。憶謝靈運山家詩云：「中爲天地物，今成鄙夫有。」吾此園有之二十載，今爲天地物。物之與我，相校幾何哉。此直所餘〔二四〕，今以分汝營小田舍，親累既多，理亦須此。且釋氏之教，以財物謂之外命。外典亦稱「何以聚人曰財」。況汝常情，安得忘此。聞汝所買湖熟田地，甚爲舄鹵，彌復可安〔二五〕，所以如此，非物競故也。雖事異寢丘，聊可髣髴。孔子曰：「居家理事，可移於官。」既已營之，宜使成立，進退兩亡，更貽耻笑。若有所收獲，汝可自分贍内外大小，宜令得所，非吾所知，又復應霑之諸女爾。汝既居長，故有此及。

凡爲人長，殊復不易，當使中外諧緝，人無間言，先物後己，然後可貴。老生云：「後其身而身先。」若能爾者，更招巨利。汝當自勗，見賢思齊，不宜忽略以棄日也。棄日乃是棄身，身名美惡，豈不大哉，可不慎歟！今之所敕，略言此意。政謂爲家以來，不事資産，暨立墅舍，似乖舊業，陳其始末，無愧懷抱。兼吾年時朽暮，心力稍單，牽課奉公，略不克舉，其中餘暇，裁可自休。或復冬日之陽，夏日之陰，良辰美景，文案間隟，負杖躡履，逍遥陋館，臨池觀魚，披林聽鳥，濁酒一杯，彈琴一曲，求數刻之暫樂，庶居常以待終，不宜復勞家間細務。汝交關既定，此書又行，凡所資須，付給如别。自兹以後，吾不復言及田事，汝亦勿復與吾言之。假使堯水湯旱，豈如之何。若其滿庾盈箱，爾之幸遇，如斯之事過〔二六〕，並無俟令吾知也。記云：「夫孝者善繼人之志，善述人之事。」今且望汝全吾此志，則無所恨矣。

普通末，武帝自筭擇後第二子悱卒，痛悼甚至，不欲久廢王務，乃爲答客以自喻焉。

宫吴聲、西曲女妓各一部，並華少，賚勉，因此頗好聲酒。祿奉之外，月别給錢十萬，信遇之深，故無與匹。

中大通中，又以疾自陳，移授特進、右光祿大夫、侍中、中衛將軍，置佐史，扶如故〔二七〕。增親信四十人。兩宫參問，冠蓋結轍。有敕每欲臨幸，勉以拜伏有虧，頻啓停出，詔許之，遂停輿駕。及卒，帝聞而流涕。即日車駕臨殯，贈右光祿大夫、開府儀同三司。皇太子亦舉哀朝堂。有司奏謚「居敬行簡曰簡」，帝益「執心決斷曰肅」，因謚簡肅公。勉雖骨鯁不及范雲，亦不阿意苟合，後知政事者莫及，梁世之言相者稱范、徐云。

善屬文，勤著述，雖當機務，下筆不休。常以起居注煩雜，乃撰爲流别起居注六百六十卷〔二八〕，左丞彈事五卷。在選曹，撰選品三卷〔二九〕。齊時撰太廟祝文二卷。以孔、釋二教殊途同歸，撰會林五十卷。凡所著前後二集五十卷，又爲人章表集十卷〔三〇〕。

大同三年，故佐史尚書左丞劉覽等詣闕陳勉行狀，請刊石紀德，即降詔立碑於墓焉。

悱字敬業，幼聰敏，能屬文，位太子舍人，掌書記。累遷洗馬，中舍人，猶管書記。出入宫坊者歷稔。以足疾出爲湘東王友，俄遷晉安内史。

許懋字昭哲，高陽新城人，魏鎮北將軍允九世孫也。五世祖詢，晉徵士。祖珪，宋給事，著作郎，桂陽太守〔三〕。父勇慧，齊太子家令，冗從僕射。

懋少孤，性至孝，居父憂執喪過禮。篤志好學，爲州黨所稱。十四入太學，受毛詩，旦領師説，晚而覆講，坐下聽者常數十百人，因撰風雅比興義十五卷，盛行於時。尤明故事，稱爲儀注學。

起家後爲豫章王行參軍〔三〕，轉法曹。舉秀才，遷驃騎大將軍儀同中記室。文惠太子聞而召之，侍講於崇明殿。後兼國子博士，與司馬褧同志友善。僕射江祏甚推重之，號爲經史笥。

梁天監初，吏部尚書范雲舉懋參詳五禮，除征西鄱陽王諮議參軍，兼著作郎，待詔文德省。時有請會稽封禪者，武帝因集儒學士草封禪儀，將行焉，懋建議獨以爲不可。帝見其議，嘉納之，由是遂停。十年，轉太子家令。凡諸禮儀，多所刊正。以足疾，出爲始平太守，政有能名。加散騎常侍，轉天門太守。中大通三年，皇太子召與諸儒録長春義記。四年，拜中庶子。是歲卒。撰述行記四卷，有集十五卷。子亨。

亨字亨道，少傳家業，孤介有節行。博通羣書，多識前代舊事，甚爲南陽劉之遴所重。

梁太清初，爲西中郎記室，兼太常丞。侯景之亂，避地郢州。會梁邵陵王自東至，引爲諮議參軍。王僧辯之襲郢州，素聞其名，召爲儀同從事中郎。遷太尉從事中郎，與吳興沈炯對掌書記，府政朝務，一以委之。晉安王承制，授給事黄門侍郎。

陳武帝受禪，爲太中大夫，領大著作，知梁史事。初僧辯之誅也，所司收僧辯及其子頠屍，於方山同坎埋瘞，至是無敢言者，亨以故吏抗表請葬之。與故義徐陵、張種、孔奐等相率以家財營葬，凡七柩，皆改窆焉。

光大中，宣帝入輔，以亨貞正有古人風，甚相欽重，常以師禮事之。及到仲舉之謀出宣帝，宣帝問亨，亨勸勿奉詔。宣帝即位，拜衞尉卿。卒於官。

亨初撰齊書并志五十卷，遇亂亡失。後撰梁史，成者五十八卷。梁太清之後，所製文筆六卷。子善心，位尚書度支侍郎。

殷鈞字季和，陳郡長平人，晉荆州刺史仲堪五世孫也。曾祖元素，宋南康相，坐元凶事誅。元素娶尚書僕射琅邪王僧朗女，生子寧早卒，寧遺腹生子叡，亦當從戮，僧朗啓孝武救之得免。叡有口辯，司徒褚彦回甚重之，謂曰：「諸殷自荆州以來無出卿。」叡斂容答曰：「殷族衰悴，誠不如昔，若此旨爲虚，故不足降，此旨爲實，彌不可聞。」仕齊歷司徒從事中郎。叡妻琅邪王奂女，奂爲雍州刺史，啓叡爲府長史。奂誅，叡亦見害。

鈞九歲以孝聞，及長，恬靜簡交游，好學有思理，善隸書，爲當時楷法。南鄉范雲、樂安任昉並稱美之。梁武帝與叡少故舊，以女永興公主妻鈞，拜駙馬都尉。歷祕書丞，在職啓校定祕閣四部書，更爲目録。又受詔料檢西省法書古迹，列爲品目。累遷侍中，東宫學士。

自宋、齊以來，公主多驕淫無行，永興主加以險虐。鈞形貌短小，爲主所憎，每被召入，先滿壁爲殷叡字，鈞輒流涕以出，主命婢束而反之。鈞不勝怒而言於帝，帝以犀如意擊主，碎於背，然猶恨鈞。

自侍中出爲王府諮議，後爲明威將軍、臨川内史。鈞體羸多疾，閉閤卧理，而百姓化其德，劫盜皆奔出境。嘗禽劫帥，不加考掠，和言誚責〔三〕。劫帥稽顙乞改過，鈞便命遣之，後遂爲善人。郡舊多山瘧，更暑必動，自鈞在任，郡境無復瘧疾。

母憂去職，居喪過禮，昭明太子憂之，手書誡喻。服闋，爲散騎常侍，領步兵校尉，侍東宫。改領中庶子，後爲國子祭酒。卒，謚貞。二子構、渥。鈞宗人芸。

芸字灌蔬，倜儻不拘細行，然不妄交游，門無雜客。勵精勤學，博洽羣書。幼而廬江何憲見之，深相歎賞。天監中，位祕書監、司徒左長史。後直東宮學士省，卒。

論曰：范懋賓之德美，傅茂遠之清令，孔休源之政事，江休映之彊直，並加之以學植，飾之以文采，其所以取高時主，豈徒然哉。徐勉少而勵志，發憤忘食，脩身慎行，運屬興王，依光日月，致位公輔，提衡端執，時無異議，爲梁氏宗臣，信爲美矣。許懋業藝，以經笥見推，亨懷道好古，以博覽歸譽，其所以折議封禪，求葬僧辯，正直存焉，豈唯文義而已。古人云「仁者有勇」，斯言近之。殷鈞德業自居，又加之以政績，文質斌斌，亦足稱也。

校勘記

〔一〕范公好事該博　「好事」，通志卷一四二作「故事」。

〔二〕固欲致昭　「固」，梁書卷二六傅昭傳作「因」。

〔三〕披其帷其人斯在　「帷」，原作「室」，據梁書卷二六傅昭傳、御覽卷七〇〇引宋書、册府卷六八七、通志卷一四二改。

〔四〕有人夜見甲兵出　「見」，梁書卷二六傅昭傳、通志卷一四二作「夢見」。

〔五〕父佩齊通直郎　「佩」，梁書卷三六孔休源傳、册府卷七五三作「珮」。

〔六〕正有赤倉米飯　「正」，南監本、北監本、殿本作「止」。

〔七〕性縝密　「縝密」，梁書卷三六孔休源傳、册府卷四六二、通志卷一四一作「慎密」。

〔八〕長子雲章頗有父風　「雲章」，梁書卷三六孔休源傳、通志卷一四一作「雲童」。

〔九〕少子宗範聰敏有識度　「宗範」，梁書卷三六孔休源傳作「宗軌」。按御覽卷三九九引陳書記陳武帝受禪當夜異事，有「黄門侍郎孔宗範」其人，不見於今本陳書。

〔一〇〕面陳革墮事好酒　「陳」，原作「諫」，據北監本、殿本及通志卷一四二改。

〔一一〕江革年六十　「年」，汲本及梁書卷三六江革傳、册府卷七五八、通志卷一四二作「行年」。

〔一二〕時帝惑於佛教　「惑」，梁書卷三六江革傳、册府卷八二一作「盛」。

〔一三〕以此告革及諸貴遊　梁書卷三六江革傳作「以此告江革，并及諸貴遊」。按馬宗霍校證：梁書「五字爲句。疑兩句亦詩中語，南史删去兩字，便爲敍述語」。

〔一四〕革乃省游軍尉　「乃」，梁書卷三六江革傳作「反」。

〔一五〕我得江革文得革清貧　「文」，南監本、北監本、殿本作「又」。梁書卷三六江革傳、通志卷一四二作「我得江革，文華清麗」，此句疑有訛誤。

〔一六〕長子行敏早卒　「行」字原脱，據梁書卷三六江革傳、通志卷一四二補。

〔一七〕天監三年　「三年」，梁書卷二五徐勉傳作「二年」。

〔一八〕傷情戚理　「戚」，北監本、殿本及册府卷五七九作「滅」。

〔一九〕豈不緩其告斂之辰　「豈不」，梁書卷二五徐勉傳作「豈若」。

〔二〇〕光天改物　「光天」，梁書卷二五徐勉傳作「先天」。

〔二一〕固陳求解　「陳求」二字原互倒，據梁書卷二五徐勉傳、册府卷四六一乙正。

〔二二〕門人故舊承薦便宜　「承」，梁書卷二五徐勉傳、册府卷八一七作「亟」。按真大成中古史書校證：「『承』爲『亟』之訛字，『亟』謂屢次、經常。」

〔二三〕瀆中並饒苻葰　「苻葰」，梁書卷二五徐勉傳、册府卷八一七作「菰蔣」。

〔二四〕此直所餘　「直」，梁書卷二五徐勉傳、通志卷一四二作「吾」。

〔二五〕彌復可安　「可」，梁書卷二五徐勉傳作「何」。

〔二六〕如斯之事過　梁書卷二五徐勉傳、册府卷八一七無「過」字。

〔二七〕置佐史扶如故　「扶」，梁書卷二五徐勉傳作「餘」。

〔二八〕乃撰爲流別起居注六百六十卷　「六百六十卷」，梁書卷二五徐勉傳、册府卷五六〇作「六百卷」。

〔二九〕在選曹撰選品三卷　「三卷」，梁書卷二五徐勉傳、册府卷六〇七、通志卷一四二作「五卷」。

〔三〇〕又爲人章表集十卷　梁書卷二五徐勉傳作「又爲婦人集十卷」。

〔三一〕祖珪宋給事著作郎桂陽太守　「給事」，梁書卷四〇許懋傳、陳書卷三四許亨傳作「給事中」。

〔三二〕起家後爲豫章王行參軍　「後爲」，梁書卷四〇許懋傳、通志卷一四二作「後軍」。按南齊書卷二二豫章王嶷傳，嶷未嘗爲後軍將軍。又下文云懋「轉法曹。舉秀才，遷驃騎大將軍儀同中記室」。據嶷傳，齊高帝建元元年，遷驃騎大將軍、開府儀同三司，則許懋所任仍爲蕭嶷府佐。作「後軍」誤。

〔三三〕不加考掠和言誚責　「和」，原作「所」，據北監本、殿本及梁書卷二七殷鈞傳、册府卷六七六、通志卷一四二改。

南史卷六十一

列傳第五十一

陳伯之 陳慶之 子昕 暄 蘭欽

陳伯之，濟陰睢陵人也。年十三四，好著獺皮冠，帶刺刀，候鄰里稻熟，輒偷刈之。嘗爲田主所見，呵之曰：「楚子莫動！」伯之曰：「君稻幸多，取一擔何苦。」田主將執之。因拔刀而進，曰：「楚子定何如！」田主皆反走，徐擔稻而歸。及年長，在鍾離數爲劫盜，嘗援面覘人船〔一〕，船人斫之，獲其左耳。後隨鄉人車騎將軍王廣之，廣之愛其勇，每夜臥下榻，征伐常將自隨。頻以戰功，累遷驃騎司馬，封魚復縣伯。

梁武起兵，東昏假伯之節，督前驅諸軍事、豫州刺史，轉江州，據尋陽以拒梁武。郢城平，武帝使說伯之，即以爲江州刺史。子武牙爲徐州刺史〔二〕。伯之雖受命，猶懷兩端。

帝及其猶豫逼之，伯之退保南湖，然後歸附，與衆軍俱下。建康城未平，每降人出，伯之輒喚與耳語。帝疑其復懷翻覆，會東昏將鄭伯倫降，帝使過伯之，謂曰：「城中甚忿卿，欲遣信誘卿，須卿降，當生割卿手脚。卿若不降，復欲遣刺客殺卿。」伯之大懼，自是無異志矣。城平，封豐城縣公，遣之鎮。

伯之不識書，及還江州，得文牒辭訟，唯作大諾而已。有事，典籤傳口語，與奪決於主者。

伯之與豫章人鄧繕、永興人戴承忠並有舊〔三〕，繕經藏伯之息免禍，伯之尤德之。及在州，用繕爲別駕，承忠爲記室參軍。河南褚緭，都下之薄行者，武帝即位，頻造尚書范雲。雲不好緭，堅拒之。緭益怒，私語所知曰：「建武以後，草澤底下悉成貴人，吾何罪而見棄。今天下草創，喪亂未可知。陳伯之擁强兵在江州，非代來臣，有自疑之意。且復熒惑守南斗，詎非爲我出？今者一行，事若無成，入魏，何减作河南郡。」於是投伯之書佐王思穆事之，大見親狎。及伯之鄉人朱龍符爲長流參軍，並乘伯之愚闇，恣行姦險。

伯之子武牙時爲直閤將軍，武帝手疏龍符罪親付武牙，武牙封示伯之。帝又遣代江州別駕鄧繕，伯之並不受命，曰：「龍符健兒，鄧繕在事有績。臺所遣別駕，請以爲中從事。」繕於是日夜説伯之云：「臺家府庫空竭，無復器仗，三倉無米。此萬世一時，機不可失。」縉、承忠等每贊成之。伯之謂縉：「今段啓卿，若復不得，便與卿共下。」使反，武帝敕部内一郡處縉。伯之於是集府州佐史，謂曰：「奉齊建安王教，率江北義勇十萬已次六合，見使以江州見力運糧速下。我荷明帝厚恩，誓以死報。」使縉詐爲蕭寶寅書以示僚佐，於聽事前爲壇，殺牲以盟。伯之先歃，長史以下次第歃。縉説伯之：「今舉大事，宜引人望。程元沖不與人同心；臨川内史王觀，僧虔之孫，人身不惡，可召爲長史，以代元沖。」伯之從之，仍以縉爲尋陽太守，承忠輔義將軍，龍符豫州刺史。

豫章太守鄭伯倫起郡兵拒守。程元沖既失職，於家合率數百人，使伯之典籤吕孝通、戴元則爲内應。伯之每旦常作伎，日晡輒卧，左右仗身皆休息。元沖因其解弛，從北門入，徑至聽事前。伯之聞叫，自率出盪。元沖力不能敵，走逃廬山。

伯之遣使還報武牙兄弟，武牙等走盱台，盱台人徐文安、莊興紹、張顯明邀擊之〔四〕，不能禁，反見殺。武帝遣王茂討伯之，敗走，間道亡命出江北，與子武牙及褚緭俱入魏。魏以伯之爲使持節、散騎常侍、都督淮南諸軍事、平南將軍、光禄大夫、曲江縣侯。

天監四年，詔太尉臨川王宏北侵，宏命記室丘遲私與之書曰：

陳將軍足下，無恙，幸甚，幸甚。將軍勇冠三軍，才爲世出。棄燕雀之毛羽，慕鴻鵠以高翔。昔因機變化，遭遇時主，立功立事，開國稱孤，朱輪華轂，擁旄萬里，何其壯也！如何一旦爲奔亡之虜，聞鳴鏑而股戰，對穹廬以屈膝，又何劣邪？尋君去就之際，非有他故，直以不能内審諸己，外受流言，沈迷猖蹶，以至於此。

聖朝赦罪責功，棄瑕録用，推赤心於天下，安反側於萬物，此將軍之所知，非假僕一二談也。昔朱鮪涉血於友于，張繡傳刃於愛子，漢主不以爲疑，魏君待之若舊。況將軍無昔人之罪，而勳重於當代。夫迷塗知反，往哲是與，不遠而復，先典攸高。主上屈法申恩，吞舟是漏。將軍松柏不翦，親戚安居，高堂未傾，愛妾尚在。悠悠爾心，亦何可言。當今功臣名將，鴈行有序，佩紫懷黄，讚帷幄之謀，乘軺建節，奉疆埸之任。並刑馬作誓，傳之子孫。將軍獨靦顔借命，驅馳氈裘之長，寧不哀哉！

夫以慕容超之强，身送東市，姚泓之盛，面縛西都。故知霜露所均，不育異類，姬漢舊邦，無取雜種。北虜僭號中原，多歷年所，惡積禍盈，理至焦爛。況僞孽昏狡，自相夷戮，部落攜離，酋豪猜貳。方當係頸蠻邸，縣首藁街。而將軍魚游於沸鼎之中，燕巢於飛幕之上，不亦惑乎！

暮春三月，江南草長，雜花生樹，羣鸎亂飛。見故國之旗鼓，感生平於疇日，撫絃登陴，豈不愴悢。所以廉公之思趙將，吴子之泣西河，人之情也，將軍獨無情哉？想早勵良規，自求多福。

當今皇帝盛明，天下安樂，白環西獻，楛矢東來，夜郎、滇池解辮請職，朝鮮、昌海蹶角受化；唯北狄野心，掘强沙塞之間，欲延歲月之命耳。中軍臨川殿下，明德茂親，總兹戎重，方弔人洛汭，伐罪秦中，若遂不改，方思僕言。聊布往懷，君其詳之。」伯之得書，乃於壽陽擁衆八千歸降。武牙爲魏人所殺。

伯之既至，以爲平北將軍、西豫州刺史、永新縣侯。未之任，復爲驍騎將軍，又爲太中大夫。久之，卒於家。其子猶有在魏者。

褚緭在魏，魏人欲用之。魏元會，緭戲爲詩曰：「帽上著籠冠，袴上著朱衣。不知是今是，不知非昔非。」魏人怒，出爲始平太守。日日行獵，墮馬而死。

陳慶之字子雲，義興國山人也。幼隨從梁武帝。帝性好碁，每從夜至旦不輟，等輩皆寐，唯慶之不寢，聞呼即至，甚見親賞。從平建鄴，稍爲主書，散財聚士，恒思立效。除奉朝請。

普通中，魏徐州刺史元法僧於彭城求入内附，以慶之爲武威將軍，與胡龍牙、成景儁率諸軍應接。還除宣猛將軍、文德主帥，仍率軍送豫章王綜入鎮徐州。魏遣安豐王元延明、臨淮王元彧率衆十萬來拒〔五〕。延明先遣其別將丘大千觀兵近境，慶之擊破之。後豫章王棄軍奔魏，慶之乃斬關夜退，軍士獲全。

普通七年，安西將軍元樹出征壽春，除慶之假節、總知軍事。魏豫州刺史李憲遣其子長鈞別築兩城相拒，慶之攻拔之，憲力屈遂降，慶之入據其城。轉東宮直閤。

大通元年，隸領軍曹仲宗伐渦陽，魏遣常山王元昭等東援〔六〕，前軍至駞澗，去渦陽四十里。韋放曰：「賊鋒必是輕鋭，戰捷不足爲功；如不利，沮我軍勢，不如勿擊。」慶之曰：「魏人遠來，皆已疲倦，須挫其氣，必無不敗之理。」於是與麾下五百騎奔擊〔七〕，破其前軍，魏人震恐。慶之還共諸將連營西進〔八〕，據渦陽城〔九〕，與魏相持，自春至冬，各數十百戰。師老氣衰，魏之援兵復欲築壘於軍後。仲宗等恐腹背受敵，謀退。慶之杖節軍門，曰：「須虜圍合，然後與戰；若欲班師，慶之別有密敕。」仲宗壯其計，乃從之。魏人掎角作十三城，慶之陷其四壘。九城兵甲猶盛，乃陳其俘馘，鼓譟攻之，遂奔潰，斬獲略盡，渦水咽流。詔以渦陽之地置西徐州。衆軍乘勝前頓城父。武帝嘉焉，手詔慰勉之。

大通初，魏北海王元顥來降，武帝以慶之爲假節、飈勇將軍，送顥還北。顥於渙水即魏帝號，授慶之前軍大都督。自銍縣進，遂至睢陽。魏將丘大千有衆七萬，分築九壘以拒。慶之自旦至中〔一〇〕，攻陷其三，大千乃退。

時魏濟陰王元徽業率羽林庶子二萬人來救梁、宋〔一二〕，進屯考城。慶之攻陷其城，禽徽業，仍趣大梁。顥進慶之徐州刺史、武都郡王〔一三〕，仍率衆而西。

魏左僕射楊昱等率御仗羽林宗子庶子衆七萬據滎陽拒顥，兵强城固，魏將元天穆大軍復將至，先遣其驃騎將軍爾朱兆、騎將魯安等援楊昱，又遣右僕射爾朱世隆、西荆州刺史王羆據虎牢。時滎陽未拔，士衆皆恐。慶之乃解鞍秣馬，宣喻衆曰：「我等纔有七千，賊衆四十餘萬。今日之事，義不圖存，須平其城壘。」一鼓悉使登城，壯士東陽宋景休、義興魚天愍踰堞而入，遂剋之。俄而魏陣外合，慶之率精兵三千大破之。魯安於陣乞降，天穆、兆單騎獲免。進赴虎牢，爾朱世隆棄城走。魏孝莊出居河北。其臨淮王彧、安豐王延明率百僚備法駕迎顥入洛陽宮，御前殿，改元大赦。顥以慶之爲車騎大將軍。

魏上黨王元天穆又攻拔大梁，分遣王老生、費穆據虎牢，刁宣、刁雙入梁、宋，慶之隨方掩襲，並降，天穆與十餘騎北度河。慶之麾下悉著白袍，所向披靡。先是洛中謡曰：「名軍大將莫自牢，千兵萬馬避白袍。」自發銍縣至洛陽，十四旬平三十二城，四十七戰，所向無前。

初，魏莊帝單騎度河，宮衛嬪侍無改於常。顥既得志，荒于酒色，不復視事，與安豐、臨淮計將背梁，以時事未安，且資慶之力用。慶之心知之，乃説顥曰：「今遠來至此，未伏尚多，宜啓天子，更請精兵；并勒諸州有南人没此者，悉須部送。」顥欲從之，元延明説顥曰：「慶之兵不出數千，已自難制，今更增其衆，寧肯爲用？魏之宗社，於斯而滅。」顥由是疑慶之，乃密啓武帝停軍。洛下南人不出一萬，魏人十倍。軍副馬佛念言於慶之曰：「勳高不賞，震主身危，二事既有，將軍豈得無慮？今將軍威震中原，聲動河塞，屠顥據洛，則千載一時。」慶之不從。顥前以慶之爲徐州刺史，因求之鎮，顥心憚之，遂不遣。

魏將爾朱榮、爾朱世隆、元天穆、爾朱兆等衆號百萬，挾魏帝來攻顥。顥據洛陽六十五日，凡所得城一時歸魏，慶之度河守北中郎城。三日十一戰，傷殺甚衆。榮將退還，時有善天文人劉靈助謂榮曰：「不出十日，河南大定。」榮乃爲栰濟自硤石，與顥戰於河橋。顥大敗，走至臨潁被禽，洛陽復入魏。慶之馬步數千結陣東反，榮親自來追，軍人死散。慶之乃落鬚髮爲沙門，間行至豫州，州人程道雍等潛送出汝陰。至都，仍以功除右衛將軍，封永興侯。

出爲北兗州刺史、都督緣淮諸軍事。會有祅賊沙門僧强自稱爲帝，土豪蔡伯寵起兵應之〔一三〕，攻陷北徐州。詔慶之討焉。慶之斬伯寵、僧强，傳其首。

中大通二年，除南北司二州刺史，加都督。慶之至鎮，遂圍縣瓠，破魏潁州刺史婁起、揚州刺史是云寶於溱水〔一四〕。又破行臺孫騰、豫州刺史堯雄、梁州刺史司馬恭於楚城。罷義陽鎮兵，停水陸轉運〔一五〕，江湘諸州並得休息。開田六千頃，二年之後，倉廩充實。又表省南司州，復安陸郡，置上明郡。

大同二年，魏遣將侯景攻下楚州，執刺史桓和。景仍進軍淮上，慶之破之。時大寒雪，景棄輜重走。是歲豫州飢，慶之開倉振給，多所全濟。州人李昇等八百人表求樹碑頌德，詔許焉。五年卒，謚曰武。

慶之性祇慎，每奉詔敕，必洗沐拜受。儉素不衣紈綺，不好絲竹。射不穿札，馬非所便，而善撫軍士，能得其死力。長子昭嗣。

梁世寒門達者唯慶之與俞藥，藥初爲武帝左右，帝謂曰：「俞氏無先賢，世人云『俞錢』，非君子所宜，改姓喻。」藥曰：「當令姓自於臣。」歷位雲旗將軍，安州刺史。

慶之第五子昕字君章，七歲能騎射。十二隨父入洛，遇疾還都，詣鴻臚卿朱异。异訪北間事，昕聚土畫城〔一六〕，指麾分別，异甚奇之。

慶之在縣瓠，魏驍將堯雄子寶樂特爲敢勇〔一七〕，求單騎校戰，昕躍馬直趣寶樂，雄即潰散。後爲臨川太守。

太清二年，侯景圍歷陽，敕召昕還。昕啓云：「採石急須重鎮，王質水軍輕弱，恐虜必濟〔一八〕。」乃板昕爲雲騎將軍代質，未及下渚，景已度江，爲景所禽。令收集部曲將用之，昕誓而不許。景使其儀同范桃棒嚴禁之，昕因說桃棒令率所領歸降，襲殺王偉、宋子仙。桃棒許之。遂立盟射城中，遣昕夜縋而入。武帝大喜，敕即受降。簡文遲疑，累日不決。外事泄，昕弗之知，猶依期而下。景邀得之，逼昕令更射書城中，云「桃棒且輕將數十人先入」。景欲裹甲隨之。昕不從，遂見害。

少弟暄，學不師受，文才俊逸。尤嗜酒，無節操，偏歷王公門，沈湎諠譊，過差非度。其兄子秀常憂之，致書於暄友人何胥，冀以諷諫。暄聞之，與秀書曰：

旦見汝書與孝典，陳吾飲酒過差。吾有此好五十餘年，昔吴國張長公亦稱耽嗜，吾見張時，伊已六十，自言引滿大勝少年時。吾今所進亦多於往日。老而彌篤，唯吾與張季舒耳。吾方與此子交歡於地下，汝欲夭吾所志邪？昔阮咸、阮籍同遊竹林，宣子不聞斯言。王湛能玄言巧騎，武子呼爲癡叔。何陳留之風不嗣，太原之氣巋然，翻成可怪！

吾既寂漠當世，朽病殘年，産不異於顔原，名未動於卿相，若不日飲醇酒，復欲安歸？汝以飲酒爲非，吾以不飲酒爲過。昔周伯仁度江唯三日醒，吾不以爲少；鄭康成一飲三百盃，吾不以爲多。然洪醉之後，有得有失。成厮養之志，是其得也；使次公之狂，是其失也。吾常譬酒之猶水，亦可以濟舟，亦可以覆舟。故江諮議有言：「酒猶兵也，兵可千日而不用，不可一日而不備。酒可千日而不飲，不可一飲而不醉。」美哉江公，可與共論酒矣。汝驚吾墮馬侍中之門，陷池武陵之第，徧布朝野，自言焦悚。「丘也幸，苟有過，人必知之」。吾生平所願，身没之後，題吾墓云「陳故酒徒陳君之神道」。若斯志意，豈避南征之不復，賈誼之慟哭者哉。何水曹眼不識盃鐺，吾口不離瓢杓，汝寧與何同日而醒，與吾同日而醉乎？政言其醒可及，其醉不可及也。速營糟丘，吾將老焉。爾無多言，非爾所及。

暄以落魄不爲中正所品，久不得調。陳天康中，徐陵爲吏部尚書〔一九〕，精簡人物，縉紳之士皆嚮慕焉。暄以玉帽簪插髻，紅絲布裹頭，袍拂踝，靴至膝，不陳爵里，直上陵坐。陵不之識，命吏持下。暄徐步而出，舉止自若，竟無怍容。作書謗陵，陵甚病之。

後主之在東宫，引爲學士。及即位，遷通直散騎常侍，與義陽王叔達、尚書孔範、度支尚書袁權、侍中王瑳、金紫光禄大夫陳褒、御史中丞沈瓘、散騎常侍王儀等恒入禁中陪侍游宴，謂爲狎客。暄素通脱，以俳優自居，文章諧謬，語言不節，後主甚親昵而輕侮之。嘗倒縣于梁，臨之以刃，命使作賦，仍限以晷刻。暄援筆即成，不以爲病，而傲弄轉甚。後主稍不能容，後遂摶艾爲帽，加于其首，火以爇之，然及於髮，垂泣求哀，聲聞于外而弗之釋。會衞尉卿柳莊在坐，遽起撥之，拜謝曰：「陳暄無罪，臣恐陛下有翫人之失，輒矯赦之。造次之愆，伏待刑憲。」後主素重莊，意稍解，敕引暄出，命莊就坐。經數日，暄發悸而死。

蘭欽字休明，中昌魏人也〔一〇〕。幼而果決，趫捷過人。宋末隨父子雲在洛陽，恒於市騙橐駞。後子雲還南，梁天監中以軍功至冀州刺史。欽兼文德主帥，征南中五郡諸洞反者，所至皆平。

欽有謀略，勇決善戰，步行日二百里，勇武過人。善撫馭，得人死力。以軍功封安懷縣男。累遷都督、梁南秦二州刺史，進爵爲侯。

征梁、漢，事平，進號智武將軍。改授都督、衡州刺史。未及述職，會西魏攻圍南鄭，梁州刺史杜懷寶來請救，欽乃大破魏軍，追入斜谷，斬獲略盡。魏相安定公遣致馬二千疋，請結鄰好。欽百日之中再破魏軍，威振鄰國。詔加散騎常侍，仍令述職。

經廣州，因破俚帥陳文徹兄弟，並禽之。至衡州，進號平南將軍，改封曲江縣公。在州有惠政，吏人詣闕請立碑頌德，詔許焉。

後爲廣州刺史。前刺史新渝侯暎之薨，南安侯恬權行州事，冀得即真。及聞欽至嶺，厚貨廚人，塗刀以毒，削瓜進之，欽及愛妾俱死。帝聞大怒，檻車收恬，削爵土。

欽子夏禮，侯景至歷陽，率其部曲邀景，兵敗死之。

論曰：陳伯之雖輕狡爲心，而勇勁自立，其累至爵位，蓋有由焉。及喪亂既平，去就不已，卒得其死，亦爲幸哉。慶之初同鷰雀之游，終懷鴻鵠之志，及乎一見任委，長驅伊、洛。前無强陣，攻靡堅城，雖南風不競，晚致傾覆，其所剋捷，亦足稱之。蘭欽戰有先鳴，位非虛受，終逢鴆毒，唯命也夫。

校勘記

〔一〕嘗援面覘人船　「援」，梁書卷二〇陳伯之傳作「授」。

〔二〕子武牙爲徐州刺史　「武牙」，梁書卷二〇陳伯之傳作「虎牙」，此避唐諱而改。

〔三〕伯之與豫章人鄧繕永興人戴承忠並有舊　「戴承忠」，梁書卷二〇陳伯之傳、册府卷八六五宋本、卷九五五、通鑑卷一四五梁紀一天監元年作「戴永忠」。

〔四〕盱台人徐文安莊興紹張顯明邀擊之　「徐文安」，梁書卷二〇陳伯之傳作「徐安」。

〔五〕魏遣安豐王元延明臨淮王元彧率衆十萬來拒　「十萬」，梁書卷三二陳慶之傳、册府卷三六八作「二萬」。

〔六〕隷領軍曹仲宗伐渦陽魏遣常山王元昭等東援　「曹」上原衍「曾」字，據梁書卷三二陳慶之傳、通志卷一四二删。「東」，梁書、通典卷一五六、御覽卷二八七引梁書、册府卷三六三、通志作「來」。

〔七〕於是與麾下五百騎奔擊　「五百」，梁書卷三二陳慶之傳、册府卷三六三、通鑑卷一五一梁紀七大通元年作「二百」。

〔八〕慶之還共諸將連營西進　「西」，梁書卷三二陳慶之傳、通鑑卷一五一梁紀七大通元年作「而」。

〔九〕據渦陽城　「渦陽城」，原作「濡陽城」，據北監本、殿本及梁書卷三二陳慶之傳、通志卷一四二改。

〔一〇〕慶之自旦至中　「中」，梁書卷三二陳慶之傳、通鑑卷一五三梁紀九中大通元年、通志卷一四二作「申」。

〔一一〕時魏濟陰王元徽業率羽林庶子二萬人來救梁宋　「徽業」，按魏書卷一九上景穆十二王上濟陰王小新成傳附傳，其人名「暉業」。

〔一二〕顥進慶之徐州刺史武都郡王　「武都郡王」，梁書卷三二陳慶之傳作「武都公」。

〔一三〕土豪蔡伯寵起兵應之　「蔡伯寵」，梁書卷三二陳慶之傳、册府卷三五二、卷六九四、通鑑卷一五三梁紀九中大通元年作「蔡伯龍」。

〔一四〕破魏潁州刺史婁起揚州刺史是云寶於溱水　「是云寶」，原作「是玄寶」，據梁書卷三二陳慶之傳改。魏書卷一一三官氏志有是云氏。

〔一五〕停水陸轉運　「陸」字原脱，據梁書卷三二陳慶之傳、通志卷一四二補。

〔一六〕昕聚土畫城　「城」，梁書卷三二陳慶之傳附陳昕傳、册府卷七七四作「地」。

〔一七〕魏驍將堯雄子寶樂特爲敢勇　「子」，梁書卷三二陳慶之傳附陳昕傳、册府卷三九五作「兄子」。

〔一八〕王質水軍輕弱恐虜必濟　「恐虜必濟」，梁書卷三二陳慶之傳附陳昕傳作「恐慮不濟」。

〔一九〕陳天康中徐陵爲吏部尚書　「天康」，原作「太康」，據陳書卷二六徐陵傳改。

〔二〇〕中昌魏人也　按錢大昕考異卷二六：「按南齊書州郡志，梁州有東昌魏郡，又新城郡有昌魏縣，初不見『中昌魏』之名。」考宋書卷三七州郡志三：「新城太守，故屬漢中，魏文帝分立，屬荆州。江左還本。領縣六。」其中「昌魏令，魏立」。知昌魏縣爲漢中郡所轄，此句上疑脱「漢」字。

南史卷六十二

列傳第五十二

賀瑒 子革 弟子琛　司馬褧　朱异　顧協　徐摛 子陵 陵子儉 份 儀 陵弟孝克　鮑泉 鮑行卿 行卿弟客卿

賀瑒字德璉，會稽山陰人，晉司空循之玄孫也。世以儒術顯。伯祖道養工卜筮，經遇工歌女人病死，爲筮之，曰：「此非死也，天帝召之歌耳。」乃以土塊加其心上，俄頃而蘇。祖道力善三禮，有盛名，仕宋爲尚書三公郎，建康令。父損亦傳家業。

瑒少聰敏，齊時沛國劉瓛爲會稽府丞，見瑒深器異之。嘗與俱造吳郡張融，指瑒謂曰：「此生將來爲儒者宗矣。」薦之爲國子生，舉明經。後爲太學博士。

梁天監初，爲太常丞，有司舉脩賓禮，召見說禮義。武帝異之，詔朝朔望，預華林講。

四年，初開五館，以瑒兼五經博士。別詔爲皇太子定禮，撰五經義。時武帝方創定禮樂，瑒所建議多見施行。七年，拜步兵校尉，領五經博士。卒于館。所著禮、易、老、莊講疏，朝廷博士議數百篇〔一〕，賓禮儀注一百四十五卷。

瑒於禮尤精，館中生徒常數百，弟子明經對策至數十人。二子革、季，弟子琛，並傳瑒業。

革字文明，少以家貧，躬耕供養，年二十，始輟耒就父受業〔二〕，精力不怠。有六尺方牀，思義未達，則横卧其上，不盡其義，終不肯食。通三禮。及長，徧脩孝經、論語、毛詩、左傳，爲兼太學博士。長七尺八寸，雍容都雅，吐納藴藉。敕於永福省爲邵陵、湘東、武陵三王講禮。後爲國子博士，於學講授，生徒常數百人。出爲西中郎湘東王諮議參軍，帶江陵令。王於州置學，以革領儒林祭酒，講三禮，荆楚衣冠聽者甚衆。前後再監南平郡，爲人吏所懷。尋兼平西長史、南郡太守。革至孝，常恨食禄代耕，不及爲養。在荆州歷爲郡縣，所得俸秩，不及妻孥，專擬還鄉造寺，以申感思。子徽，美風儀，能談吐，深爲革愛，先革卒。革哭之，因遘疾而卒。

季亦明三禮，位中書黄門郎，兼著作。

琛字國寶，幼孤，伯父瑒授其經業，一聞便通義理。瑒異之，常曰：「此兒當以明經致貴。」瑒卒後，琛家貧，常往還諸暨販粟以養母。雖自執舟檝，閑則習業，尤精三禮。年二十餘，瑒之門徒稍從問道。

初，瑒於鄉里聚徒教授，四方受業者三千餘人。瑒天監中亡，至是復集，琛乃築室郊郭之際，茅茨數間，年將三十，便事講授。既世習禮學，究其精微，占述先儒〔三〕，吐言辯絜，坐之聽授，終日不疲。

湘東王幼年臨郡，彭城到溉爲行事，聞琛美名，命駕相造。會琛正講，學侶滿筵，既聞上佐忽來，莫不傾動。琛説經無輟，曾不降意。溉下車，欣然就席，便申問難，往復從容，義理該贍。溉嘆曰：「通儒碩學，復見賀生。今且還城，尋當相屈。」琛了不酬答，神用頹然。溉言之王，請補郡功曹史。琛辭以母老，終於固執。

俄遭母憂，廬於墓所。服闋，猶未還舍，生徒復從之。琛哀毁積年，骨立而已，未堪講授。諸生營救，稍稍習業。

普通中，太尉臨川王宏臨州，召補祭酒從事，琛年已四十餘，始應辟命。武帝聞其有學術，召見文德殿，與語悦之，謂僕射徐勉曰：「琛殊有門業。」仍補王國侍郎，稍遷兼中書通事舍人，參軍禮事〔四〕。累遷尚書左丞，詔琛撰新謚法，便即施用。時皇太子議大功之末，可以冠子嫁女。琛駁議曰：

今旨以「大功之末，可得冠子嫁女，不得自冠自嫁〔五〕」。推以記文，竊猶致惑。案嫁冠之禮，本是父之所成。無父之人，乃可自冠，故記稱大功小功，並以「冠子嫁子」爲文，非關唯得爲子，己身不得也。小功之末既得自娶，而亦云「冠子娶婦」，其義益明。故先列二服，每明冠子嫁子，結於後句，方顯自娶之義。既明小功自娶，即知大功自冠矣。蓋是約言而見旨。若謂緣父服大功，子服小功，小功服輕，故得爲子冠嫁，大功服重，故不得自嫁自冠者，則小功之末，非明父子服殊，不應復云「冠子嫁子」也。若謂小功之文，言己可娶，大功之文，不言己冠，故知身有大功，不得自行嘉禮，但得爲子冠嫁。竊謂有服不行嘉禮，本爲吉凶不可相干。子雖小功之末，可得行冠嫁，猶應須父得爲其冠嫁。若父於大功之末可以冠子嫁子，是於吉凶禮無礙；吉凶禮無礙，豈不得自冠自嫁？若自冠自嫁於事有礙，則冠子嫁子寧獨可通？今許其冠子而塞其自冠，是琛之所惑也。

又令旨推「下殤小功不可娶婦，則降服大功亦不得爲子冠嫁」。伏尋此旨，若爲降服大功不可冠子嫁子，則降服小功亦不可自冠自嫁，是爲凡厥降服大功小功皆不得冠娶矣。記文應云降服則不可，寧得唯稱下殤？今不言降服，的舉下殤，實有其義。夫出嫁出後，或有再降，出後之身，於本姊妹降爲大功，若是大夫服士父，又以尊降，則成小功，其於冠嫁義無以異。所以然者，出嫁則有受我，出後則有傳重，並欲使薄於此而厚於彼。此服雖降，彼服則隆。昔實朞親，雖復再降，猶依小功之禮，可冠可娶。若夫朞降大功，大功降爲小功，止是一等，降殺有倫，服末嫁冠，故無有異。唯下殤之服特明不娶之義者，蓋緣以幼弱之故。夭喪情深，既無受厚他姓，又異傳重彼宗，嫌其年幼〔六〕，頓成殺略，故特明不娶，以示本重之恩。是以凡厥降服，冠嫁不殊，唯在下殤，乃明不娶。其義若此，則不得言大功之降服皆不冠嫁也。且記云「下殤小功」，言下殤則不得通於中上，語小功又不兼於大功。若實大功小功降服皆不冠嫁，上中二殤亦不冠嫁者，記不得直云「下殤小功則不可」。恐非文意，此又琛之所疑也。

遂從琛議。加員外散騎常侍。舊尚書南坐無貂，貂自琛始也。遷御史中丞，參禮儀如先。

琛性貪嗇，多受賕賂，家産既豐，買主第爲宅，爲有司奏，坐免官。後爲通直散騎常侍，領尚書左丞，參禮儀事。琛前後居職，凡郊廟諸儀多所創定，每進見，武帝與語，常移晷刻，故省中語曰：「上殿不下有賀雅。」琛容止閑雅，故時人呼之。遷散騎常侍，參禮儀如故。

時武帝年高，任職者緣飾姦諂，深害時政。琛啓陳事條封奏，大略：其一曰〔七〕，「今北邊稽服，政是生聚教訓之時，而天下户口減落，誠當今之急務。國家之於關外，賦税蓋微，乃至年常租調，動致逋積，而人失安居，寧非牧守之過」。其二事曰，「今天下宰守所以皆尚貪殘，罕有廉白者，良由風俗侈靡使之然也。欲使人守廉隅，吏尚清白，安可得邪？今誠宜嚴爲禁制，導之以節儉，貶黜雕飾，糾奏浮華，使衆皆知變其耳目，改其好惡，則易於反掌」。其三事曰，「斗筲之人，詭競求進，運挈瓶之智，徼分外之求，以深刻爲能，以繩逐爲務，長弊增姦，寔由於此。今誠願責其公平之効，黜其殘愚之心〔八〕，則下安上謐，無徼倖之患矣」。其四事曰，「自征伐北境，帑藏空虚，今天下無事，而猶日不暇給，良有以也。夫國弊則省其事而息其費，事省則養人，費息則財聚。若言小費不足害財，則終年不息矣，以小役不足妨人，則終年不止矣」。書奏，武帝大怒，召主書於前，口受敕責琛曰：「朕有天下四十餘年，公車讜言，日聞聽覽〔九〕。每苦倥偬，更增惛惑。卿珥貂紆組，博問洽聞，不宜同於闒茸，止取名字，言我能上事，恨朝廷不能受。卿云『今北邊稽服，政是生聚教訓之時，而人失安居，牧守之過』。但大澤之中有龍有蛇，縱不盡善，不能皆惡。卿可分明顯出其人。卿云『宜導之以節儉』。又云『至道者必以淳素爲先』。此言大善。夫子言『其身正，不令而行，其身不正，雖令不從』。朕絶房室三十餘年，不與女人同屋而寢亦三十餘年，於居處不過一牀之地，雕飾之物不入於宫，此亦人所共知。受生不飲酒，受生不好音聲，所以朝中曲宴未嘗奏樂。朕三更出理事，隨事多少。事或少，中前得竟，事多，至日昃方得就食。既常一食，若晝若夜，無有定時，疾苦之日，或亦再食。昔腰過於十圍，今之瘦削，裁二尺餘。舊帶猶存，非爲妄説。爲誰爲之？救物故也。書云，『股肱惟人，良臣惟聖』。向使朕有股肱，可得中主，今乃不免居九品之下。『不令而行』，徒虚言耳。卿又云『百司莫不奏事，詭競求進』。今不許外人呈事，於義可否？以噎廢飡，此之謂也。若斷呈事，誰尸其任？專委之人，云何可得？是故古人云，『專聽生姦，獨任成亂』。何者是宜，具以奏聞。」琛奉敕但謝過而已，不敢有所指斥。

太清二年，爲中軍宣城王長史。侯景陷城，琛被創未死，賊求得之，轝至闕下，求見僕射王克、領軍朱异，勸開城納賊。克等讓之，涕泣而止。賊復轝送莊嚴寺療之。明年，臺城不守，琛逃歸鄉里。其年，賊寇會稽，復執琛送出都，以爲金紫光禄大夫。卒。琛所撰三禮講疏〔一〇〕、五經滯義及諸儀注凡百餘篇。子翊〔一一〕，位巴山太守。

司馬褧字元表〔二〕，河内温人也。曾祖純之，晉大司農高密敬王。祖讓之，員外常侍。父燮，善三禮，仕齊位國子博士。

褧少傳家業，强力專精，手不釋卷。沛國劉瓛爲儒者宗，嘉其學，深相賞好。與樂安任昉善，昉亦推重之。梁天監初，詔通儒定五禮，有舉褧脩嘉禮〔三〕，除尚書祠部郎。時創定禮樂，褧所建議，多見施行。兼中書通事舍人，每吉凶禮，當時名儒明山賓、賀瑒等疑不能斷者，皆取決焉。累遷御史中丞。

十六年，出爲宣毅南康王長史，行府國并石頭戍軍事。褧雖居外官，有敕預文德、武德二殿長名問訊，不限日。遷晉安王長史，卒。王命記室庾肩吾集其文爲十卷。所撰嘉禮儀注一百一十六卷〔四〕。

朱异字彦和，吴郡錢唐人也。祖昭之，以學解稱於鄉。叔父謙之字處光，以義烈知名。年數歲，所生母亡，昭之假葬於田側，爲族人朱幼方燎火所焚。同産姊密語之，謙之雖小，便哀感如持喪，長不昏娶。齊永明中，手刃殺幼方，詣獄自繫。縣令申靈勗表上之。

齊武帝嘉其義，慮相報復，乃遣謙之隨曹武西行。將發，幼方子懌於津陽門伺殺謙之。謙之兄巽之〔一五〕，即异父也，又刺殺懌。有司以聞。武帝曰：「此皆是義事，不可問。」悉赦之。吴興沈顗聞而歎曰：「弟死於孝，兄殉於義，孝友之節，萃此一門。」巽之字處林，有志節，著辯相論。幼時，顧歡見而異之，以女妻焉。仕齊官至吴平令。

异年數歲，外祖顧歡撫之，謂其祖昭之曰：「此兒非常器，當成卿門户。」年十餘，好羣聚蒱博，頗爲鄉黨所患。及長，乃折節從師。梁初開五館，异服膺於博士明山賓。居貧，以傭書自業，寫畢便誦。徧覽五經，尤明禮、易。涉獵文史，兼通雜藝，博弈書筭，皆其所長。年二十，出都詣尚書令沈約，面試之，因戲异曰：「卿年少，何乃不廉？」异逡巡未達其旨，約乃曰：「天下唯有文義棊書，卿一時將去，可謂不廉也。」尋上書言建康宜置獄司，比廷尉。敕付尚書詳議，從之。

舊制，年二十五方得釋褐，時异適二十一，特敕擢爲揚州議曹從事史。尋有詔求異能之士，五經博士明山賓表薦异：「年時尚少，德備老成，在獨無散逸之想，處闇有對賓之色。器宇弘深，神表峰峻。金山萬丈，緣陟未登；玉海千尋，窺映不測。加以珪璋新琢，錦組初搆，觸響鏗鏘，遇采便發。觀其信行，非唯十室所稀，若使負重遥途，必有千里之用。」武帝召見，使説孝經、周易義，甚悦之，謂左右曰：「朱异實異。」後見明山賓曰：「卿所舉殊得人。」仍召直西省，俄兼太學博士。其年，帝自講孝經，使异執讀。遷尚書儀曹郎，入兼中書通事舍人。後除中書郎，時秋日，始拜，有飛蟬正集异武冠上，時咸謂蟬珥之兆。遷太子右衞率。

普通五年，大舉北侵，魏徐州刺史元法僧遣使請舉地内屬，詔有司議其虛實。异曰：「自王師北討，剋獲相繼，徐州地轉削弱，咸願歸罪。法僧懼禍〔一六〕，其降必非僞也。」帝仍遣异報法僧，并敕衆軍應接，受异節度。及至，法僧遵承朝旨，如异策焉。遷散騎常侍。

异容貌魁梧，能舉止，雖出自諸生，甚閑軍國故實。自周捨卒後，异代掌機密，其軍旅謀謨，方鎮改換，朝儀國典，詔誥敕書，並典掌之。每四方表疏，當局簿領，諮詳請斷，填委於前，异屬辭落紙，覽事下議，縱橫敏贍，不暫停筆，頃刻之間，諸事便了。

遷右衞將軍。啓求於儀賢堂奉述武帝老子義，敕許之。及就講，朝士及道俗聽者千餘人，爲一時之盛。時城西又開士林館以延學士，异與左丞賀琛遞日述武帝禮記中庸義。皇太子又召异於玄圃講易。

大同八年，改加侍中。异博解多藝，圍碁上品，而貪財冒賄，欺罔視聽，以伺候人主意，不肯進賢黜惡。四方餉饋，曾無推拒，故遠近莫不忿疾。起宅東陂，窮乎美麗，晚日來下，酣飲其中。每迫曛黄，慮臺門將闔，乃引其鹵簿自宅至城，使捉城門停留管籥。既而聲勢所驅，薰灼内外，產與羊侃相埒。好飲食，極滋味聲色之娛，子鵝炰鰌不輟於口〔一七〕，雖朝謁，從車中必齎飴餌。而輕傲朝賢，不避貴戚。人或誨之，异曰：「我寒士也，遭逢以至今日。諸貴皆恃枯骨見輕，我下之，則爲蔑尤甚。我是以先之。」

自徐勉、周捨卒後，外朝則何敬容，内省則异。敬容質慤無文，以綱維爲己任，异文華敏洽，曲營世譽，二人行異而俱見倖。异在内省十餘年，未嘗被譴。司農卿傅岐嘗謂异曰：「今聖上委政於君，安得每事從旨。頃者外聞殊有異論。」异曰：「政言我不能諫爭耳。當今天子聖明，吾豈可以其所聞干忤天聽。」

太清二年，爲中領軍，舍人如故。初，武帝夢中原盡平，舉朝稱慶，甚悦，以語异曰：「吾生平少夢，夢必有實。」异曰：「此宇内方一之徵。」及侯景降，敕召羣臣廷議，尚書僕射謝舉等以爲不可許。武帝欲納之，未決，嘗夙興至武德閤口，獨言：「我國家猶若金甌，無一傷缺，承平若此，今便受地，詎是事宜？脱至紛紜，悔無所及。」异探帝微旨，答曰：「聖明御寓，上應蒼玄，北土遺黎，誰不慕仰，爲無機會，未達其心。今侯景分魏國太半，遠歸聖朝，若不容受，恐絶後來之望。」帝深納异言，又感前夢，遂納之。及貞陽侯敗没，帝憂曰：「今勿作晉家事乎？」尋而貞陽自魏遣使述魏相高澄欲申和睦。敕有司定議。异又議以和爲允，帝從之。其年六月，遣建康令謝挺、通直郎徐陵使北通好。時侯景鎮壽春，疑懼，累啓請絶和，及致書與异餉金二百兩，又致書於制局監周石珍令具申聞。异納其金而不停北使，景遂反。

初，景謀反，合州刺史鄱陽王範、司州刺史羊鴉仁並累有啓聞。异以景孤立寄命，必不應爾，乃謂使曰：「鄱陽王遂不許國家有一客！」並不爲聞奏。及賊至板橋，使前壽州司馬徐思玉先至求見於上，上召問之，思玉紿稱反賊，請閒陳事。上將屏左右，舍人高善寶曰：「思玉從賊中來，情僞難測，安可使其獨在殿上。」時异侍坐，乃曰：「徐思玉豈是刺客邪？何言之僻。」善寶曰：「思玉已將臨賀入北，詎可輕信。」言未卒，思玉果出賊啓，异大慙。賊遂以討异及陸驗爲名。及景至城下，又射啓言「朱异等蔑弄朝權，輕作威福，臣爲讒臣所陷，欲加屠戮。陛下誅异等，臣斂轡北歸」。帝問簡文曰：「有是乎？」對曰：「然。」帝召有司將誅之，簡文曰：「賊特以异等爲名耳，今日殺异，無救於急，適足貽笑將來。若祅氛既息，誅之未晚。」帝乃止。

异之方倖，在朝莫不側目，雖皇太子亦不能平。至是城内咸尤异，簡文爲四言愍亂詩曰：「愍彼阪田，嗟斯氛霧。謀之不臧，褰我王度。」又製圍城賦，末章云：「彼高冠及厚履，並鼎食而乘肥。升紫霄之丹地，排玉殿之金扉。陳謀謨之啓沃，宣政刑之福威。四郊以之多壘，萬邦以之未綏。問豺狼其何者？訪虺蜴之爲誰？」並以指异。又帝登南樓望賊，顧謂异曰：「四郊多壘，誰之罪歟？」异流汗不能對，慙憤發病卒，時年六十七。詔贈尚書右僕射。舊尚書官不以爲贈，及异卒，武帝悼惜之，方議贈事，左右有善异者，乃啓曰：「异生平所懷，願得執法。」帝因其宿志，特有此贈。

异居權要三十餘年，善承上旨，故特被寵任。歷官自員外常侍至侍中，四官皆珥貂，自右衞率至領軍，四職並驅鹵簿，近代未之有也。异及諸子自潮溝列宅至青溪，其中有臺池翫好，每暇日與賓客遊焉。四方餽遺，財貨充積，性吝嗇，未嘗有散施。厨下珍羞恒腐爛，每月常棄十數車，雖諸子別房亦不分贍。所撰禮、易講疏及儀注文集百餘篇。

子肅，位國子博士；次閏，司徒掾。並遇亂卒。

顧協字正禮，吴郡吴人，晉司空和六世孫也。幼孤，隨母養於外氏。外從祖右光禄大夫張永嘗攜内外孫姪游虎丘山，協年數歲，永撫之曰：「兒欲何戲？」協曰：「兒政欲枕石漱流。」永歎息曰：「顧氏興於此子。」及長好學，以精力稱。外氏諸張多賢達，有識鑒，内弟率尤推重焉。

初爲揚州議曹從事，舉秀才。尚書令沈約覽其策而歎曰：「江左以來，未有斯作。」爲兼廷尉正。太尉臨川王聞其名，召掌書記，仍侍西豐侯正德讀。正德爲巴西、梓潼郡，協除所部新安令〔一八〕。未至縣遭母憂，刺史始興王厚資遣之，送喪還。於峽江遇風，同旅皆漂溺，唯協一舫觸石得泊焉。咸謂精誠所致。

張率嘗薦之於帝，問協年，率言三十有五。帝曰：「北方高涼，四十强仕，南方卑濕，三十已衰。如協便爲已老，但其事親孝，與友信，亦不可遺於草澤。卿便稱敕喚出。」於是以協爲兼太學博士。累遷湘東王參軍，兼記室。

普通中，有詔舉士，湘東王表薦之，即召拜通直散騎侍郎，兼中書通事舍人。大通三年，霆擊大航華表然盡。建康縣馳啓，協以爲非吉祥，未即呈聞。後帝知之，曰：「霆之所擊，一本罰惡龍，二彰朕之有過。協掩惡揚善，非曰忠公。」由是見免。後守鴻臚卿，員外散騎常侍，卿、舍人並如故。

自爲近臣，便繁幾密，每有述製，敕前示協，時輩榮之。卒官無衾以斂，爲士子所嗟歎。武帝悼惜之，爲舉哀。贈散騎常侍，謚曰温子。

協少清介，有志操，初爲廷尉正，冬服單薄，寺卿蔡法度欲解襦與之，憚其清嚴，不敢發口，謂人曰：「我願解身上襦與顧郎，顧郎難衣食者。」竟不敢以遺之。及爲舍人，同官者皆潤屋，協在省十六載，器服飲食不改於常。有門生始來事協，知其廉潔，不敢厚餉，止送錢二千，協發怒，杖二十，因此事者絶於饋遺。自丁艱憂，遂終身布衣蔬食。少時將娉舅息女，未成昏而協母亡，免喪後不復娶。年六十餘，此女猶未他適，協義而迎之。晚雖判合，卒無胤嗣。

協博極羣書，於文字及禽獸草木尤稱精詳，撰異姓苑五卷，瑣語十卷，文集十卷，並行於世。

徐摛字士秀，東海郯人也，一字士繢。祖憑道，宋海陵太守。父超之，梁天監初位員外散騎常侍。

摛幼好學，及長，徧覽經史，屬文好爲新變，不拘舊體。晉安王綱出戍石頭，武帝謂周捨曰：「爲我求一人，文學俱長，兼有行者，欲令與晉安游處。」捨曰：「臣外弟徐摛，形質陋小，若不勝衣，而堪此選。」帝曰：「必有仲宣之才，亦不簡貌。」乃以摛爲侍讀。大通初，王總戎北侵，以摛兼寧蠻府長史，參贊戎政，教命軍書，多自摛出。王入爲皇太子，轉家令，兼管記，尋帶領直。

摛文體既別，春坊盡學之，「宮體」之號，自斯而始。帝聞之怒，召摛加誚責，及見，應對明敏，辭義可觀，乃意釋。因問五經大義，次問歷代史及百家雜記，末論釋教。摛商較從横，應答如響，帝甚加歎異，更被親狎，寵遇日隆。領軍朱异不悦，謂所親曰：「徐叟出入兩宮，漸來見逼，我須早爲之所。」遂承閒白帝曰：「摛年老，又愛泉石，意在一郡自養。」帝謂摛欲之，乃召摛曰：「新安大好山水，任昉等並經爲之，卿爲我臨此郡。」中大通三年，遂出爲新安太守。爲政清靜，教人禮義，勸課農桑，朞月風俗便改。秩滿，爲中庶子。

時臨城公納夫人王氏，即簡文妃姪女。晉、宋以來，初昏三日，婦見舅姑，衆賓皆列觀，引春秋義云「丁丑，夫人姜氏至。戊寅，公使大夫宗婦覿用幣」〔一九〕。戊寅即丁丑之明日，故禮官據此皆云「宜依舊觀」〔二〇〕。簡文問摛，摛議曰：「儀禮云：『質明贊見婦於舅姑。』雜記又云：『婦見舅姑，兄弟姊妹皆立於堂下。』政言婦是外宗，未審嫺令，所以舅延外客，姑率內賓，堂下之儀，以備盛禮。近代婦於舅姑本有戚屬，不相瞻者〔二一〕。夫人乃妃姪女，有異他姻，覿見之儀，謂應可略。」簡文從其議。除太子左衞率。

及侯景攻陷臺城，時簡文居永福省。賊衆奔入，侍衞走散，莫有存者。摛獨侍立不動，徐謂景曰：「侯公當以禮見，何得如此。」凶威遂折，侯景乃拜。由是常憚摛。簡文嗣位，進授左衞將軍，固辭不拜。簡文被閉，摛不獲朝謁〔二二〕，因感氣疾而卒，年七十八。贈侍中、太子詹事，謚貞子。長子陵，最知名。

陵字孝穆。母臧氏，嘗夢五色雲化爲鳳，集左肩上，已而誕陵。年數歲，家人攜以候沙門釋寶誌，寶誌摩其頂曰：「天上石麒麟也。」光宅寺慧雲法師每嗟陵早就，謂之顏回。八歲屬文，十三通莊、老義〔一三〕。及長，博涉史籍，從横有口辯。父摛爲晉安王諮議，王又引陵參寧蠻府軍事。王立爲皇太子，東宮置學士，陵充其選。稍遷尚書度支郎。出爲上虞令。御史中丞劉孝儀與陵先有隙，風聞劾陵在縣贓污，因坐免。久之，爲通直散騎侍郎。梁簡文在東宮，撰長春殿義記，使陵爲序。又令於少傅府述今所製莊子義〔一四〕。

太清二年，兼通直散騎常侍使魏，魏人授館宴賓。是日甚熱，其主客魏收謿陵曰：「今日之熱，當由徐常侍來。」陵即答曰：「昔王肅至此，爲魏始制禮儀；今我來聘，使卿復知寒暑。」收大慚。齊文襄爲相，以收失言，囚之累日。

及侯景入寇，陵父摛先在圍城之内，陵不奉家信，便蔬食布衣，若居哀恤。會齊受魏禪，梁元帝承制於江陵，復通使於齊。陵累求復命，終拘留不遣，乃致書於僕射楊遵彦，不報。及魏平江陵，齊送貞陽侯明爲梁嗣，乃遣陵隨還。太尉王僧辯初拒境不納，明往復致書，皆陵辭也。及明入，僧辯得陵大喜，以爲尚書吏部郎，兼掌詔誥。其年陳武帝誅僧辯，仍進討韋載，而任約、徐嗣徽承虛襲石頭，陵感僧辯舊恩，往赴約。約平，武帝釋陵不問，以爲尚書左丞。

紹泰二年，又使齊。還除給事黄門侍郎，祕書監。陳受禪，加散騎常侍。天嘉四年，爲五兵尚書，領大著作。六年，除散騎常侍，御史中丞。時安成王頊爲司空，以帝弟之尊，權傾朝野。直兵鮑僧叡假王威風，抑塞辭訟，大臣莫敢言，陵乃奏彈之。文帝見陵服章嚴肅，若不可犯，爲斂容正坐。陵進讀奏狀，時安成王殿上侍立，仰視文帝，流汗失色，陵遣殿中郎引王下殿。自是朝廷肅然。

遷吏部尚書，領大著作。陵以梁末以來，選授多失其所，於是提舉綱維，綜覈名實。時有冒進求官，馳競不已者，乃爲書宣示之，曰：「永定之時，聖朝草創，干戈未息，尚無條序。府庫空虛，賞賜懸乏，白銀難得，黄札易營。權以官階，代於錢絹，義在撫接，無計多少。致令員外常侍，路上比肩，諮議參軍，市中無數，豈是朝章應其如此。今衣冠禮樂，日富年華，何可猶作舊意，非理望也。所見諸君多踰本分，猶言大屈，未諭高懷。若問梁朝朱領軍异亦爲卿相，此不踰其本分耶？此是天子所拔，非關選序。梁武帝云：『世間人言有目色，我特不目色范悌。』宋文帝亦云：『人豈無運命，每有好官缺，輒意羊玄保。』此則清階顯職，不由選也。既忝衡流，諸賢深明鄙意。」自是衆咸服焉。時論比之毛玠。

及宣帝入輔，謀黜異志者，引陵預其議。廢帝即位，封建昌縣侯〔二五〕。太建中，爲尚書左僕射，抗表推周弘正、王勵等。帝召入内殿，曰：「卿何爲固辭而舉人乎？」陵曰：「弘正舊蕃長史，王勵太平中相府長史，張種帝鄉賢戚，若選賢舊，臣宜居後。」固辭累日，乃奉詔。

及朝議北侵，宣帝命舉元帥，衆議在淳于量。陵獨曰：「不然。吴明徹家在淮左，悉彼風俗，將略人才，當今無過者。」於是爭論數日不能決，都官尚書裴忌曰：「臣同徐僕射。」陵應聲曰：「非但明徹良將，忌即良副也。」是日詔明徹爲大都督，令忌監軍事，遂剋淮南數十州地。宣帝因置酒，舉杯屬陵曰：「賞卿知人。」

七年，領國子祭酒，以公事免侍中、僕射。尋加侍中，給扶。十三年，爲中書監，領太子詹事〔二六〕。以年老累表求致事，宣帝亦優禮之，詔將作爲造大齋，令陵就第攝事。後主即位，遷左光禄大夫、太子少傅。至德元年卒，年七十七，詔贈特進。初，後主爲文示陵，云他人所作。陵嗤之曰：「都不成辭句。」後主銜之，至是謚曰章僞侯〔二七〕。

陵器局深遠，容止可觀，性又清簡，無所營樹，俸禄與親族共之。太建中，食建昌户，户送米至水次，親戚有貧匱者，皆召令取焉，數日便盡。陵家尋致乏絶。府寮怪問其故，陵云：「我有車牛衣裳可賣，餘家有可賣不？」其周給如此。

少而崇信釋教，經論多所釋解。後主在東宫，令陵講大品經，義學名僧，自遠雲集，每講筵商較，四坐莫能與抗。目有青精，時人以爲聰慧之相也。自陳創業，文檄軍書及受禪詔策，皆陵所製，爲一代文宗。亦不以矜物，未嘗詆訶作者[二八]。其於後進，接引無倦。文、宣之時，國家有大手筆，必命陵草之。其文頗變舊體，緝裁巧密，多有新意。每一文出，好事者已傳寫成誦，遂傳于周、齊，家有其本。後逢喪亂，多散失，存者三十卷。陵有四子：儉、份、儀、傅。

儉一名報[二九]，幼而脩立，勤學有志操。汝南周弘直重其爲人[三〇]，妻之以女。梁元帝召爲尚書金部郎中。常侍宴賦詩，元帝歎賞之，曰：「徐氏之子，復有文矣。」魏平江陵，還建鄴，累遷中書侍郎。

太建初，廣州刺史歐陽紇舉兵反，宣帝令儉持節喻旨。紇見儉，盛列仗衞，言辭不恭。儉曰：「呂嘉之事，誠當已遠，將軍獨不見周迪、陳寶應乎？」紇默然不答。懼儉沮衆，不許入城，置儉於孤園寺。紇嘗出見儉，儉謂曰：「將軍業已舉事，儉須還報天子。儉之性命雖在將軍，將軍成敗不在於儉。幸不見留。」紇於是遣儉。從間道馳還。宣帝乃命章昭達討紇，以儉監昭達軍。紇平，爲兼中書通事舍人。

後主立，累遷尋陽內史，爲政嚴明，盜賊靜息。遷散騎常侍，襲封建昌侯。入爲御史中丞。儉公平無所阿附，尚書令江總望重一時，爲儉所劾，後主深委任焉。禎明二年卒。

份少有父風。九歲爲夢賦，陵見之，謂所親曰：「吾幼屬文亦不加此。」爲海鹽令，有政績。入爲太子洗馬。性孝弟，陵嘗疾篤，份燒香泣涕，跪誦孝經，日夜不息，如是者三日，陵疾豁然而愈，親戚皆謂份孝感所致。先陵卒。

儀少聰警，仕陳位尚書殿中郎。陳亡，隱于錢唐之赭山。隋煬帝召爲學士，尋除著作佐郎。大業四年卒。

陵弟孝克，有口辯，能談玄理。性至孝，遭父憂殆不勝喪。事所生母陳氏，盡就養之道〔二〕。梁末，侯景寇亂，孝克養母，饘粥不能給。妻東莞臧氏，領軍將軍盾女也，甚有容色。孝克乃謂曰：「今飢荒如此，供養交闕，欲嫁卿與富人，望彼此俱濟〔三〕，於卿如何？」臧氏弗許之。時有孔景行者，爲侯景將，多從左右逼而迎之，臧氏涕泣而去，所得穀帛，悉以遺母。孝克又剃髮爲沙門，改名法整，兼乞食以充給焉。臧氏亦深念舊恩，數私致餽餉，故不乏絕。後景行戰死，臧氏伺孝克於途中，累日乃見，謂孝克曰：「往日之事，非爲相負，今既得脱，當歸供養。」孝克嘿然無答。於是歸俗，更爲夫妻。

後東遊，居錢唐之佳義里，與諸僧討論釋典，遂通三論。每日二時講，旦講佛經，晚講禮傳，道俗受業者數百人。天嘉中，除剡令，非其好，尋去職。太建四年，徵爲秘書丞，不就。乃蔬食長齋，持菩薩戒，晝夜講誦法華經。宣帝甚嘉其操行。

後爲國子祭酒。孝克每侍宴，無所食噉，至席散，當其前膳羞損減。帝密記以問中書舍人管斌，斌自是伺之，見孝克取珍果納紳帶中。斌當時莫識其意，後尋訪，方知其以遺母。斌以啓，宣帝嗟歎良久，乃敕自今宴享，孝克前饌，並遣將還，以餉其母。時論美之。

至德中，皇太子入學釋奠，百司陪列。孝克發孝經題，後主詔皇太子北面致敬。禎明元年，入爲都官尚書。自晉以來，尚書官僚，皆攜家屬居省。省在臺城内下舍門中，有閣道東西跨路，通于朝堂。其第一即都官省，西抵閣道，年代久遠，多有鬼怪。每夜昏之際，無故有聲光，或見人著衣冠從井中出，須臾復没；或門閤自然開閉。居多死亡，尚書周確卒於此省。孝克代確，便即居之，經兩載，祅變皆息，時人咸以爲貞正所致。

孝克性清素，好施惠，故不免飢寒。後主敕以石頭津税給之，孝克悉用設齋寫經，隨盡。

二年，爲散騎常侍，侍東宮。陳亡，隨例入長安。家道壁立，所生母患，欲粳米爲粥，不能常辦。母亡後，孝克遂常噉麥，有遺粳米者，孝克對而悲泣，終身不復食焉。開皇十二年，長安疾疫〔三三〕，隋文帝聞其名行，召令於尚書都堂講金剛般若經。尋授國子博士。後侍東宮，講禮傳。十九年，以疾卒，年七十三。臨終正坐念佛〔三四〕，室内有非常香氣，鄰里皆驚異之。子萬載，位太子洗馬。

鮑泉字潤岳，東海人也。父幾字景玄〔三五〕，家貧，以母老詣吏部尚書王亮干禄，亮一見嗟賞，舉爲春陵令。後爲明山賓所薦，爲太常丞。以外兄傅昭爲太常，依制緦服不得相臨，改爲尚書郎，終於湘東王諮議參軍。

泉美鬚髯，善舉止，身長八尺，性甚警悟。博涉史傳，兼有文筆。少事元帝爲國常侍，早見擢任，謂曰：「我文之外無出卿者。」後爲通直侍郎。常乘高幰車，從數十左右，繖蓋服玩甚精。道逢國子祭酒王承，承疑非舊貴，遣訪之，泉從者答曰「鮑通直」。承怪焉，復欲辱之，遣逼車問：「鮑通直復是何許人，而得如此！」都下少年遂爲口實，見尚豪華人，相戲曰「鮑通直復是何許人，而得如此」，以爲笑謔。

及元帝承制，累遷至信州刺史。方等之敗，元帝大怒，泉與王僧辯討之。僧辯曰：「計將安出？」泉曰：「事等沃雪，何所多慮。」僧辯曰：「君言文士常談耳，河東少有武幹〔三六〕，非精兵一萬不可以往。竟陵甲卒不久當至，猶可重申。欲與卿入言之。」泉許諾，及僧辯如向言，泉嘿然不繼。元帝大怒，於是械繫僧辯，時人比泉爲酈寄。

泉既專征長沙，久而不剋。元帝乃數泉二十罪，爲書責之曰：「面如冠玉，還疑木偶，鬚似蝟毛，徒勞繞喙。」乃從獄中起王僧辯代泉爲都督，使舍人羅重歡領齋仗三百人與僧辯往。及至長沙，遣通泉曰：「羅舍人被令送王竟陵來。」泉愕然，顧左右曰：「得王竟陵助我經略，賊不足平矣。」乃拂席坐而待之。僧辯入，乃背泉而坐曰：「鮑郎，卿有罪，令旨使我鏁卿，卿勿以故意見期。」命重歡出令示泉，鏁之牀下。泉顏色自若，了無懼容，曰：「稽緩王師，罪乃甘分，但恐後人更思鮑泉之憒憒耳。」僧辯色甚不平，泉乃啓陳淹遲之罪。元帝尋復其任，令與僧辯等東逼邵陵王於郢州。

郢州平，元帝以世子方諸爲刺史，泉爲長史，行州府事。方諸見泉和弱，每有諮陳未嘗用，使泉伏牀騎背爲馬，書其衣作其姓名，由是州府盡相欺。侯景密遣將宋子仙、任約襲之。方諸與泉不恤軍政，唯蒲酒自樂，云「賊何由得至」。既而傳告者衆，始命闔門。城陷，賊執方諸及泉送之景所。後景攻王僧辯於巴陵不剋，敗還，乃殺泉於江夏，沉其屍於黄鶴磯。

初，泉夢著朱衣行水上，及死，舉身帶血而沉于江，如其夢。泉於儀禮尤明，撰新儀三十卷行於世。

時又有鮑行卿以博學大才稱，位後軍臨川王録事，兼中書舍人，遷步兵校尉。上玉璧銘，武帝發詔褒賞。好韻語，及拜步兵，面謝帝曰：「作舍人，不免貧，得五校，實大校。」例皆如此。有集二十卷。撰皇室儀十三卷，乘輿龍飛記二卷。

弟客卿位南康太守。客卿三子，檢、正、至，並才藝知名，俱爲湘東王五佐。正好交遊，無日不適人，人爲之語曰：「無處不逢烏噪，無處不逢鮑佐。」正不爲湘東王所知，獻書告退。王恨之。及建鄴城陷，正爲尚書外兵郎，病不能起。景雜於死屍焚之。王聞之曰：「忠非紀信，利非象齒，焚如棄如，於是乎得。」君子以此知湘東王不仁。檢爲湘東鎮西府中記室，使蜀，不屈於武陵王，見害。

論曰：夏侯勝云，「士患不明經術，經術明，取青紫如拾地芥耳」。於賀瑒、賀琛、朱昪、司馬褧其得之矣。而昪遂徼寵倖，任事居權，不能以道佐時，苟取容媚。及延寇敗國，寔昪之由，禍難既彰，不明其罪，亦既身死，寵贈猶殊。罰既弗加，賞亦斯濫。夫太清之亂，固其宜矣。顧協清介，足以追蹤古人；徐摛貞正；仁者信乎有勇。孝穆聰明特達，締構興王，獻替謀猷，亮直斯在。泉本文房之士，每處荷戈之任，非材之責，勝任不亦難乎。

校勘記

〔一〕朝廷博士議數百篇　梁書卷四八儒林賀瑒傳、册府卷六〇六無「士」字。

〔二〕始輟耒就父受業　「父」，原作「文」，據御覽卷七〇六、卷八二三引梁書、通志卷一四二改。

〔三〕占述先儒　「占」，原作「古」。按占述有口授義，故下云「吐言辯絜」，「古述」無義，御覽卷六一五引梁書誤爲「占術」，今改正。通志卷一四二作「祖述」，亦可通。

〔四〕稍遷兼中書通事舍人參軍禮事　「參軍禮事」，梁書卷三八賀琛傳、通志卷一四二作「參禮儀事」。按下文云「遷御史中丞，參禮儀如先」，疑當作「參禮儀事」。

〔五〕不得自冠自嫁　「得」字原脱，據梁書卷三八賀琛傳、册府卷五七九補。

〔六〕嫌其年幼　梁書卷三八賀琛傳、册府卷五七九下有「服輕」二字。

〔七〕其一曰　梁書卷三八賀琛傳、册府卷四七一、卷五二九「其一」下有「事」字，與下文協。

〔八〕黜其殘愚之心　「殘」，梁書卷三八賀琛傳、册府卷四七一、通鑑卷一五九梁紀一五大同十一年、通志卷一四二作「讒」。

〔九〕日聞聽覽　「日聞」，梁書卷三八賀琛傳作「見聞」；通鑑卷一五九梁紀一五大同十一年作「日闗」，疑是。

〔一〇〕琛所撰三禮講疏　「疏」，原作「説」，據南監本、北監本、殿本及梁書卷三八賀琛傳、册府卷六〇六、通志卷一四二、會稽志卷一四改。

〔一一〕子翊　「翊」，梁書卷三八賀琛傳作「詡」。按下文載其「位巴山太守」，陳書卷一一黄法氍傳載巴山「太守賀詡」，蓋即其人。疑當作「詡」。

〔一二〕司馬褧字元表　「元表」，梁書卷四〇司馬褧傳作「元素」。

〔一三〕有舉褧脩嘉禮　「有」，梁書卷四〇司馬褧傳、御覽卷五九五引南史作「有司」。

〔一四〕所撰嘉禮儀注一百一十六卷　「六」，原作「二」。按梁書卷二五徐勉傳云：「嘉禮儀注以天監六年五月七日上尚書，合十有二秩，百一十六卷。」今改正。

〔一五〕謙之兄巽之　「謙之」二字原脱，據南齊書卷五五孝義朱謙之傳、通志卷一四二補。「巽之」，南齊書作「選之」。

〔一六〕咸頋歸罪法僧懼禍　梁書卷三八朱异傳、册府卷四六五疊「法僧」二字。

〔一七〕子鵝炰鰌不輟於口　「鰌」，原作「鰌」，據御覽卷八六〇引梁書、學林卷五、通志卷一四二改。

按䰲爲穌之俗字，於此不通。

〔一八〕協除所部新安令　「新安」，梁書卷三〇顧協傳作「安都」。按南齊書卷一五州郡志下，巴西、梓潼二郡屬縣俱無新安縣及安都縣。

〔一九〕引春秋義云丁丑夫人姜氏至戊寅公使大夫宗婦覿用幣　「云」，原作「至」，據北監本、殿本及梁書卷三〇徐摛傳、通志卷一四二改。

〔二〇〕宜依舊觀　「舊觀」，北監本、殿本及梁書卷三〇徐摛傳作「舊貫」，册府卷五七九作「舊規」。

〔二一〕不相瞻者　「者」，梁書卷三〇徐摛傳、册府卷五七九作「看」。

〔二二〕簡文被閉摛不獲朝謁　「閉」，梁書卷三〇徐摛傳、册府卷七一五、通志卷一四二作「幽閉」。

〔二三〕十三通莊老義　「十三」，陳書卷二六徐陵傳、册府卷七七四作「十二」。

〔二四〕又令於少傅府述今所製莊子義　陳書卷二六徐陵傳無「今」字，通志卷一四五「今」作「己」。

〔二五〕廢帝即位封建昌縣侯　陳書卷二六徐陵傳作「高宗纂曆，封建昌縣侯」，時序有別，南史疑誤。

〔二六〕十三年爲中書監領太子詹事　「十三」，原作「十二」，據陳書卷二六徐陵傳改。按陳書卷五宣帝紀，徐陵爲中書監、領太子詹事在太建十三年正月。

〔二七〕至是謚曰章僞侯　陳書卷二六徐陵傳無「僞」字。

〔二八〕未嘗詆訶作者　「作」字原脱，據殿本及陳書卷二六徐陵傳、册府卷五五一、卷八三九、通志卷一四五補。

〔二九〕儉一名報　「報」，陳書卷二六徐陵傳附徐儉傳、册府卷八五三宋本作「衆」。

〔三〇〕汝南周弘直重其爲人　「周弘直」，陳書卷二六徐陵傳附徐儉傳作「周弘正」。

〔三一〕事所生母陳氏盡就養之道　「事」字原脱，據北監本、殿本及陳書卷二六徐陵傳附徐孝克傳、册府卷九四〇、通志卷一四五補。

〔三二〕欲嫁卿與富人望彼此俱濟　「富人」，原作「當世人」，據陳書卷二六徐陵傳附徐孝克傳、册府卷九四〇、通志卷一四五、咸淳臨安志卷八九改。按殿本考證：「『當世』，陳書作『富』，應改從之。」張森楷南史校勘記：「此蓋誤『富』爲『當』，校者以不可通，而又誤讀下『望』斷句，於是妄添『世』字。而不知當世人望何能濟之。且孔景行不過富耳，何嘗爲人望也。」

〔三三〕開皇十二年長安疾疫　「十二年」，陳書卷二六徐陵傳附徐孝克傳作「十年」。

〔三四〕臨終正坐念佛　「正坐」，原作「政」，據北監本、殿本及陳書卷二六徐陵傳附徐孝克傳、御覽卷六五四引陳書、册府卷八二一、通志卷一四五改補。

〔三五〕父幾字景玄　「幾」，梁書卷三〇鮑泉傳作「機」，其名各書「幾」「機」互見。

〔三六〕河東少有武幹　「河東」，原作「江東」，據梁書卷四五王僧辯傳改。按「河東」指河東王譽。

南史卷六十三

列傳第五十三

王神念 子僧辯　羊侃　羊鴉仁

王神念，太原祁人也。少好儒術，尤明内典。仕魏位潁川太守，與子僧辯據郡歸梁，封南城縣侯。歷安成、武陽、宣城内史，皆著政績。後爲青、冀二州刺史。神念性剛正，所更州郡必禁止淫祠，時青州東北有石鹿山臨海，先有神廟祆巫，欺惑百姓，遠近祈禱，糜費極多。及神念至，便令毁撤，風俗遂改。後徵爲右衞將軍，卒於官，謚曰壯。及元帝初，追贈侍中、中書令，改謚忠公。

神念少善騎射，及老不衰。嘗於武帝前手執二刀楯，左右交度，馭馬往來，冠絶羣伍。

時復有楊華者，能作驚軍騎，亦一時妙捷，帝深賞之。華本名白花，武都仇池人。父大眼爲魏名將。華少有勇力，容貌瓌偉，魏胡太后逼幸之。華懼禍，及大眼死，擁部曲，載父屍，改名華，來降。胡太后追思不已，爲作楊白花歌辭，使宮人晝夜連臂蹋蹄歌之，聲甚悽斷。華後位太子左衞率，卒於侯景軍中。

神念長子遵業，位太僕卿。次子僧辯。

僧辯字君才，學涉該博，尤明左氏春秋。言辭辯捷，器宇肅然，雖射不穿札，而有陵雲之氣。元帝後爲江州刺史，僧辯隨府爲中兵參軍。時有安成望族劉敬躬者，田間得白蛆化爲金龜，將銷之，龜生光照室，敬躬以爲神而禱之。所請多驗，無賴者多依之。平生有德有怨者必報，遂謀作亂，遠近響應。元帝命中直兵參軍曹子郢討之，使僧辯襲安成。子郢既破其軍，敬躬走安成，僧辯禽之。又討平安州反蠻，由是以勇略稱。

元帝除荆州，僧辯爲貞毅府諮議參軍，代柳仲禮爲竟陵太守。及侯景反，元帝命僧辯總督舟師一萬赴援。及至，臺城陷沒，侯景悉收其軍實而厚加綏撫，遣歸竟陵。於是倍道兼行，西就元帝。元帝承制，以爲領軍將軍。及荆、湘疑貳，元帝令僧辯及鮑泉討之。時僧辯以竟陵間部下皆勁勇，猶未盡來，意欲待集然後上頓。與泉俱入，使泉先言之，泉入不敢言。元帝問僧辯，僧辯以情對。元帝性忌，以爲遷延不去，大怒厲聲曰：「卿憚行拒命，欲同賊邪？今唯死耳。」僧辯對曰：「今日就戮甘心，但恨不見老母。」帝自斫之，中其髀，流血至地，悶絶，久之方蘇。即送廷尉，并收其子姪並繫之。其母脱簪珥待罪，帝意解，賜以良藥，故不死。會岳陽軍襲江陵，人情擾擾。元帝遣就獄出僧辯以爲城内都督。俄而岳陽奔退，而鮑泉力不能剋長沙，帝命僧辯代之。僧辯仍部分將帥，并力攻圍，遂平湘土。還復領軍將軍。

侯景浮江西寇，軍次夏首。僧辯爲大都督，軍次巴陵。景既陷郢城，將進寇荆州，於是緣江屯戍望風請服。僧辯並沈公私船於水，分命衆軍乘城固守，偃旗卧鼓，安若無人。翌日，賊衆濟江，輕騎至城下，謂城中曰：「語王領軍，何不早降？」僧辯使答曰：「大軍但向荆州，此城自當非礙。僧辯百口在人掌握，豈得便降。」景軍肉薄苦攻，城内同時鼓譟，矢石雨下，賊乃引退。元帝又命平北將軍胡僧祐率兵援僧辯。是日，賊復攻城不剋，又爲火艦燒柵，風不便，自焚而退。有流星墮其營中，賊徒大駭，相顧失色。賊帥任約又爲陸法和所禽，景乃燒營夜遁，旋軍夏首。

元帝以僧辯爲征東將軍、開府儀同三司、江州刺史，封長寧縣公，命即率巴陵諸軍沿流討景。攻拔魯山，仍攻郢，即入羅城。又有大星如車輪墜賊營，去地十丈變成火，一時碎散。有龍自城出，五色光曜，入城前鸚鵡洲水中。景聞之，倍道歸建鄴。賊帥宋子仙等困蹙，求輸郢城，身還就景。僧辯僞許之。子仙謂爲信然，浮舟將發，僧辯命杜龕鼓譟掩至，大破之，禽子仙、丁和等送江陵。元帝命生釘和舌，臠殺之。

郢州既平，僧辯進師尋陽。軍人多夢周何二廟神云：「吾已助天子討賊。」自稱征討大將軍，並乘朱航。俄而反曰：「已殺景。」同夢者數十百焉。

元帝加僧辯侍中、尚書令、征東大將軍。僧辯頻表勸進，並蒙優答。於是發江州直指建鄴，乃先命南兗州刺史侯瑱襲南陵、鵲頭等戍，並剋之。

先是，陳武帝率衆五萬出自南江，前軍五千行至盆口。陳武名蓋僧辯，僧辯憚之。既至盆口，與僧辯會于白茅洲爲盟。於是升壇歃血，共讀盟文，辭氣慷慨，皆淚下霑衿。及發鵲頭，中江而風浪，師人咸懼。僧辯再拜告天曰：「僧辯忠臣，奉辭伐罪，社稷中興，當使風息；若鼎命中淪，請從此逝。」言訖風止，自此遂泛安流。有羣魚躍水飛空引導，賊望官軍上有五色雲，雙龍挾艦，行甚迅疾。

景自出戰於石頭城北，僧辯等大破之。盧暉略聞景戰敗，以石頭城降。僧辯引軍入據之。景走朱方，僧辯命衆將入據臺城。其夜軍人失火燒太極殿及東西堂。僧辯雖有滅賊之功，而馭下無法，軍人鹵掠，驅逼居人。都下百姓父子兄弟相哭，自石頭至于東城，被執縛者，男女裸露，袒衣不免。緣淮號叫，翻思景焉。

僧辯命侯瑱、裴之横東追景，僞行臺趙伯超自吴松江降侯瑱，瑱送至僧辯，僧辯謂曰：「卿荷國重恩，遂復同逆，今日之事，將欲如何。」因命送江陵。伯超既出，僧辯顧坐客曰：「朝廷昔唯知有趙伯超，豈識王僧辯乎。社稷既傾，爲我所復，人之興廢，亦復何常。」賓客皆前稱歎功德，僧辯矍然，乃謬答曰：「此乃聖上威德，羣帥用命，老夫雖濫居戎首，何力之有焉。」於是逆寇悉平。

元帝即位，授鎮衞將軍、司徒，加班劍二十人，改封永寧郡公，侍中、尚書令如故。

先是，天監中沙門釋寶誌爲讖云：「太歲龍，將無理。蕭經霜，草應死。餘人散，十八子。」時言蕭氏當滅，李氏代興。及湘州賊陸納等攻破衡州刺史丁道貴，而李洪雅又自零陵稱助討納。既而朝廷未達其心，詔徵僧辯就宜豐侯循南征，爲都督東上諸軍事。以陳武帝爲都督西下諸軍事。先是，陳武讓都督於僧辯，僧辯不受，故元帝分爲東西都督而俱南討焉。尋而洪雅降納，納以爲應符，於是共議拜洪雅爲大將軍，尊事爲主。洪雅乘平肩大輿，繖蓋、鼓吹，羽儀悉備，翼從入長沙城。時納等據車輪，夾岸爲城，士卒皆百戰之餘，器甲精嚴，徒黨勇鋭，蒙衝鬬艦，亘水陵山。時天日清明，初無雲霧，軍發之際，忽然風雨，時人謂爲泣軍，百姓竊言知其敗也。三月庚寅，有兩龍自城西江中騰躍升天，五色分明，遥映江水。百姓咸仰面目之，父老或聚而悲，竊相謂曰：「地龍已去，國其亡乎。」初，納造大艦，一名曰三王艦者，邵陵王、河東王、桂陽嗣王三人並爲元帝所害，故立其像於艦，祭以太牢，加其節蓋羽儀鼓吹，每戰輒祭之以求福。又造二艦，一曰青龍艦，一曰白虎艦，皆衣以牛皮，並高十五丈，選其中尤勇健者乘之。僧辯憚之，稍作連城以逼焉。賊不敢交鋒，並懷懈怠。僧辯因其無備，親執旗鼓以誡進止，羣賊大敗，歸保長沙。僧辯乃命築壘圍之，而自出臨視。賊知不設備，其黨吴藏、李賢明等蒙楯直進，僧辯尚據胡牀不爲之動，指麾勇敢，遂斬賢明，賊乃退歸。初，陸納作逆，以王琳爲辭，云「若放琳則自服」。時衆軍未之許，而武陵王紀擁衆上流，内外駭懼。元帝乃遣琳和解之，湘州乃平。因被詔會衆軍西討。尋而武陵敗績。

是時，齊遣郭元建謀襲建鄴，又遣其大將東方老等繼之。陳武帝聞之，馳報江陵。元帝即詔僧辯急下赴援〔一〕。僧辯次姑熟，即留鎮焉。先命豫州刺史侯瑱築壘於東關以拒北軍，徵吴郡太守張彪、吴興太守裴之横會瑱而大敗之。僧辯振旅歸建鄴。

承聖三年二月，詔以僧辯爲太尉、車騎大將軍。頃之丁母憂。母姓魏氏，性甚安和，善於綏接，家門内外莫不懷之。初，僧辯下獄，母流涙徒行，將入謝罪，元帝不與相見。時貞惠世子有寵，母詣閤自陳無訓，涕泗嗚咽，衆並矜之。及僧辯罪免，母深相責厲，辭色俱嚴。雖剋復舊都，功蓋宇宙，母恒自謙損，不以富貴驕物，朝野稱之，謂爲明哲婦人。及亡，甚見愍悼，且以僧辯勳重，故喪禮加焉。命侍中、謁者監護喪事，謚曰貞敬太夫人。靈柩將歸建康，又遣謁者至舟渚弔祭。

其年十月，魏遣兵及梁王詧合衆將襲江陵，元帝徵僧辯於建鄴，爲大都督、荆州刺史。未至，而荆州已滅。及敬帝初即梁王位，僧辯預援立功，承制進驃騎大將軍、中書監、都督中外諸軍事、録尚書。與陳武帝參謀討伐。

時齊文宣又納貞陽侯明以爲梁嗣，與僧辯書，并貞陽亦頻與僧辯書，論還國繼統之事。僧辯不納。及貞陽與齊上黨王高涣至東關，散騎常侍裴之横軍敗，僧辯遂謀納貞陽，仍書定君臣之禮。因遣第七子顯、顯所生劉并弟子珍往充質〔二〕，遣左户尚書周弘正至歷陽迎明。又遣吏部尚書王通送啓，因求以敬帝爲皇太子。明報書許之。僧辯遣使送質于鄴，貞陽求度衛士三千。僧辯慮其爲變，止受散卒千人而已，并遣龍舟法駕往迎。貞陽濟江之日，僧辯擁檝中流，不敢就岸，末乃同會于江寧浦。明踐位，授僧辯大司馬，領太子太傅、揚州牧，餘如故。

陳武帝時爲司空、南徐州刺史，因自京口舉兵襲之。僧辯常處石頭城，是日視事，軍人已踰城北而入，南門又白有兵來。僧辯與子頠遽走出閤，計無所出，乃據南門樓拜請求哀。陳武縱火焚之，方共頠下就執。陳武謂曰：「我有何辜，公欲與齊師賜討。」又曰：「何意全無防備。」僧辯曰：「委公北門，何謂無備？」是夜，及子頠俱被絞殺。

初，僧辯平建鄴，遣陳武守京口，推以赤心，結廉、藺之分。且爲第三子頠許娶陳武章后所生女，未昏而僧辯母亡，雖然情好甚密〔三〕，其長子顗屢諫不聽。至是，會江淮人報云「齊兵大舉至壽春」，僧辯謂齊軍必出江表，因遣記室參軍江旰以事報陳武〔四〕，仍使整舟艦器械。陳武宿有圖僧辯志，及聞命，留旰城中，銜枚而進。知謀者唯侯安都、周文育而已，外人但謂江旰徵兵扞北。安都舟艦將趣石頭，陳武控馬未進。安都大懼，乃追陳武罵曰：「今日作賊，事勢已成，生死須決，在後欲何所望？若敗俱死，後期得免斫頭邪？」陳武曰：「安都嗔我。」乃敢進，遂剋之。時壽春竟無齊軍，又非陳武之譎，殆天授也。

顗承聖初位侍中，魏剋江陵，隨王琳入齊，爲竟陵郡守。齊遣王琳鎮壽春，將圖江左。及陳平淮南殺琳，顗聞之，乃出郡城南登高冢上，號哭一慟而絕。

顗弟頒，少有志節，恒隨梁元帝。及荆州覆滅，入于魏。

僧辯既亡，弟僧智得就任約。約敗走，僧智肥不能行，又遇害。

僧智弟僧愔位譙州刺史，征蕭勃，及聞兄死，引軍還。時吴州刺史羊亮隸在僧愔下，與僧愔不平，密召侯瑱見禽。僧愔以名義責瑱，瑱乃委罪於將羊鯤，斬之。僧愔復得奔齊，與徐嗣徽等挾齊軍攻陳。軍敗，竄逸荒野，莫知所之，仰天嘆曰：「雖恥不雪，未欲身膏野草，若精誠有感，當得道路，誓不受辱人手。」拔刀將自刎，聞空中催令急去，僧愔異之，勉力馳進，行一里許，顧向處已有陳人。踰越江山，僅得歸齊。

徐嗣徽，高平人，父雲伯自青部南歸，位終新蔡太守。侯景之亂，嗣徽歸荆州，元帝以爲羅州刺史，及弟嗣宗、嗣産並有武用〔五〕。嗣徽從征巴丘，以功爲太子右衞率、監南荆州。徐州之亡，任秦州刺史。嗣産先在建鄴，嗣宗自荆州滅亡中逃得至都。從弟嗣先即僧辯之甥，復爲比丘慧暹藏，得脱俱還。及僧辯見害，兄弟抽刀裂眦，志在立功，俱逃就兄嗣徽，密結南豫州刺史任約與僧辯故舊，圖陳武帝。帝遣江旰説之，嗣徽執旰送鄴乞師焉。齊文宣帝授爲儀同，命將應赴。及石頭敗退，復請兵於齊，與任約、王曄、席皋同心度江。及戰敗，嗣徽墮馬，嗣宗援兄見害。嗣産爲陳武軍所禽，辭色不撓而死。任約、王曄得北歸。

羊侃字祖忻，泰山梁父人也。父祉，北史有傳。侃少而瓌偉，身長七尺八寸，雅愛文史。弱冠隨父在梁州立功，初爲尚書郎，以力聞。魏帝常謂曰：「郎官謂卿爲虎，豈羊質虎皮乎？試作虎狀。」侃因伏，以手抉殿没指。魏帝壯之，賜以珠劍。正光中，秦州羌莫折念生據州反，仍遣其弟天生攻陷岐州，寇雍州。侃爲偏將，隸蕭寶夤往討之，射殺天生，其衆即潰。以功爲征東大將軍、東道行臺，領太山太守，進爵鉅平侯。

初，其父祉恒使侃南歸，侃至是將舉濟、河以成先志。其從兄兗州刺史敦密知之，據州拒侃，侃乃率精兵三萬襲之，不剋，仍築十餘城以守之。梁朝賞授一與元法僧同。魏帝聞之，使授侃驃騎大將軍、司徒、太山郡公，長爲兗州刺史。侃斬其使。魏人大駭，令僕射于暉率衆十萬及高歡、爾朱陽都等相繼而至。栅中矢盡，南軍不進，乃夜潰圍而出。一日一夜，乃出魏境。至渣口，衆尚萬餘人，馬二千匹。將入南，士卒竟夜悲歌，侃乃謝曰：「卿等懷土，幸適去留。」各拜辭而去。

侃以大通三年至建鄴，授徐州刺史，并其兄默及三弟忱、給、元皆拜刺史〔六〕。侃封高昌縣侯，累遷太子左衞率，侍中。車駕幸樂游苑，侃預宴。時少府奏新造兩刃矟成，長二丈四尺，圍一尺三寸。帝因賜侃河南國紫騮令試之〔七〕。侃執矟上馬，左右擊刺，特盡其妙。觀者登樹。帝曰：「此樹必爲侍中折矣。」俄而果折，因號此矟爲折樹矟。北人降者，唯侃是衣冠餘緒，帝寵之踰於他者，謂曰：「朕少時捉矟，形勢似卿，今失其舊體，殊覺不奇。」上又製武宴詩三十韻示侃，侃即席上應詔。帝覽曰：「吾聞仁者有勇，今見勇者有仁，可謂鄒、魯遺風，英賢不絕。」是日詔入直殿省，啓尚方仗不堪用。上大怒，坐者非一。及侯景作逆，果弊於仗麤。

後遷都官尚書，尚書令何敬容用事，與之並省，未嘗游造。左衞蘭欽同侍宮宴，詞色少交，侃於坐折之曰：「小子！汝以銅鼓買朱异作父，韋粲作兄，何敢無宜適。」朱時在席。後華林法會，欽拜謝於省中。王銓謂欽曰：「卿能屈膝廉公，彌見盡美；然羊公意猶未釋，容能更置一拜？」欽從之。宦者張僧胤嘗候侃，侃曰：「我牀非閹人所坐。」竟不前之。時論美其貞正。

太清元年，爲侍中，會大舉北侵，以侃爲冠軍將軍，監作寒山堰事。堰立，侃勸元帥貞陽侯明乘水攻彭城，不見納。既而魏援大至，侃頻言乘其遠來可擊，旦日又勸出戰，並不從。侃乃率所領頓堰上。及衆軍敗，侃結陣徐還。

二年，復爲都官尚書。侯景反，攻陷歷陽，帝問侃討景之策。侃求以二千人急據采石，令邵陵王襲取壽春，使景進不得前，退失巢窟，烏合之衆，自然瓦解。議者謂景未敢便逼都，遂寢其策。令王質往。侃曰：「今茲敗矣。」乃令侃率千餘騎頓望國門。景至新林，追侃入副宣城王都督城内諸軍事。

時景既卒至，百姓競入，公私混亂，無復次序。侃乃區分防擬，皆以宗室間之。軍人爭入武庫，自取器甲，所司不能禁，侃命斬數人方得止。是時梁興四十七年，境内無事，公卿在位及閭里士大夫，莫見兵甲。賊至卒迫，公私駭震。時宿將已盡，後進少年並出在外，城中唯有侃及柳津、韋黯。津年老且疾，黯懦而無謀，軍旅指撝，一決於侃，膽力俱壯，簡文深仗之。

及賊逼城，衆皆兇懼，侃僞稱得外射書，云「邵陵、西昌侯已至近路」，衆乃少安。賊攻東掖門，縱火甚盛。侃以水沃滅火，射殺數人，賊乃退。加侍中、軍師將軍。有詔送金五千兩、銀萬兩、絹萬匹賜戰士。侃辭不受，部曲千餘人並私加賞賚。

賊爲尖項木驢攻城〔八〕，矢石所不能制。侃作雉尾炬，施鐵鏃，以油灌之，擲驢上焚之，俄盡。賊又東西起二土山以臨城，城中震駭。侃命爲地道，潛引其土山，不能立。賊又作登城樓〔九〕，高十餘丈，欲臨射城中。侃曰：「車高塹虛，彼來必倒，可卧而觀之。」及車動果倒，衆皆服焉。

賊既頻攻不捷，乃築長圍。朱异、張綰議出擊之。帝以問侃，侃曰：「不可，賊多日攻城，既不能下，故立長圍，欲引城中降者耳。今擊之，出人若少，不足破賊；若多，則一旦失利，門隘橋小，必大致挫衂。」不從，遂使千餘人出戰。未及交鋒，望風退走，果以爭橋赴水，死者太半。

初，侃長子鷟爲景所獲，執來城下示侃。侃謂曰：「我傾宗報主，猶恨不足，豈復計此一子。幸早殺之。」數日復持來，侃謂鷟曰：「久以汝爲死，猶在邪？吾以身許國，誓死行陣，終不以爾而生進退。」因引弓射之。賊以其忠義，亦弗之害。

景遣儀同傅士哲呼侃與語，曰：「侯王遠來問訊天子，何爲閉拒不時進納？尚書國家大臣，宜啓朝廷。」侃曰：「侯將軍奔亡之後，歸命國家，重鎮方城，懸相任寄，何所患苦，忽致稱兵，豈有人臣而至於此。吾不能妄受浮説，開門揖盜。」士哲曰：「在北之日，久挹風猷，願去戎服，得一相見。」侃爲免胄，士哲瞻望久之而去，其爲北人所欽慕如此。

後大雨，城内土山崩，賊乘之垂入，苦戰不能禁。侃乃令多擲火，爲火城以斷其路，徐於城内築城，賊不能進。尋以疾卒於城内，贈侍中、護軍將軍。子球嗣。

侃少雄勇，旅力絶人，所用弓至二十石，馬上用六石弓。嘗於兖州堯廟蹋壁，直上至五尋，横行得七跡。泗橋有數石人，長八尺，大十圍。侃執以相擊，悉皆破碎。性豪侈，善音律，自造采蓮、棹歌兩曲，甚有新致。姬妾列侍，窮極奢靡。有彈箏人陸大喜著鹿角爪〔一〇〕，長七寸。儛人張淨琬腰圍一尺六寸，時人咸推能掌上儛。又有孫荆玉能反腰帖地，銜得席上玉簪。敕賚歌人王娥兒，東宮亦賚歌者屈偶之，並妙盡奇曲，一時無對。初赴衡州，於兩艖艄起三間通梁水齋，飾以珠玉，加之錦繢，盛設帷屏，列女樂。乘潮解纜，臨波置酒，緣塘傍水，觀者填咽。大同中，魏使陽斐與侃在北嘗同學，有詔命侃延斐同宴。賓客三百餘人，食器皆金玉雜寶，奏三部女樂。至夕，侍婢百餘人俱執金花燭。侃不飲酒而好賓游，終日獻酬，同其醉醒。

性寬厚，有器局。嘗南還至漣口置酒，有客張孺才者，醉於船中失火，延燒七十餘艘，所燔金帛不可勝數。侃聞聊不挂意，命酒不輟。孺才慙懼自逃，侃慰喻使還，待之如舊。

第三子鵾字子鵬，隨侃臺內，城陷，竄於陽平。侯景以其妹爲小妻，呼還待之甚厚，以爲庫真都督。及景敗，鵾密圖之，乃隨其東走。景於松江戰敗，惟餘三舸，下海欲向蒙山。會景晝寢，鵾語海師：「此中何處有蒙山，汝但聽我處分。」遂直向京口，至胡豆洲，景覺，大驚。問岸上，云「郭元建猶在廣陵」。景大喜，將依之。鵾拔刀叱海師使向京口。鵾與王元禮、謝答仁弟葳蕤，並景之昵也，三人謂景曰：「我等爲王百戰百勝，自謂無敵，卒至於此，豈非天乎。今就王乞頭以取富貴。」景欲透水，鵾抽刀斫之。景乃走入船中，以小刀抉船。鵾以稍入刺殺之。景僕射索超世在别船，葳蕤以景命召之，斬于京口。

元帝以鵾爲青州刺史，封昌國縣侯〔一一〕，又領東陽太守。征陸納，加散騎常侍，除西晉州刺史。破郭元建於東關，遷東晉州刺史。承聖三年，西魏圍江陵，鵾赴援不及。從王僧愔征蕭勃於嶺表，聞僧辯敗，乃還，爲侯瑱所破，遇害，年二十八。

羊鴉仁字孝穆，太山鉅平人也。少驍勇，仕郡爲主簿。普通中，率兄弟自魏歸梁，封廣晉侯。征伐青、齊間，累有功績，位至都督、北司州刺史。及侯景降，詔鴉仁督土州刺史桓和之、仁州刺史湛海珍等趣縣瓠應接。景至，仍爲都督、司豫二州刺史，鎮縣瓠。會侯景敗於渦陽，魏軍漸逼，鴉仁恐糧運不繼，遂還北司，上表陳謝。帝大怒鴉仁，鴉仁懼，頓軍入淮上〔二〕。及侯景反，鴉仁率所部入援。

太清二年，景既背盟，鴉仁乃與趙伯超及南康王會理共攻賊於東府城，反爲賊敗。臺城陷，景以爲五兵尚書。鴉仁常思奮發，謂所親曰：「吾以凡流，受寵朝廷，竟無報效，以答重恩。今若以此終，没有餘責。」因泣下，見者傷焉。

三年，出奔江西，將赴江陵，至東莞，爲故北徐州刺史荀伯道子晷所害。臨死以報效不終，因而泣下。後鴉仁兄子海珍知之，掘晷父伯道并祖及所生母合五喪〔三〕，各分其半骨，共棺焚之，半骨雜他骨，作五袋盛之，銘袋上曰「荀晷祖、父、母某之骨」。

鴉仁子亮，侯景亂後移至吴州刺史，隨王琳，以名將子見禮甚隆。爲人多酒無賴，酒醉爲閹豎所殺。

論曰：王神念、羊侃、羊鴉仁等，自北徂南，咸受寵任。既而侃及鴉仁晚遇屯剥。侃則臨危不撓，鴉仁則守義以殞。古人所謂「心同鐵石」，此之謂乎。僧辯風格秀舉，有文武奇才，而逢茲酷濫，幾致隕覆。幸全首領，卒樹奇功，事人之道，於斯爲得。及時鍾交喪，地居元宰，内有奥主而外求君，遂使尊卑易位，親疎貿序，既同兒戲，且類弈棊。延敵開釁，實基於此，喪國傾宗，爲天下笑。豈天將啓陳，何斯人而斯謬也，哀哉！

校勘記

〔一〕元帝即詔僧辯急下赴援　「元帝」，原作「元年」，據通志卷一四二改。梁書卷四五王僧辯傳作「世祖」，即梁元帝。按梁書卷五元帝紀，此事在承聖二年。

〔二〕因遣第七子顯顯所生劉并弟子珍往充質　「珍」，梁書卷四五王僧辯傳作「世珍」，此避唐諱而省「世」字。

〔三〕雖然情好甚密　按王懋竑記疑：「『雖』字衍。」

〔四〕因遣記室參軍江旰以事報陳武　「旰」，原作「盰」，據通志卷一四二改。按江旰傳見北齊書卷四五文苑傳。下徑改不再出校。

〔五〕及弟嗣宗嗣産並有武用　「嗣産」二字原脱，據通志卷一四二補。按下云「嗣産先在建鄴」，「俱逃就兄嗣徽」，「嗣産爲陳武軍所禽」，明當有「嗣産」二字。

〔六〕併其兄默及三弟忱給元皆拜刺史　「忱」，册府卷二一五作「悦」。

〔七〕帝因賜侃河南國紫騮令試之　宋乙本壹及御覽卷三五四引三國典略、册府卷八四五、通志卷一四二、六朝事迹編類卷上「紫騮」下有「馬」字。

〔八〕賊爲尖項木驢攻城　「項」，梁書卷三九羊侃傳作「頂」，通典卷一六一、册府卷三九九作「頭」。

〔九〕賊又作登城樓　梁書卷三九羊侃傳、通典卷一六一、御覽卷三一九引梁書、册府卷三九九下有「車」字。按下云「車高壍虚」，此疑脱「車」字。

〔一〇〕有彈箏人陸大喜著鹿角爪　「陸大喜」，梁書卷三九羊侃傳作「陸太喜」。

〔一一〕封昌國縣侯　「縣侯」，梁書卷三九羊侃傳附羊鵾傳作「縣公」。

〔一二〕頓軍入淮上　「入」，梁書卷三九羊鴉仁傳作「於」。

〔一三〕掘晷父伯道并祖及所生母合五喪　「道」字原脱，據通志卷一四二補。按下云「荀晷祖、父、母某之骨」，不及其伯，伯道乃其父名。

南史卷六十四

列傳第五十四

江子一 胡僧祐 徐文盛 陰子春子鏗 杜崱兄岸 弟幼安 兄子龕 王琳 張彪

江子一字元亮〔一〕，濟陽考城人，晉散騎常侍統之七世孫也。父法成，奉朝請。子一少慷慨有大志。家貧，以孝聞，苦侍養多闕，因終身蔬食。仕梁起家爲王國侍郎、奉朝請。上書言事，爲當軸所排，乃拜表求入北爲刺客。武帝異之。又啓求觀書秘閣，武帝許之，有敕直華林省。其姑夫左衞將軍朱异權要當朝〔二〕，休下之日，賓客輻湊。异不爲物議所歸，欲引子一爲助，子一未嘗造門，其高潔如此。爲遂昌、曲阿令，皆著美績。後爲南津校尉。

弟子四，歷尚書金部郎。大同初，遷右丞。兄弟性並剛烈。子四自右丞上封事，極言得失〔三〕，武帝甚善之，詔曰：「屋漏在上，知之在下，其令尚書詳擇，施於時政。」左戶郎沈炯、少府丞顧璵嘗奏事不允，帝厲色呵責之。子四乃趨前代炯等對，對甚激切。帝怒呼縛之，子四乃據地不受。帝怒亦歇，乃釋之，猶坐免職。

及侯景攻陷歷陽，自橫江將度，子一帥舟師千餘人於下流欲邀之，其副董桃生走，子一乃退還南洲，收餘衆步赴建鄴，見於文德殿。帝怒之，具以事對，且曰：「臣以身許國，常恐不得其死，今日之事，何所復惜。不死闕前，終死闕後耳。」及城被圍，開承明門出戰。子一及弟尚書左丞子四、東宮直殿主帥子五並力戰直前，賊坐甲不起。子一引矟撞之，賊縱突騎，衆並縮。子一刺其騎，騎倒矟折，賊解其肩，時年六十二。弟曰：「與兄俱出，何面獨旋。」乃免冑赴敵，子四矟洞胸死，子五傷脰，還至壍，一慟而絕。賊義子一之勇，歸之，面如生。詔贈子一給事黃門侍郎，子四中書侍郎，子五散騎侍郎。侯景平，元帝又追贈子一侍中，謚義子；子四黃門侍郎，謚毅子；子五中書侍郎，謚烈子。

子一續黃圖及班固「九品」，并辭賦文章數十篇，行於世。

胡僧祐字願果，南陽冠軍人也。少勇決，有武幹。仕魏位銀青光禄大夫。以大通三年避爾朱氏之難歸梁〔四〕。頻上封事，武帝器之，拜文德主帥，歸使戍項城〔五〕。魏剋項城，因入北。中大通元年，陳慶之送魏北海王元顥入洛陽，僧祐又歸梁，除南天水、天門二郡太守〔六〕，有善政。性好讀書，愛緝綴，然文辭鄙野，多被嘲謔，而自謂實工，矜伐彌甚。晚事梁元帝。侯景之亂，西沮蠻反，元帝令僧祐討之，使盡誅其渠帥。僧祐諫忤旨，下獄。

大寶二年，景圍王僧辯於巴陵，元帝乃引僧祐於獄，拜爲假節、武猛將軍，封新市縣侯，令援僧辯。將發泣下，謂其子玘曰：「汝可開朱白二門，吾不捷則死。吉則由朱，凶則由白也。」元帝聞而壯之。前至赤沙亭，會陸法和至，乃與并軍，大敗景將任約軍，禽約送江陵。侯景聞之遂遁。後拜領軍將軍，厚自封植。以所加鼓吹恒置齋中，對之自娱。人曰：「此是羽儀，公名望隆重，不宜若此。」答曰：「我性愛之，恒須見耳。」或出游亦以自隨，人士笑之。

承聖二年，爲車騎將軍、開府儀同三司。及魏軍至，以僧祐爲都督城東諸軍事。俄中流矢卒，城遂潰。

徐文盛字道茂，彭城人也。家本魏將。父慶之，梁天監初自北歸南，未至道卒。文盛仍統其衆，稍立功績。大同末，爲寧州刺史。州在僻遠，羣蠻劫竊相尋，前後刺史莫能制。文盛推心撫慰，夷人感之，風俗遂改。

太清二年，聞國難，乃召募得數萬人來赴，元帝以爲秦州刺史，加都督，授以東討之略。東下至武昌，遇侯景將任約，遂與相持。元帝又命護軍將軍尹悅、平東將軍杜幼安、巴州刺史王珣等會之〔七〕，並受文盛節度。大敗約於貝磯。約退保西陽，文盛進據蘆洲，又與相持。景聞之，率大衆西上援約，至西陽。諸將咸曰：「景水軍輕進，又甚飢疲，擊之必大捷。」文盛不許。文盛妻石氏先在建鄴，至是，景載以還之。文盛深德景，遂密通信使，都無戰心，衆咸憤怨。杜幼安、宋簉等乃率所領獨進，大破景，獲其舟艦以歸。會景密遣騎間道襲陷郢州，軍中懼，遂大潰，文盛奔還荆州。元帝仍以爲城北面大都督，又聚斂贓汙甚多，元帝大怒，下令數其十罪，除其官爵。文盛私懷怨望，帝聞之，乃以下獄。時任約被禽，與文盛同禁。文盛謂約曰：「何不早降，令我至此。」約曰：「門外不見卿馬跡，使我何處得降〔八〕。」文盛無以答，遂死獄中。

陰子春字幼文，武威姑臧人也。晉義熙末，曾祖襲隨宋武帝南遷，至南平，因家焉。父智伯與梁武帝鄰居，少相善，嘗入帝臥内，見有異光成五色，因握帝手曰：「公後必大貴，非人臣也。天下方亂，安蒼生者其在君乎。」帝曰：「幸勿多言。」於是情好轉密，帝每有求，如外府焉。及帝踐阼，官至梁、秦二州刺史。

子春仕歷位朐山戍主、東莞太守。時青州石鹿山臨海，先有神廟，刺史王神念以百姓祈禱糜費，毁神影，壞屋舍。當坐棟上有一大蛇長丈餘，役夫打撲不禽，得入海水。爾夜，子春夢見人通名詣子春云：「有人見苦，破壞宅舍。既無所託，欽君厚德，欲憩此境。」子春心密記之。經二日而知之，甚驚，以爲前所夢神。因辦牲醑請召，安置一處。數日，復夢一朱衣人相聞，辭謝云：「得君厚惠，當以一州相報。」子春心喜，供事彌勤。經月餘，魏欲襲朐山，閒諜前知，子春設伏摧破之，詔授南青州刺史，鎮朐山。又遷都督、梁秦二州刺史。

子春雖無佗才行，臨人以廉潔稱。閨門混雜，而身服垢汙，腳數年一洗，言每洗則失財敗事，云在梁州，以洗足致梁州敗。

太清二年，徵爲左衞將軍，遷侍中。屬侯景亂，元帝令子春隨王僧辯攻平邵陵王。又與左衞將軍徐文盛東討景，至貝磯與景遇，子春力戰，恒冠諸軍。會郢州陷没，軍遂退，卒於江陵。子鏗。

鏗字子堅，博涉史傳，尤善五言詩，被當時所重。爲梁湘東王法曹行參軍。初鏗嘗與賓友宴飲，見行觴者，因回酒炙以授之，衆坐皆笑。鏗曰：「吾儕終日酣酒，而執爵者不知其味，非人情也。」及侯景之亂，鏗嘗爲賊禽〔九〕，或救之獲免。鏗問之，乃前所行觴者。陳天嘉中，爲始興王中録事參軍。文帝嘗宴羣臣賦詩，徐陵言之，帝即日召鏗預宴，使賦新成安樂宫。鏗援筆便就，帝甚歎賞之。累遷晉陵太守，員外散騎常侍，頃之卒。有文集三卷行於世〔一〇〕。

杜崱，京兆杜陵人也。其先自北歸南，居於雍州之襄陽，子孫因家焉。父懷寶少有志節，梁天監中累有軍功，後又立功南鄭，位梁、秦二州刺史。大同初，魏軍復圍南鄭，懷寶命第三子嶷帥二百人與魏前鋒戰於光道寺，流矢中其目〔一一〕，失馬，敵人交矟將至，嶷斬其一騎而上，馳以歸。嶷旅力絶人，便馬善射，一日中戰七八合。所佩霜明朱弓四石餘力，斑絲纏矟長二丈五，同心敢死士百七十人。每出殺傷數百人，敵人憚之，號爲杜彪〔一二〕。懷寶卒於州，謚曰桓侯。

嶷位西荆州刺史，時讖言「獨梁之下有瞎天子」，元帝以嶷其人也。會嶷改葬父祖，帝敕圖墓者惡爲之，逾年而嶷卒。

崱，嶷弟也。幼有志氣，居鄉里以膽勇稱，後爲新興太守。太清三年，隨岳陽王來襲荆州，元帝與崱兄岸有舊〔一三〕，密書邀之。崱乃與岸、弟幼安、兄子龕等夜歸元帝，以爲武州刺史，封枝江縣侯，令隨領軍王僧辯東討侯景。至巴陵，景遁。加侍中，進爵爲公，仍隨僧辯追景至石頭。景敗，崱入據臺城。景平，加散騎常侍、江州刺史。

是月，齊將郭元建攻秦州刺史嚴超達於秦郡〔一四〕，王僧辯令崱赴援，陳武帝亦自歐陽來會。元建衆却，崱因縱兵大破之，元建遁。時元帝執王琳於江陵，琳長史陸納等於長沙反。元帝徵崱與王僧辯討之。及納等戰于車輪，大敗之。後納等降，崱又與王僧辯西討平武陵王於硤口〔一五〕。旋鎮遘疾卒，謚曰武。

崱兄弟九人，兄嵩、岑、嶷、岌、巘、岸及弟嵷、幼安並知名。

岸字公衡，太清中，與崱隨岳陽王詧攻荆州，同歸元帝。帝以爲北梁州刺史，封江陵縣侯。岸請以五百騎襲襄陽，去城三十里，城中覺之。詧夜知其師掩襄陽，以岸等襄陽豪帥，於是夜遁歸襄陽。岸等知詧至，遂奔其兄南陽太守巘於廣平〔一六〕。詧遣將尹正、薛暉等攻拔之，獲巘、岸等并其母妻子女，並斬於襄陽北門。詧母龔保林數岸於衆，岸曰：「老婢教汝兒殺汝叔，乃枉殺忠良。」詧命拔其舌，臠殺而烹之。盡誅諸杜宗族親者，幼弱下蠶室，又發其墳墓，燒其骸骨，灰而揚之，并以爲漆髑。及建鄴平，崱兄弟發安寧陵焚之，以報漆髑之酷，元帝亦不責也。

幼安性至孝寬厚，雄勇過人，與兄崱同歸元帝，帝以爲西荆州刺史，封華容縣侯。與王僧辯討河東王譽於長沙，平之。又令助徐文盛東討侯景，至貝磯，大破景將任約，斬其儀同叱羅子通、湘州刺史趙威方等。仍進軍大舉口〔一七〕，別攻拔武昌。景度蘆洲上流以壓文盛，幼安與衆軍大敗之。會景密遣騎襲陷郢州，執刺史方諸，人情大駭，文盛由漢口遁歸，衆軍大敗，幼安降景，景以其多反覆，殺之。

龕，岑之子也，少驍勇，善用兵，與諸父歸元帝，帝以爲郢州刺史，封中廬縣侯〔一八〕，與王僧辯討平河東王譽。又隨僧辯下，繼徐文盛軍至巴陵。聞侯景陷郢州西上將至，乃與僧辯等守巴陵。景至圍之數旬，不剋而遁。遷太府卿、定州刺史。及衆軍至姑熟，景將侯子鑒逆戰，龕與陳武帝、王琳等擊之，大敗子鑒，遂至石頭。景親會戰，龕與衆軍大破之。論功爲最，授東揚州刺史。又與王僧辯降陸納，平武陵王。

及魏平江陵，後齊納貞陽侯明以紹梁嗣，以龕爲震州刺史、吴興太守，遷南豫州刺史，封溧陽縣侯，又加散騎常侍、鎮南大將軍〔一九〕。

龕，僧辯壻也，始爲吴興太守，以陳武帝既非素貴，及爲之本郡，以法繩其宗門，無所縱捨。武帝銜之切齒。及僧辯敗，龕乃據吴興以拒之，頻敗陳文帝軍。龕好飲酒，終日恒醉，勇而無略，部將杜泰私通於文帝，說龕降文帝，龕然之。其妻王氏曰：「霸先讎隙如此，何可求和。」因出私財賞募，復大敗文帝軍。後杜泰降文帝，龕尚醉不覺，文帝遣人負出項王寺前斬之。王氏因截髪出家，杜氏一門覆矣。

王琳字子珩，會稽山陰人也。本兵家。元帝居蕃，琳姊妹並入後庭見幸，琳由此未弱冠得在左右。少好武，遂爲將帥。太清二年，帝遣琳獻米萬石，未至，都城陷，乃中江沈米，輕舸還荆。稍遷岳陽内史，以軍功封建寧縣侯。侯景遣將宋子仙據郢州，琳攻剋之，禽子仙。又隨王僧辯破景。後拜湘州刺史。

琳果勁絶人，又能傾身下士，所得賞物不以入家，麾下萬人，多是江淮羣盜。平景之勳，與杜龕俱爲第一。恃寵縱暴於建鄴，王僧辯禁之不可，懼將爲亂，啓請誅之。琳亦疑禍，令長史陸納率部曲前赴湘州，身輕上江陵陳謝〔二〇〕。將行謂納等曰：「吾若不反，子將安之？」咸曰「請死」。相泣而别。及至，帝以下吏，而使廷尉卿黄羅漢、太舟卿張載宣喻琳軍〔二一〕。陸納等及軍人並哭對使者，莫肯受命。乃縶黄羅漢，殺張載。載性刻，爲帝所信，荆州疾之如讎，故納等因人之欲，抽其腸繫馬腳，使繞而走，腸盡氣絶，又臠割備五刑而斬之〔二二〕。

元帝遣王僧辯討納，納等敗走長沙。是時湘州未平，武陵王兵下又甚盛，江陵公私恐懼，人有異圖。納啓申琳無罪，請復本位，求爲奴婢。元帝乃鎖琳送〔二三〕。時納出兵方戰，會琳至，僧辯升諸樓車以示之。納等投戈俱拜，舉軍皆哭，曰：「乞王郎入城即出。」乃放琳入，納等乃降。湘州平，仍復琳本位，使拒武陵王紀。紀平，授衡州刺史。

元帝性多忌，以琳所部甚盛，又得衆心，故出之嶺外。又授都督、廣州刺史。其友人主書李膺，帝所任遇，琳告之曰：「琳蒙拔擢，常欲畢命以報國恩。今天下未平，遷琳嶺外，如有萬一不虞，安得琳力。忖官正疑琳耳，琳分望有限，可得與官爭爲帝乎？何不以琳爲雍州刺史，使鎮武寧。琳自放兵作田，爲國禦捍，若警急動靜相知。孰若遠棄嶺南，相去萬里，一日有變，將欲如何！琳非願長坐荆南，政以國計如此耳。」膺然其言而不敢啓，故遂率其衆鎮嶺南。

元帝爲魏圍逼，乃徵琳赴援，除湘州刺史。琳師次長沙，知魏平江陵，已立梁王詧，乃爲元帝舉哀，三軍縞素。遣別將侯平率舟師攻梁，琳屯兵長沙，傳檄諸方，爲進趣之計。時長沙蕃王蕭韶及上游諸將推琳主盟。侯平雖不能度江，頻破梁軍。又以琳兵威不接，翻更不受指麾，琳遣將討之，不剋。又師老兵疲不能進，乃遣使奉表詣齊，并獻馴象；又使獻款于魏求其妻子；亦稱臣于梁。

陳武帝既殺王僧辯，推立敬帝，以侍中、司空徵琳。不從命，乃大營樓艦，將圖義舉。琳將張平宅乘一艦，每將戰勝，艦則有聲如野豬，故琳戰艦以千數，以野豬爲名。陳武帝陳武帝遣將侯安都、周文育等討琳，仍受梁禪。安都歎曰：「我其敗乎，師無名矣。」逆戰於沌口。琳乘平肩輿〔二四〕，執鉞而麾之，禽安都、文育，其餘無所漏，唯以周鐵武一人背恩，斬之。鎖安都、文育，置琳所坐艦中，令一閹豎監守之。琳乃移湘州軍府就郢城，帶甲十萬，練兵於白水浦。琳巡軍而言曰：「可以爲勤王之師矣，温太真何人哉！」南江渠帥熊曇朗、周迪懷貳，琳遣李孝欽、樊猛與余孝頃同討之。三將軍敗，並爲迪所囚。安都、文育等盡逃還建鄴。

初，魏剋江陵之時，永嘉王莊年甫七歲，逃匿人家。後琳迎還湘中，衞送東下。及敬帝立，出質于齊，請納莊爲梁主。齊文宣遣兵援送，仍遣兼中書令李騊駼册拜琳爲梁丞相、都督中外諸軍、録尚書事。又遣中書舍人辛慤、游詮之等齎璽書江表宣勞，自琳以下皆有頒賜。琳乃遣兄子叔寶率所部十州刺史子弟赴鄴，奉莊纂梁祚於郢州。莊授琳侍中、使持節、大將軍、中書監，改封安成郡公，其餘並依齊朝前命。

及陳文帝立，琳乃輔莊次于濡須口。齊遣揚州道行臺慕容儼率衆臨江，爲其聲援。陳遣安州刺史吴明徹江中夜上，將襲盆城。琳遣巴陵太守任忠大敗之，明徹僅以身免。琳兵因東下，陳遣太尉侯瑱、司空侯安都等拒之。瑱等以琳軍方盛，引軍入蕪湖避之。時西南風至急，琳謂得天道，將直取揚州，侯瑱等徐出蕪湖躡其後。比及兵交，西南風翻爲瑱用，琳兵放火燧以擲瑱船者，皆反燒其船。琳船艦潰亂，兵士透水死者十二三。其餘皆棄船上岸，爲陳軍所殺殆盡。

初，琳命左長史袁泌、御史中丞劉仲威同典兵侍衞莊，及軍敗，泌遂降陳。仲威以莊投歷陽，又送壽陽。琳尋與莊同入齊，齊孝昭帝遣琳出合肥，鳩集義故，更圖進取。琳乃繕艦，分遣招募淮南傖楚，皆願戮力。陳合州刺史裴景暉，琳兄珉之壻也，請以私屬導引齊師，孝昭委琳與行臺左丞盧潛率兵應赴。沈吟不決，景暉懼事泄，挺身歸齊。齊孝昭賜琳璽書令鎮壽陽，其部下將帥悉聽以從，乃除琳驃騎大將軍、開府儀同三司、揚州刺史，封會稽郡公。又增兵秩，兼給鐃吹。琳水陸戒嚴，將觀釁而動，屬陳氏結好於齊，使琳更聽後圖。

琳在壽陽，與行臺尚書盧潛不協，更相是非，被召還鄴。齊武成置而不問，除滄州刺史。後以琳爲特進、侍中。所居屋脊無故剥破，出赤蛆數升，汁落地化爲血，蠕動〔二五〕。有龍出於門外之池〔二六〕，雲霧起，晝晦。會陳將吴明徹寇齊，齊帝敕領軍將軍尉破胡等出援秦州，令琳共爲經略。琳謂所親曰：「今太歲在東南，歲星居牛斗分，太白已高，皆利爲客，我將有喪。」又謂破胡曰：「吴兵甚鋭，宜長策制之，慎勿輕鬬。」破胡不從。戰，軍大敗。琳單馬突圍，僅而獲免。還至彭城，齊令便赴壽陽，并許召募。又進封琳巴陵郡王。陳將吴明徹進兵圍之，堰肥水灌城。而齊將皮景和等屯於淮西〔二七〕，竟不赴救。明徹晝夜攻擊，城内水氣轉侵，人皆患腫，死病相枕。從七月至十月，城陷被執，百姓泣而從之。吴明徹恐其爲變，殺之城東北二十里，時年四十八。哭者聲如雷。有一叟以酒脯來至，號酹盡哀，收其血懷之而去。傳首建康，懸之於市。

琳故吏梁驃騎府倉曹參軍朱瑒致書陳尚書僕射徐陵求琳首，曰：

竊以朝市遷貿，時傳骨鯁之風；歷運推移，間表忠貞之迹。故典午將滅，徐廣爲晉家遺老；當塗已謝，馬孚稱魏室忠臣。用能播美於前書，垂名於後世。梁故建寧公琳，洛濱餘胄，沂川舊族，立功代邸，効績中朝。當離亂之辰，總蕃伯之任。爾乃輕躬殉主，以身許國，寔追蹤於往彥，信踵武於前脩。而天厭梁德，尚思匡繼，徒蘊包胥之念，終遘萇弘之眚。洎王業光啓，鼎祚有歸，於是遠跡山東，寄命河北。雖輕旅臣之歎，猶懷客卿之禮。感茲知己，忘此捐軀。至使身没九泉，頭行萬里。誠復馬革裹屍，遂其生平之志，原野暴骸，會彼人臣之節。然身首異處，有足悲者。封樹靡卜，良可愴焉。

瑒早簉末僚，預參下席，降薛君之吐握，荷魏公之知遇。是用霑巾雨袂，痛可識之顏；回腸疾首，切猶生之面。伏惟聖恩博厚，明詔爰發，赦王經之哭，許田横之葬。瑒雖芻賤，竊亦有心。琳經莅壽陽，頗存遺愛；曾游江右，非無舊德。比肩東閤之吏，繼踵西園之賓，願歸彼境，還脩窀穸。庶孤墳既築，或飛銜土之鷰；豐碑式樹，時留墮淚之人。近故舊王緡等已有論牒，仰蒙制議，不遂所陳。昔廉公告逝，即肥川而建塋域〔二八〕；叔孫云亡，仍芍陂而植楸檟〔二九〕。由此言之，抑有其例。不使壽春城下，唯傳報葛之人；滄洲島上，獨有悲田之客。昧死陳祈，伏待刑憲。

陵嘉其志節，又明徹亦數夢琳求首，並爲啓陳主而許之。仍與開府主簿劉韶慧等持其首還于淮南，權瘞八公山側，義故會葬者數千人。瑒等乃間道北歸，別議迎接。尋有揚州人茅智勝等五人密送喪柩達于鄴，贈十五州諸軍事、揚州刺史、侍中、特進、開府、録尚書事，謚曰忠武王，葬給轀輬車。

琳體貌閑雅，立髮委地，喜怒不形於色。雖無學業，而强記内敏，軍府佐史千數，皆識其姓名。刑罰不濫，輕財愛士，得將卒之心。少爲將帥，屢經喪亂，雅有忠義之節。雖本圖不遂，齊人亦以此重之，待遇甚厚。及敗爲陳軍所執，吴明徹欲全之，而其下將領多琳故吏，爭來致請，并相資給，明徹由此忌之，故及於難。當時田夫野老，知與不知，莫不爲之歔欷流泣。觀其誠信感物，雖李將軍之恂恂善誘，殆無以加焉。

琳十七子，長子敬在齊襲王爵，武平末通直常侍。第九子衍，隋開皇中開府儀同三司，大業初，卒於渝州刺史。

張彪不知何許人，自云家本襄陽，或云左衛將軍、衡州刺史蘭欽外弟也。少亡命在若邪山爲盜，頗有部曲。臨城公大連出牧東揚州，彪率所領客焉。始爲防閤，後爲中兵參軍，禮遇甚厚。及侯景將宋子仙攻下東揚州，復爲子仙所知。後去子仙，還入若邪義舉，征子仙不捷，仍走向剡。

趙伯超兄子稜爲侯景山陰令，去職從彪。後懷異心，僞就彪計，請酒爲盟，引刀子披心出血自歃，彪信之，亦取刀刺血報之。刀始至心，稜便以手案之，望入彪心，刀斜傷得不深。稜重取刀刺彪，頭面被傷頓絕。稜謂已死，因出外告彪諸將，言已殺訖，欲與求富貴。彪左右韓武入視，彪已蘇，細聲謂曰：「我尚活，可與手。」於是武遂誅稜。彪不死，復奉表元帝，帝甚嘉之。

及侯景平，王僧辯遇之甚厚，引爲爪牙，與杜龕相似，世謂之張、杜。貞陽侯踐位，爲東揚州刺史，并給鼓吹。室富於財，晝夜樂聲不息。剡令王懷之不從，彪自征之〔三〇〕。留長史謝岐居守〔三一〕。會僧辯見害，彪不自展拔。時陳文帝已據震澤，將及會稽，彪乃遣沈泰、吴寶真還州助岐保城。彪後至，泰等反與岐迎陳文帝入城。彪因其未定，踰城而入。陳文帝遂走出，彪復城守。沈泰説陳文帝曰：「彪部曲家口並在香巖寺，可往收取。」遂往盡獲之。彪將申進密與泰相知〔三二〕，因又叛彪，彪復敗走，不敢還城。據城之西山樓子，及暗得與弟崑崙、妻楊氏去。猶左右數人追隨，彪疑之皆發遣，唯常所養一犬名黄蒼在彪前後，未曾捨離。乃還入若邪山中。

沈泰説陳文帝遣章昭達領千兵重購之，并圖其妻。彪眠未覺，黄蒼驚吠劫來，便嚙一人中喉即死。彪拔刀逐之，映火識之，曰：「何忍舉惡。卿須我者但可取頭，誓不生見陳蒨。」劫曰：「官不肯去，請就平地。」彪知不免，謂妻楊呼爲鄉里曰：「我不忍令鄉里落佗處，今當先殺鄉里然後就死。」楊引頸受刀，曾不辭憚。彪不下刀，便相隨下嶺到平處。謂劫曰：「卿須我頭，我身不去也。」呼妻與訣，曰：「生死從此而別，若見沈泰、申進等爲語曰，功名未立，猶望鬼道相逢。」劫不能生得，遂殺彪并弟，致二首於昭達。黄蒼號叫彪屍側，宛轉血中，若有哀狀。

昭達進軍，迎彪妻便拜，稱陳文帝教迎爲家主。楊便改啼爲笑，欣然意悦，請昭達殯彪喪。墳冢既畢，黄蒼又俯伏冢間，號叫不肯離。楊還經彪宅，謂昭達曰：「婦人本在容貌，辛苦日久，請暫過宅莊飾。」昭達許之。楊入屋，便以刀割髮毁面，哀哭慟絶，誓不更行。陳文帝聞之，歎息不已，遂許爲尼。後陳武帝軍人求取之，楊投井決命。時寒，比出之垂死，積火温燎乃蘇，復起投於火。

彪始起於若邪，興於若邪，終於若邪。及妻犬皆爲時所重異。楊氏，天水人，散騎常侍曒之女也。有容貌，先爲河東裴仁林妻，因亂爲彪所納。彪友人吴中陸山才嗟泰等翻背，刊吴昌門爲詩一絶曰：「田横感義士，韓王報主臣。若爲留意氣，持寄禹川人。」

論曰：忠義之道，安有常哉。善言者不必能行，蹈之者恒在所忽。江子一、胡僧祐，太清之季，名宦蓋微。江則自致亡軀，胡亦期之殞命，然則貞勁之節，歲寒自有性也。文盛克終有鮮，詩人得所誡焉。子春戰乃先鳴，幽通有助，及乎梁州之敗，而以濯足爲尤。杜氏終致覆亡，亦云圖墓之咎。吉凶之兆，二者豈易知乎。王琳亂朝忠節，志雪仇恥，然天方相陳，義難弘濟，斯則大廈落構，豈一木所能支也。張彪一遇何懷，死而後已；唯妻及犬，義悉感人，記傳所陳，何以加此，異乎！

校勘記

〔一〕江子一字元亮　「元亮」，梁書卷四三江子一傳、册府卷七五三作「元貞」。

〔二〕其姑夫左衞將軍朱异權要當朝　「左衞將軍」，梁書卷四三江子一傳、册府卷七八一作「右衞將軍」。按梁書卷三八朱异傳：「大同四年，遷右衞將軍。」「太清元年，遷左衞將軍，領步兵。」疑當以梁書爲是。

〔三〕子四自右丞上封事極言得失　「事」字原脱，據北監本、殿本及梁書卷四三江子一傳、册府卷四六〇、通志卷一六六補。

〔四〕以大通三年避爾朱氏之難歸梁　「三年」，梁書卷四六胡僧祐傳、册府卷四四四宋本、通志卷一四二作「二年」。按魏書卷一〇莊帝紀，尒朱榮發動河陰之變在建義元年四月，即梁大通二年。疑當作「二年」。

〔五〕歸使戍項城　梁書卷四六胡僧祐傳、册府卷四四四無「歸」字。

〔六〕除南天水天門二郡太守　「除」，原作「陳」，據宋乙本壹、南監本、北監本、汲本、殿本及梁書卷四六胡僧祐傳、册府卷二一五改。

〔七〕巴州刺史王珣等會之　「王珣」，原作「王徇」，據梁書卷四六徐文盛傳、册府卷二〇〇、通鑑卷一六四梁紀二〇大寶二年、通志卷一四三改。

〔八〕使我何處得降　「處」，梁書卷四六徐文盛傳作「遽」，疑是。

〔九〕鏗嘗爲賊禽　「嘗」，原作「當」，據陳書卷三四文學阮卓傳附陰鏗傳、御覽卷二五九引三國典略、卷四七九引陳書、卷八四四引梁書、册府卷八六五、通志卷一四五改。

〔一〇〕有文集三卷行於世　「文集」，宋乙本壹及陳書卷三四文學阮卓傳附陰鏗傳作「集」。

〔一一〕流矢中其目　「流」，原作「溪」，據通志卷一四二改。

〔一二〕號爲杜彪　「杜彪」，通志卷一四二作「杜虎」，此避唐諱而改。

〔一三〕元帝與崱兄岸有舊　「有」字原脱，據梁書卷四六杜崱傳、通志卷一四二補。

〔一四〕齊將郭元建攻秦州刺史嚴超達於秦郡　「嚴超達」，梁書卷四六杜崱傳、册府卷三五二作「嚴超遠」。梁書卷五元帝紀、陳書卷一高祖紀上及北齊書卷一六段榮傳附段韶傳、卷四一暴顯傳均作「嚴超達」。

〔一五〕崱又與王僧辯西討平武陵王於硤口　「硤口」，原作「硤石」，據梁書卷四六杜崱傳、通志卷一四二改。

〔一六〕遂奔其兄南陽太守巘於廣平　「廣平」，梁書卷四六杜崱傳附杜岸傳作「南陽」，云「遂走保其兄巘於南陽，巘時爲南陽太守」。按廣平、南陽並爲雍州領郡，兩地相近。

〔一七〕仍進軍大舉口　「大舉口」，原作「大舉漢口」，據梁書卷五六侯景傳、通鑑卷一六三梁紀一九大寶元年改。按通鑑胡三省注引水經注：「江水東過邾縣南，東逕白虎磯北，又東逕貝磯北，又東逕黎磯北，北岸烽火洲即舉洲也，北對舉口。」

〔一八〕封中廬縣侯　「中廬」，原作「中盧」，據通志卷一四五改。按「中盧」縣於史無聞，王懋竑記疑謂「『盧』當作『廬』」。據宋書卷三七州郡志三、南齊書卷一五州郡志下，中廬爲雍州襄陽郡轄縣。

〔一九〕又加散騎常侍鎮南大將軍　「鎮南」，梁書卷四六杜崱傳附杜龕傳作「鎮東」。

〔二〇〕身輕上江陵陳謝　「輕」，南監本、北監本、殿本及北齊書卷三二王琳傳作「徑」。

〔二一〕而使廷尉卿黃羅漢太舟卿張載宣喻琳軍　「太舟卿」，北齊書卷三二王琳傳作「太府卿」。

〔二二〕又臠割備五刑而斬之　「備」，原作「被」，據北齊書卷三二王琳傳、册府卷六六三、通志卷一四二改。

〔二三〕元帝乃鎖琳送　「送」字下，册府卷二一五有「僧辯」，卷四一二有「長沙」，通志卷一四二有「之」字，此疑有脱文。

〔二四〕琳乘平肩輿　「肩」字原脱，據北齊書卷三二王琳傳、册府卷三五四、通志卷一四二補。

〔二五〕出赤蛆數升汁落地化爲血蠕動　北齊書卷三二王琳傳、御覽卷九五一引梁書、册府卷九五一無「汁」字。

〔二六〕有龍出於門外之池　「池」，南監本、北監本、殿本及北齊書卷三二王琳傳、册府卷九五一作「地」。

〔二七〕而齊將皮景和等屯於淮西　「淮西」，北齊書卷三二王琳傳同，卷四一皮景和傳作「淮口」。

〔二八〕即肥川而建塋域　「塋域」，原作「營域」，據北齊書卷三二王琳傳、英華卷六九三朱瑒與徐陵請王琳首書、册府卷八〇四改。

〔二九〕叔孫云亡仍芍陂而植楸櫝　「叔孫」，北齊書卷三二王琳傳、册府卷八〇四作「孫叔」。按英華卷六九三朱瑒與徐陵請王琳首書「孫叔」下小注：「南史作『叔孫』。」「孫叔」即孫叔敖，水經注卷三二肥水：「芍陂，陂周百二十許里，在壽春縣南八十里，言楚相孫叔敖所造。」疑南史互倒。

〔三〇〕剡令王懷之不從彪自征之　「剡令王懷之」，按王鳴盛商榷卷六三：陳書文帝紀「作『臨海太守王懷振」。案東揚州即會稽也，臨海相距遠，故往征，而留岐居守。若剡則會稽屬縣，且其時僧辯尚在，屬令未必敢爲梗，何至舍郡城而往圍一縣乎？當從陳書」。梁書卷六敬帝紀亦云：「太平元年正月，「東揚州刺史張彪圍臨海太守王懷振於剡巖」。

〔二〕留長史謝岐居守　「謝岐」，原作「謝歧」，據南監本、北監本、殿本及通志卷一四二、梁書卷六敬帝紀改。下徑改不再出校。按謝岐傳見陳書卷一六。

〔三〕彪將申進密與泰相知　「申進」，陳書卷二〇韓子高傳、卷二二及本書卷六七陸子隆傳均作「申縉」。

南史卷六十五

列傳第五十五

陳宗室諸王

永脩侯擬　遂興侯詳　宜黃侯慧紀　衡陽獻王昌 子伯信
南康愍王曇朗 子方泰 方慶　文帝諸子　宣帝諸子　後主諸子

永脩侯擬字公正，陳武帝之疎屬也。少孤貧，質直强記。武帝南征交阯，擬從焉。梁紹泰二年，除員外散騎常侍、明威將軍，以雍州刺史資，監南徐州事。

武帝踐祚，廣封宗室，詔從子監南徐州擬封永脩縣侯，北徐州刺史褒封鍾陵縣侯，晃封建城縣侯，炅封上饒縣侯。從孫明威將軍訬封虔化縣侯，吉陽縣侯詛仍前封，信威將軍祏封豫寧縣侯〔一〕，青州刺史詳封遂興縣侯，貞威將軍慧紀封宜黃縣侯，敬雅封寧都縣侯，敬泰封平固縣侯。

文帝嗣位，擬除丹陽尹，坐事以白衣知郡，尋復本職。卒，謚曰定。天嘉二年，配享武帝廟庭。子黨嗣。

遂興侯詳字文幾，少出家爲沙門。善書記，談論清雅。武帝討侯景，召令還俗，配以兵馬，從定建鄴。永定二年，封遂興縣侯。天嘉三年，累遷吴州刺史。五年，討周迪，戰敗，死之。以所統失律，無贈謚。子正理嗣。

宜黄侯慧紀字元方，武帝之從孫也。涉獵書史，負材任氣。從武帝平侯景。及帝踐祚，封宜黄縣侯，除黄門侍郎。

太建十年，吴明徹北侵敗績，以慧紀爲緣江都督、兗州刺史。至德二年，爲都督、荆州刺史。及梁安平王蕭巖、晉熙王蕭瓛等詣慧紀請降〔二〕，慧紀以兵迎之。以應接功，位開府儀同三司。

禎明三年，隋師濟江，慧紀率將士三萬人，船艦千餘乘，沿江而下，欲趣臺城。遣南康太守呂肅將兵據巫峽〔三〕，以五條鐵鎖横江，肅竭其私財以充軍用。隋將楊素奮兵擊之，四十餘戰，爭馬鞍山及磨刀澗守險。隋軍死者五千餘人，陳人盡取其鼻，以求功賞。既而隋軍屢捷，獲陳之士，三縱之。肅乃遁保延洲。别帥廖世寵領大舫詐降，欲燒隋艦，更決死一戰。於是有五黄龍備衆色，各長十餘丈，驤首連接，順流而東，風浪大起，雲霧晦冥，陳人震駭，不覺火自焚。隋軍乘高艦，張大弩以射之，陳軍大敗，風浪應時頓息。肅收餘衆東走。

慧紀時至漢口，爲隋秦王俊拒，不得進。聞肅敗，盡燒公安之儲，僞引兵東下，因推湘州刺史晉熙王叔文爲盟主〔四〕。水軍都督周羅睺與郢州刺史荀法尚守江夏。及建鄴平，隋晉王廣遣一使以慧紀子正業來喻，又使樊毅喻羅睺，其上流城戍悉解甲。於是慧紀及巴州刺史畢寶並慟哭俱降。慧紀入隋，依例授儀同三司，卒。子正平，頗有文學。

衡陽獻王昌字敬業，武帝第六子也。梁太清末，武帝南征李賁，命昌與宣后隨沈恪還吴興。及武帝東討侯景，昌與宣后、文帝並爲景囚。景平，拜長城國世子，吴興太守，時年十六。

昌容貌偉麗，神情秀朗，雅性聰辯，明習政事。武帝遣陳郡謝哲、濟陽蔡景歷輔昌臨郡，又遣吴郡杜之偉授昌以經。昌讀書一覽便誦，明於義理，剖析如流。尋與宣帝俱往荆州。魏剋荆州，又與宣帝俱遷長安。

武帝即位，頻遣使請宣帝及昌，周人許而未遣。及武帝崩，乃遣之。時王琳作梗中流，昌不得還，居于安陸。王琳平後，天嘉元年二月，昌發自安陸，由魯山濟江。而巴陵王蕭沇等率百僚上表，請以昌爲湘州牧，封衡陽郡王。詔曰「可」。三月甲戌入境，詔令主書舍人緣道迎接。丙子濟江，於中流殞之，使以溺告。四月庚寅，喪柩至都，上親臨哭。乃下詔贈假黄鉞、都督中外諸軍事、太宰、揚州牧，葬送之儀，一依漢東平憲王、齊豫章文獻王故事，謚曰獻。無子，文帝以第七皇子伯信嗣。

伯信字孚之，位西衡州刺史。及隋師濟江，與臨汝侯方慶並爲東衡州刺史王勇所害。

南康愍王曇朗，武帝母弟忠壯王休先之子也。休先少倜儻有大志，梁簡文之在東宮，深被知遇，爲文德主帥，頃之卒。敬帝即位，追贈南徐州刺史，封武康縣公〔五〕。武帝受禪，贈司徒，封南康郡王，謚曰忠壯。

曇朗少孤，尤爲武帝所愛。有膽力，善綏御。侯景平後，起家著作郎〔六〕。武帝誅王僧辯，留曇朗鎮京口，知留府事。

紹泰元年，除中書侍郎，監南徐州。二年，齊兵攻逼建鄴，因請和，求武帝子姪爲質。時四方州郡，並多未賓，本根虛弱，糧運不繼，在朝文武，咸願與齊和親。武帝難之，而重違衆議，乃決遣曇朗。恐曇朗憚行，或當奔竄，乃自率步騎京口迎之〔七〕，使質於齊。齊背約，遣蕭軌等隨徐嗣徽度江。武帝大破之，虜蕭軌、東方老等誅之，齊人亦害曇朗于晉陽。時陳與齊絕，弗之知。武帝踐祚，猶以曇朗襲封南康郡王，奉忠壯王祀，禮秩一同皇子。天嘉二年，齊人結好，始知其亡，文帝詔贈開府儀同三司、南徐州刺史，謚曰愍。乃遣兼郎中令隨聘使江德藻迎曇朗喪柩〔八〕，三年春至都。

初，曇朗未質於齊，生子方泰、方慶；及將適齊，以二妾自隨，在北又生二子方華、方曠，亦同得還。

方泰少麤獷，與諸惡少年羣聚，游逸無度，文帝以南康王故，特寬宥之。天嘉二年〔九〕，以爲南康王世子。及聞曇朗薨，於是襲爵南康王。太建四年，爲都督、廣州刺史。爲政殘暴，爲有司奏免。六年，授豫章内史，在郡不脩政事。秩滿之際，屢放部曲爲劫，又縱火延燒邑居，因行暴掠，驅録富人，徵求財賄。代至，又淹留不還。至都，以爲宗正卿。未拜，爲御史中丞宗元饒所劾，免官，以王還第。十一年，起爲寧遠將軍，直殿省。尋加散騎常侍。其年八月，宣帝幸大壯觀，因大閲武。命都督任忠領步騎十萬，陣於玄武湖，都督陳景領樓艦五百出於瓜步江。上登玄武門觀，宴羣臣以觀之〔一〇〕。因幸樂游苑，設絲竹會。仍重幸大壯觀，集衆軍，振旅而還。時方泰當從，啓稱所生母疾，不行。因與亡命楊鍾期等二十人微行往人間，淫淳于岑妻，爲州長流所録。又率人仗抗拒，傷損禁司，爲有司所奏。上大怒，下方泰獄。方泰初承行淫，不承拒格禁司。上曰：「不承則上測。」方泰乃投列承引。於是兼御史中丞徐君整奏請解方泰所居官〔一一〕，下宗正削爵土，上可其奏。禎明初，爲侍中。陳亡，與後主俱入長安。隋大業中，爲掖縣令。

方慶少清警，涉獵書傳。及長有幹略。天嘉中，封臨汝縣侯。至德二年，累遷智武將軍、武州刺史。

初，廣州刺史馬靖久居嶺表，大得人心，士馬强盛，朝廷疑之，以方慶爲廣州刺史，以兵襲靖。靖誅，進號宣毅將軍。方慶性清謹，甚得人和。

禎明三年，隋師濟江，都督、東衡州刺史王勇徵兵於方慶，欲與赴援臺城。時隋行軍總管韋洸帥兵度嶺，宣隋文帝敕云：「若嶺南平定，留勇與豐州刺史鄭萬頃且依舊職。」方慶聞之，恐勇賣己，且欲觀變，乃不從。勇使高州刺史戴智烈斬方慶於廣州，而收其兵。

鄭萬頃，滎陽人，梁司州刺史紹叔之始族子也。父昺，梁末入魏。萬頃通達有材幹，周武帝時，爲司城大夫，出爲温州刺史。至德中，與司馬消難奔陳，拜散騎常侍、昭武將軍、豐州刺史。在州甚有惠政，吏人表請立碑，詔許焉。初，萬頃在周，甚被隋文帝知遇，及隋文帝踐祚，常思還北。及王勇殺方慶，萬頃乃率州兵拒勇降隋，隋授上儀同，尋卒。

文帝十三男：沈皇后生廢帝、始興王伯茂。嚴淑媛生鄱陽王伯山、晉安王伯恭。潘容華生新安王伯固。劉昭華生衡陽王伯信。王充華生廬陵王伯仁。張脩容生江夏王伯義。韓脩華生武陵王伯禮。江貴妃生永陽王伯智。孔貴妃生桂陽王伯謀。二男早卒，無名；伯信出繼衡陽王昌。

始興王伯茂字鬱之，文帝第二子也。初，武帝兄始興昭烈王道談仕梁爲東宮直閤將軍。侯景之亂，援臺中流矢卒。紹泰二年，贈南兗州刺史，封義興郡公，謚曰昭烈〔二〕。武帝受禪，重贈太傅，改封始興郡王。道談生文帝及宣帝。宣帝以梁承聖末遷於長安，至是武帝遥以宣帝襲封始興嗣王，以奉昭烈王祀。武帝崩，文帝入纂帝位。時宣帝在周未還，文帝以本宗乏饗，徙封宣帝爲安成王，封伯茂爲始興王，以奉昭烈王祀。賜天下爲父後者爵一級。舊制，諸王受封未加戎號者，不置佐史。於是尚書八坐奏加伯茂寧遠將軍，置佐史，除揚州刺史。

伯茂性聰敏，好學，謙恭下士，又以太子母弟，文帝深愛重之。時軍人於丹徒盜發晉郗曇墓，大獲晉右將軍王羲之書及諸名賢遺跡。事覺，其書並没縣官，藏于祕府。文帝以伯茂好古，多以賜之。由是伯茂大工草隸書，甚得右軍法。

遷東揚州刺史、鎮東將軍、開府儀同三司。廢帝時，伯茂在都，劉師知等矯詔出宣帝，伯茂勸成之。師知等誅後，宣帝恐伯茂扇動朝廷，乃進號中衛將軍，令入居禁中，專與廢帝游處。時四海之望，咸歸宣帝，伯茂深不平，數肆惡言。宣帝以其無能，不以爲意。及建安人蔣裕與韓子高等謀反，伯茂並陰豫其事。光大二年，皇太后令黜廢帝爲臨海王，其日又下令降伯茂爲温麻侯。時六門之外有別館，以爲諸王冠昏之所，名爲昏第，至是命伯茂出居之，宣帝遣盜殞之於車中，年十八。

鄱陽王伯山字靜之，文帝第三子也。偉容儀，舉止閑雅，喜愠不形於色。武帝時，天下草創，諸王受封，儀注多闕。及伯山受封，文帝欲重其事，天嘉元年七月丙辰，尚書八坐奏封鄱陽郡王，乃遣度支尚書蕭睿持節兼太宰告于太廟，又遣五兵尚書王質持節兼太宰告于太社。其年十月，上臨軒策命，策訖，令王公以下，並宴於王第。六年，爲緣江都督、平北將軍、南徐州刺史。宣帝輔政，不欲令伯山處邊，光大元年，徙爲東揚州刺史。累遷征南將軍，護軍將軍，加開府儀同三司，給鼓吹并扶。

伯山性寬厚，美風儀，又於諸王最長，後主深敬重之。每朝庭有冠昏饗宴，恒使爲主。及遭所生憂，居喪以孝聞。後主嘗幸吏部尚書蔡徵宅，因往弔之，伯山號慟殆絕，因起爲鎮衞將軍，乃謂羣臣曰：「鄱陽王至性可嘉，又是西第之長，豫章已兼司空，其亦須遷太尉。」未及發詔，禎明三年薨。尋屬陳亡，遂無贈謚。

長子君範，未襲爵而隋師至。時宗室王侯在都者百餘人，後主恐其爲變，乃並召入，屯朝堂，使豫章王叔英總督之，又陰爲之備。六軍敗績，相率出降，因從後主入長安。隋文帝並配隴右及河西諸州，各給田業以處之。大業二年，隋煬帝以後主第六女婤爲貴人〔三〕，絶愛幸，因召陳氏子弟盡還京師，隨才敘用，由是並爲守宰，徧於天下。君範位溫縣令。

新安王伯固字牢之，文帝第五子也。生而龜胸，目通睛揚白，形狀眇小，而俊辯善言論。天嘉六年，立爲新安郡王。太建七年，累遷都督、南徐州刺史。伯固性嗜酒，不好積聚，所得祿奉，用度無節。酣醉以後，多所乞丐，於諸王中最爲貧窶。宣帝每矜之，特加賞賜。性輕率，好行鞭捶。在州不知政事，日出田獵。或乘眠輿至於草間，輒呼人從游，動至旬日。所捕麞鹿，多使生致。宣帝頗知之，遣使責讓者數矣。

十年，爲國子祭酒。頗知玄理，而墯業無所通；至於擿句問難，往往有奇意。爲政嚴苛，國學有墯游不脩習者，重加檟楚，生徒懼焉，由是學業頗進。

十三年，爲都督、揚州刺史。後主初在東宮，與伯固甚親狎。伯固又善謿謔，宣帝每宴集，多引之。叔陵在江州，心害其寵，陰求瑕疵，將中以法。及叔陵入朝，伯固懼罪，諂求其意，乃共訕毁朝賢，歷詆文武，雖耆年高位，皆面折無所畏忌。伯固性好射雉，叔陵又好開發冢墓，出游田野，必與偕行，於是情好大協，遂謀不軌。伯固侍禁中，每有密語，必報叔陵。及叔陵奔東府，遣使告之，伯固單馬馳赴，助叔陵指麾。知事不捷，便欲走。會四門已閉，不得出，因趣白楊道。臺馬容至，爲亂兵所殺，尸於昌館門〔一四〕，時年二十八。詔特許以庶人禮葬。子及所生王氏，並特宥爲庶人〔一五〕，國除。

晉安王伯恭字肅之，文帝第六子。天嘉六年封。尋爲吴郡太守。時年十餘歲，便留心政事，官曹緝理。歷位尚書左僕射，後爲中衛將軍、右光禄大夫。陳亡入長安。大業初，爲成州刺史、太常少卿〔一六〕。

廬陵王伯仁字壽之，文帝第八子。天嘉六年立。爲侍中、國子祭酒，領太子中庶子〔一七〕。陳亡，卒于長安。

江夏王伯義字堅之，文帝第九子。天嘉六年封。位金紫光禄大夫。陳亡入長安。遷於瓜州，道卒。

武陵王伯禮字用之，文帝第十子。天嘉六年立。太建初，爲吴興太守。在郡恣行暴掠，後爲有司所劾。十一年，被代徵還，遂遷延不發，爲御史中丞徐君整所劾，免。陳亡入長安。大業中，爲臨洮太守。

永陽王伯智字策之，文帝第十二子。少敦厚，有器局，博涉經史。太建中立〔一八〕。累遷尚書左僕射〔一九〕，後爲特進。陳亡入長安。大業中，爲國子司業。

桂陽王伯謀字深之，文帝第十三子。太建中立〔二〇〕。位散騎常侍，薨。子鄲，大業中，爲番禾令。

宣帝四十二男：柳皇后生後主。彭貴人生始興王叔陵。曹淑華生豫章王叔英。何淑儀生長沙王叔堅、宜都王叔明。魏昭華生建安王叔卿〔二一〕。錢貴妃生河東王叔獻。劉昭儀生新蔡王叔齊。袁昭容生晉熙王叔文、義陽王叔達、新會王叔坦。王姬生淮南王叔彪、巴山王叔雄。吴姬生始興王叔重。徐姬生尋陽王叔儼。淳于姬生岳陽王叔慎。王脩華生武昌王叔虞。韋脩容生湘東王叔平。施姬生臨賀王叔敖、沅陵王叔興。曾姬生陽山王叔宣。楊姬生西陽王叔穆。申婕妤生海陵王叔儉〔三二〕、南郡王叔澄、岳山王叔韶、太原王叔匡。袁姬生新興王叔純。吳姬生巴東王叔謨。劉姬生臨海王叔顯〔三三〕。秦姬生新寧王叔隆、新昌王叔榮。其皇子叔叡、叔忠、叔泓、叔毅、叔訓、叔武、叔處、叔封八人，並未及封。三子早卒，無名。

始興王叔陵字子嵩，宣帝之第二子也。梁承聖中，生於江陵。魏剋江陵，宣帝遷關右，叔陵留穰城。宣帝之還，以後主及叔陵爲質。天嘉三年，隨後主還朝，封康樂縣侯。叔陵少機辯，狥聲名，强粱無所推屈。太建元年，封始興王，奉昭烈王祀。位都督、江州刺史，時年十六，政自己出，僚佐莫預焉。性嚴刻，部下懾憚。諸公子姪及罷縣令長，皆逼令事己。豫章內史錢法成詣府進謁，即配其子季卿將領馬仗。季卿慙恥不時至，叔陵大怒，侵辱法成，法成憤怨，自縊而死。州縣非其部內，亦徵攝案之。朝貴及下吏有乖忤者，輒誣奏其罪，陷以重辟。

四年，遷都督、湘州刺史。諸州鎮聞其至，皆震恐股慄。叔陵日益橫，征伐夷、獠，所得皆入己，絲毫不以賞賜。徵求役使，無有紀極。夜常不卧，執燭達曉，呼召賓客，說人間細事，戲謔無所不爲。性不飲酒，唯多置餚胾，晝夜食噉而已。自旦至中，方始寢寐。曹局文案，非呼不得輒白。笞罪者皆繫獄，動數年不省視。瀟、湘以南，皆逼爲左右，廛里殆無遺者。其中脱有逃竄，輒殺其妻子。州縣無敢上言，宣帝弗之知。

九年，除都督、揚州刺史。十年，至都，加扶，給油幢車。叔陵居東府，事務多關涉省閣，執事之司，承意順旨，即諷上進用之。微致違忤，必抵大罪，重者至殊死。道路藉藉，皆言其有非常志。叔陵脩飾虚名，每入朝，常於車中馬上，執卷讀書，高聲長誦，陽陽自若。歸坐齋中，或自執斧斤，爲沐猴百戲。又好游冢墓間，遇有塋表主名可知者，輒命左右發掘，取其石誌、古器并骸骨肘脛，持爲翫弄，藏之府庫。人間少妻處女，微有色貌者，並即逼納。

十一年，丁所生母彭氏憂，去職。頃之，起爲本職。晉世王公貴人，多葬梅嶺，及彭氏卒，叔陵啓求梅嶺葬之，乃發故太傅謝安舊墓，棄去安柩，以葬其母。初喪日，僞爲哀毁，自稱刺血寫涅槃經。未及十旬，乃日進甘膳。又私召左右妻女，與之姦合，所作尤不軌，侵淫上聞。宣帝責御史中丞王政以不舉奏，免政官。又黜其典籤、親事，仍加鞭捶。宣帝素愛叔陵，不繩以法，但責讓而已。服闋，又爲侍中、中軍大將軍。

及宣帝不豫，後主諸王並入侍疾。叔陵陰有異志，命典藥吏礪切藥刀。及倉卒之際，又命左右取劍，左右不悟，乃取朝服所佩木劍以進，叔陵怒。及翌日小斂，後主哀頓俯伏，叔陵以剉藥刀斫後主中項。太后馳來救焉，叔陵又斫太后數下。後主乳媪樂安君吴氏時在太后側，自後掣肘，後主因得起。叔陵仍持後主衣，後主自奮得免。長沙王叔堅以手搤叔陵，奪去其刀，仍牽就柱，以其褶袖縛之，棄池水中，將殺之，問後主曰：「即盡之，爲待也？」時吴媪已扶後主避賊，叔堅求後主所在，將受命。叔陵多力，因奮得脱〔二四〕，突出雲龍門，馳車還東府，呼其甲士斷青溪橋道。放東城囚，以充戰士。又遣人往新林追所部兵馬。仍自被甲，著白帽，登城西門，招募百姓，散金銀以賞賜。外召諸王將帥，無有應者，唯新安王伯固聞而赴之。叔陵聚兵僅得千人，欲據城保守。

時衆軍並緣江防守，臺内空虚，叔堅白太后，使太子舍人司馬申急召右衛將軍蕭摩訶，將兵至府西門。叔陵事急，遣記室韋諒送鼓吹與摩訶，謂曰：「事捷以公爲台鼎。」摩訶紿報曰：「須王心膂節將自來，方敢從命。」叔陵即遣戴溫、譚騏驎二人詣摩訶〔二五〕。摩訶執以送臺，斬於閣道下，持其首徇東城，仍懸於朱雀門。叔陵自知不濟，遂入沈其妃張氏及寵妾七人于井中。叔陵有部下兵先在新林，於是率人馬數百，自小航度，欲趣新林，以舟艦入北。行至白楊路，爲臺軍所邀。伯固見兵至，旋避入巷，叔陵拔刀追之，伯固復還。叔陵部下多棄甲潰散，摩訶馬容陳智深迎刺叔陵，閹豎王飛禽斫之數十下，馬容陳仲華就斬首送臺。自寅至巳乃定。尚書八坐奏：「請依宋世故事，流尸江中，汙潴其室；并毁其所生彭氏墳廟，還謝氏之塋。」後主從所奏。叔陵諸子，即日並賜死。

豫章王叔英字子烈，宣帝第三子也。寬厚仁愛。太建元年封。後位司空。隋大業中，位涪陵太守，卒。

長沙王叔堅字子成，宣帝第四子也。母本吴中酒家婢，相者言當生貴子。宣帝微時，因飲通焉，生叔堅。及貴，召拜淑儀。

叔堅少而嚴整，又頗使酒，兄弟憚之。好數術，卜筮、風角、鎔金、琢玉，並究其妙。初封豐城侯。太建元年封。累遷丹陽尹。

初，叔堅與始興王叔陵並招聚賓客，各爭權寵，甚不平。每朝會鹵簿，不肯爲先後，必分道而趨，左右或爭道而鬭，至有死者。及宣帝不豫，叔堅與叔陵等並從後主侍疾。叔陵陰有異志，叔堅疑之，微伺其所爲。及行逆，賴叔堅以免。以功進驃騎將軍、開府儀同三司、揚州刺史。尋遷司空，將軍、刺史如故。

時後主患創，不能視事，政無大小，悉決于叔堅，權傾朝廷，後主由是疎忌之。孔範、管斌、施文慶等，並東宫舊臣，日夕陰持其短。至德元年，乃詔令即本號用三司之儀，出爲江州刺史。未發，尋以爲司空，實欲奪其權。又陰令人造其厭魅，刻木爲偶人，衣以道士服，施機關，能拜跪，晝夜於星月下醮之，祝詛於上。又令人上書告其事，案驗令實。後主召叔堅囚于西省，將黜之，令近侍宣敕數之。叔堅自陳爲佞人所構，死日憇見叔陵。後主感其前功，乃赦之，免所居官，以王還第。後位中軍大將軍、開府儀同三司、荆州刺史。秩滿還都。

陳亡入隋，遷于瓜州。叔堅素貴，不知家人生産，至是與妃沈氏酣酒，不以耕種爲事。大業中，爲遂寧郡守，卒。

建安王叔卿字子弼，宣帝第五子也。性質直，有材器，容貌甚偉。太建四年立。位中書監。陳亡入隋。大業中，爲都官郎，上黨通守。

宜都王叔明字子昭，宣帝第六子也。儀容美麗，舉止和柔，狀似婦人。太建五年立。位侍中。陳亡入隋。大業中，爲鴻臚少卿。

河東王叔獻字子恭，宣帝第九子也。性恭謹，聰敏好學。太建五年立。位南徐州刺史。薨，贈司空，謚康簡。子孝寬嗣，隋大業中，爲汶城令。

新蔡王叔齊字子肅，宣帝第十一子也。風采明贍，博涉經史，善屬文。太建七年立。位侍中。陳亡入隋。大業中，爲尚書主客郎。

晉熙王叔文字子才，宣帝第十二子也。性輕險，好虛譽，頗涉書史。太建七年立。位都督、湘州刺史。徵爲侍中，未還而隋軍濟江，隋秦王至漢口。時叔文自湘州還朝，至巴州，乃率巴州刺史畢寶等請降，致書於秦王。王遣使往巴州迎勞叔文。叔文與畢寶、荆州刺史陳慧紀及文武將吏赴漢口，秦王並厚待之。及至京，隋文帝坐于廣陽門觀，叔文從後主至朝堂。文帝使内史令李德林宣旨，責其君臣不能相弼，以致喪亡。後主與其羣臣並愧懼拜伏，莫能仰視，叔文獨欣然有自得志。後上表陳在巴州先送款，望異常例。文帝嫌其不忠，而方懷柔江表，遂授開府、宜州刺史。

淮南王叔彪字子華，宣帝第十三子也。少聰慧，善屬文。太建八年立。位侍中。入隋，卒于長安。

始興王叔重字子厚，宣帝第十四子也。性質朴，無伎藝。宣帝崩，始興王叔陵爲逆，誅，其年立叔重爲始興王，以奉昭烈王後。位江州刺史。隋大業中，爲太府少卿。

尋陽王叔儼字子思，宣帝第十五子也。性凝重，舉止方正。後主即位立。位侍中。入隋卒。

岳陽王叔慎字子敬，宣帝第十六子也。少聰敏，十歲能屬文。太建十四年立。至德中，爲丹陽尹。時後主尤愛文章，叔慎與衡陽王伯信、新蔡王叔齊等，日夕陪侍賦詩，恒被嗟賞。

禎明元年，出爲湘州刺史，加都督。及隋師濟江，清河公楊素兵下荆州〔三六〕，遣將龐暉略地至湘州，州内將士，剋日請降。叔慎置酒會文武，酒酣，歎曰：「君臣之義，盡於此乎？」長史謝基伏而流涕。湘州助防遂興侯正理在坐，起曰：「主辱臣死，諸君獨非陳國臣乎？縱其無成，猶見臣節，青門之外，有死不能。今日後應者斬。」衆咸許諾，乃刑牲結盟。遣人詐奉降書於龐暉，叔慎伏甲待之。暉入，伏兵發，縛暉等以徇，皆斬之。叔慎招士衆，數日中，兵至五千人。隋遣内陽公薛冑爲湘州刺史〔二七〕，聞龐暉死，乃益請兵。隋又遣行軍總管劉仁恩救之。未至，薛冑禽叔慎，秦王斬之漢口。

義陽王叔達字子聰，宣帝第十七子也。太建十四年立。位丹陽尹。入隋，大業中，爲内史舍人，絳郡通守。武德中，位侍中，封江國公，歷禮部尚書，卒。

巴山王叔雄字子猛，宣帝第十八子也。太建十四年立。入隋，卒于長安。

武昌王叔虞字子安，宣帝第十九子也。太建十四年立。入隋，大業中，爲高苑令。

湘東王叔平字子康，宣帝第二十子也。至德元年立。入隋，大業中，爲胡蘇令。

臨賀王叔敖字子仁，宣帝第二十一子也。至德元年立。入隋，大業中，位儀同三司。

陽山王叔宣字子通，宣帝第二十二子也。至德元年立。入隋，大業中，爲涇城令。

西陽王叔穆字子和，宣帝第二十三子也。至德元年立。入隋，卒于長安。

南安王叔儉字子約，宣帝第二十四子也。至德元年立。入隋，卒于長安。

南郡王叔澄字子泉，宣帝第二十五子也。至德元年立。入隋，大業中，爲靈武令。

沅陵王叔興字子推，宣帝第二十六子也。至德元年立。入隋，大業中，爲給事郎。

岳山王叔韶字子欽，宣帝第二十七子也。至德元年立。位丹陽尹。入隋，卒于長安。

新興王叔純字子洪〔二八〕，宣帝第二十八子也。至德元年立。入隋，大業中，爲河北令。

巴東王叔謨字子軌，宣帝第二十九子也。至德四年立。入隋，大業中，爲汧陽令。

臨海王叔顯字子亮〔二九〕，宣帝第三十子也。至德四年立。入隋，大業中，爲鶉觚令。

新會王叔坦字子開，宣帝第三十一子也。至德四年立。入隋，大業中，爲涉縣令。

新寧王叔隆字子遠，宣帝第三十二子也。至德四年立。入隋，卒于長安。

新昌王叔榮字子徹，宣帝第三十三子也。禎明二年立〔三〇〕。入隋，大業中，爲内黄令。

太原王叔匡字子佐，宣帝第三十四子也。禎明二年立。入隋，大業中，爲壽光令。

後主二十二男：張貴妃生太子深、會稽王莊。孫姬生吳興王胤。高昭儀生南平王嶷。吕淑媛生永嘉王彦、邵陵王兢。龔貴嬪生南海王虔、錢唐王恬。張淑華生信義王祗。

徐淑儀生東陽王恮。孔貴人生吳郡王藩。其皇子總、觀、明、綱、統、沖、洽、綃、綽、威、辯十一人，並未及封。

太子深字承源，後主第四子也。少聰慧，有志操，容止儼然，左右近侍，未嘗見其喜愠。以母張貴妃故，特爲後主所愛。至德元年，封始安王。位揚州刺史。禎明二年，皇太子胤廢，後主乃立深爲皇太子。隋師濟江，隋將韓擒自南掖門入，百寮奔散，深時年十餘歲，閉閤而坐，舍人孔伯魚侍。隋軍排閤入，深使宣令勞之曰：「軍旅在道，不乃勞也！」軍人咸致敬焉。隋大業中，爲枹罕太守。武德初，爲祕書丞，卒官。

吳興王胤字承業，後主長子也。太建五年二月乙丑，生於東宮。母孫姬，因産卒，沈皇后哀而養之，以爲己子。後主年長未有嗣，宣帝命以爲嫡孫，詔爲父後者賜爵一級。十年，封永康公。後主即位，爲皇太子。

胤性聰敏好學，執經肄業，終日不倦，博通大義，兼善屬文。時張貴妃、孔貴嬪並愛幸，沈皇后無寵〔三〕，日夜構成后及太子之短。孔範之徒，又於外合成其事。禎明二年，廢爲吳興王，加侍中、中衛將軍〔三二〕。入隋，卒于長安。

南平王嶷字承岳，後主第二子也。方正有器局，年數歲，風采舉動，有若成人。至德元年立。位揚州刺史。遷都督、郢州刺史。入隋，卒于長安。

永嘉王彦字承懿，後主第三子也。至德元年立。位都督、江州刺史。入隋，大業中，爲襄武令。

南海王虔字承恪，後主第五子也。至德元年立。位南徐州刺史。入隋，大業中，爲涿令。

信義王祗字承敬，後主第六子也。至德元年立。位琅邪、彭城二郡太守。入隋，大業中，爲通議郎。

邵陵王兢字承檢，後主第七子也。禎明元年立。入隋，大業中，爲國子監丞。

會稽王莊字承肅，後主第八子也。容貌最陋。性嚴酷，數歲時，左右有不如意，輒刻刺其面，或加燒爇。性嗜酒，愛博。以母張貴妃寵，後主甚愛之。至德元年立〔三三〕。位揚州刺史。入隋，大業中，爲昌隆令。

東陽王恮字承厚〔三四〕，後主第九子也。禎明二年立。入隋，大業中，爲通議郎。

吳郡王蕃字承廣，後主第十子也。禎明二年封。隋大業中，爲任城令〔三五〕。

錢唐王恬字承惔，後主第十一子也。禎明二年封。入隋，卒于長安。

江左承西晉，諸王開國，並以户數相差爲大小三品。大國置上、中、下三將軍，又置司馬一人。次國置中、下二將軍。小國置將軍一人。餘官亦準此爲差。武帝受命，自永定訖于禎明，唯衡陽王昌特加禮命，至五千户，自餘大國不過二千，小國則千户云。

論曰：有陳受命，雖疆土日蹙，然封建之典，無革先王。永脩等並以疎屬列居蕃屏，慧紀始終之迹，其殆優乎。衡陽、南康，地皆懿戚，提契以殞，惟命也夫！文、宣二帝，諸子不一，鄱陽、岳陽風迹可紀，古所謂維城盤石，叔慎其近之乎。

校勘記

〔一〕信威將軍祏封豫寧縣侯　陳書卷一五陳擬傳「信威」作「信武」，「豫寧」作「豫章」。

〔二〕及梁安平王蕭巖晉熙王蕭瓛等詣慧紀請降　「晉熙王」，陳書卷六後主紀作「義興王」。按周書卷四八蕭詧傳載瓛封義興王。

〔三〕遣南康太守吕肅將兵據巫峽　「吕肅」，陳書卷一五陳慧紀傳作「吕忠肅」，隋書「忠」又作「仲」，蓋避隋文帝父忠而改。南史省「忠」字。

〔四〕因推湘州刺史晉熙王叔文爲盟主　「因」，原作「固」，據南監本、北監本、汲本、殿本及通志卷八三改。

〔五〕封武康縣公　「縣公」，陳書卷一高祖紀上作「縣侯」。按陳書卷二高祖紀下云陳武帝即位後追封陳休先爲南康郡王，所記前爵亦作「縣侯」。

〔六〕起家著作郎　「著作郎」，陳書卷一四南康愍王曇朗傳、册府卷二六九作「著作佐郎」。

〔七〕乃自率步騎京口迎之　「京口」上，陳書卷一四南康愍王曇朗傳有「往」字，通鑑卷一六六梁紀二二紹泰元年有「至」字。此疑有脱文。

〔八〕乃遣兼郎中令隨聘使江德藻迎曇朗喪柩　「郎中」二字原互倒，據陳書卷一四南康愍王曇朗傳乙正。按曇朗襲封南康郡王，國官有郎中令，見南齊書卷一六百官志。

〔九〕天嘉二年　「二年」，陳書卷一四南康愍王曇朗傳作「元年」。

〔一〇〕上登玄武門觀宴羣臣以觀之　按上「觀」字，殿本作「親」；陳書各本或作「觀」，或作「親」。殿本考證：「『親』，監本訛『觀』，今改正。」以「親」屬下讀。張元濟南史校勘記：「按置兩觀以表宮門，見三輔黃圖，疑門觀不訛。」以「觀」屬上讀。

〔一一〕於是兼御史中丞徐君整奏請解方泰所居官　「徐君整」，陳書卷一四南康愍王曇朗傳附方泰傳、卷二八世祖九王武陵王伯禮傳作「徐君敷」。

〔一二〕紹泰二年贈南兗州刺史封義興郡公謚曰昭烈　按錢大昕考異卷二七：「按高祖紀，梁太平二年，『詔贈高祖兄道談散騎常侍、使持節、平北將軍、南兗州刺史、長城縣公』。與此互異。敬帝以紹泰二年改元太平，始進封陳霸先義興郡公，則道談贈官必在太平以後。且紀於永定元年書追贈皇兄長城縣公道談太尉，封始興郡王，似無追封義興郡公之事。」

〔一三〕隋煬帝以後主第六女婤爲貴人　「婤」，陳書卷二八世祖九王鄱陽王伯山傳作「女婤」。

〔一四〕尸於昌館門　「昌館門」，陳書卷三六新安王伯固傳作「東昌館門」。

〔一五〕子及所生王氏並特宥爲庶人　按陳書卷二八世祖九王傳序云「潘容華生新安王伯固」，與此異。

〔一六〕爲成州刺史太常少卿　「太常少卿」，陳書卷二八世祖九王晉安王伯恭傳作「太常卿」。

〔一七〕爲侍中國子祭酒領太子中庶子　「中庶子」，原作「左庶子」，據陳書卷二八世祖九王廬陵王伯仁傳改。按隋書百官志，時東宮職僚有太子中庶子，無左、右庶子。

〔一八〕太建中立　按陳書卷四廢帝紀載伯智光大二年七月立爲永陽王。

〔一九〕累遷尚書左僕射　按陳書卷六後主紀載伯智於後主即位之年三月乙巳爲「尚書僕射」，不言其爲尚書左僕射。

〔二〇〕太建中立　按陳書卷四廢帝紀載伯謀光大二年七月立爲桂陽王。

〔二一〕魏昭華生建安王叔卿　「昭華」，陳書卷二八高宗二十九王傳作「昭容」。

〔二二〕申婕妤生海陵王叔儉　「海陵王」，北監本、汲本、殿本及陳書卷二八高宗二十九王傳作「南安王」。按下傳文亦作「南安王」，陳書卷六後主紀載，至德元年十月「癸丑，立皇弟叔儉爲南安王」。此疑有誤。

〔二三〕劉姬生臨海王叔顯　「臨海王」，陳書卷二八高宗二十九王傳作「臨江王」。按陳書卷六後主紀載，至德四年二月丙申立皇弟叔顯爲臨江王。

〔二四〕因奮得脱　陳書卷三六始興王叔陵傳、通鑑卷一七五陳紀九太建十四年「奮」下有「袖」字。按上云「以其褶袖縛之」，疑當有「袖」字。

〔二五〕叔陵即遣戴溫譚騏驎二人詣摩訶　「戴溫」，陳書卷三六始興王叔陵傳、通鑑卷一七五陳紀九太建十四年作「戴温」。

〔二六〕清河公楊素兵下荆州　「清河公」，原作「清和公」，據陳書卷二八高宗二十九王岳陽王叔慎傳、册府卷二八五、通志卷六五改。按隋書卷四八楊素傳，素封清河郡公。「荆州」，陳書、册府作「荆門」。

〔二七〕隋遣内陽公薛胄爲湘州刺史　「内陽公」，陳書卷二八高宗二十九王岳陽王叔慎傳作「中牟公」。隋書卷五六有薛胄傳，謂「周明帝時，襲爵文城郡公」。

〔二八〕新興王叔純字子洪　「子洪」，陳書卷二八高宗二十九王新興王叔純傳作「子共」。

〔二九〕臨海王叔顯字子亮　「子亮」，陳書卷二八高宗二十九王臨海王叔顯傳作「子明」。

〔三〇〕禎明二年立　「二年」，原作「三年」，據陳書卷二八高宗二十九王新昌王叔榮傳、册府卷二六四改。按陳書卷六後主紀亦載，禎明二年十一月叔榮封新昌王。

〔三一〕時張貴妃孔貴嬪並愛幸沈皇后無寵　「幸」，原作「獨」，據宋乙本壹、南監本、北監本、汲本、殿本改。

〔三二〕加侍中中衛將軍　「中」字原脱其一，據陳書卷二八後主十一子吴興王胤傳補。

〔三三〕至德元年立　「元年」，陳書卷二八後主十一子會稽王莊傳作「四年」。按陳書卷六後主紀亦云，至德四年五月立皇子莊爲會稽王，疑當作「四年」。

〔三四〕東陽王恮字承厚　「承厚」，原作「承原」，據南監本、北監本、汲本、殿本及陳書卷二八後主十一子東陽王恮傳、通志卷八三改。

〔三五〕爲任城令　「任城」，陳書卷二八後主十一子吴郡王蕃傳作「涪城」。按隋書卷二九地理志上，涪城爲金山郡轄縣；卷三一地理志下，任城爲魯郡轄縣。

南史卷六十六

列傳第五十六

杜僧明　周文育 子寶安　侯瑱　侯安都　歐陽頠 子紇

黃法氍　淳于量　章昭達　吳明徹 裴子烈

杜僧明字弘照，廣陵臨澤人也。形貌眇小，而有膽氣，善騎射。梁大同中，盧安興爲廣州刺史、南江督護〔一〕，僧明與兄天合及周文育並爲安興所啓，請與俱行。頻征俚、獠有功，爲新州助防。天合亦有材幹，預在征伐。安興死，僧明復副其子子雄。及交州豪士李賁反〔二〕，逐刺史蕭諮，諮奔廣州。臺遣子雄與高州刺史孫冏討賁。時春草已生，瘴癘方起，子雄請待秋討之，廣州刺史新渝侯蕭暎不聽，蕭諮又促之，子雄等不得已遂行。至合浦，死者十六七，衆並憚役潰散。禁之不可，乃引其餘兵退還。蕭諮啓子雄及冏與賊交通，逗遛不進，梁武帝敕於廣州賜死。子雄弟子略、子烈並豪俠，家屬在南江。天合謀於衆曰：「盧公累葉待遇我等亦甚厚矣，今見枉死而不能爲報，非丈夫也。我弟僧明，萬人之敵，若圍州城，召百姓，誰敢不從。城破斬二侯，然後待臺使至，束手詣廷尉，死猶勝生。縱其不捷，亦無恨矣。」衆咸忼慨曰：「是所願也，唯足下命之。」乃與周文育等率衆結盟，奉子雄弟子略爲主，以攻刺史蕭映。子略頓城南，天合頓城北，僧明、文育分據東西，吏人並應之，一日之中，衆至數萬。陳武帝時在高要，聞事起，率衆來討，大破之。殺天合，禽僧明及文育等，並釋之，引爲主帥。

武帝征交阯及討元景仲，僧明、文育並有功。侯景之亂，俱隨武帝入援建鄴。武帝於始興破蘭裕，僧明爲前鋒，斬裕。又與蔡路養戰於南野，僧明馬被傷，武帝馳救之，以所乘馬授僧明。僧明上馬復進，殺數十人，因而乘之，大敗路養。高州刺史李遷仕又據大皐，入灨石，以逼武帝。武帝遣周文育爲前軍，與僧明擊走之。遷仕與寧都人劉孝尚并力將襲南康，陳武又令僧明與文育等拒之。相持連戰百餘日，卒禽遷仕，送于武帝。及帝下南康，留僧明頓西昌，督安城、廬陵二郡軍事。梁元帝承制，授新州刺史、臨江縣子。

侯景遣于慶等寇南江，武帝頓豫章，命僧明爲前驅，所向剋捷。武帝表僧明爲長史，仍隨東討。軍至蔡洲，僧明率麾下燒賊水門大艦。及景平，除南兗州刺史，進爵爲侯，仍領晉陵太守。及荊州覆亡，武帝使僧明率吳明徹等隨侯瑱西援，於江州病卒。贈散騎常侍，謚曰威。陳文帝即位，追贈開府儀同三司，配享武帝廟庭。子晉嗣。

周文育字景德，義興陽羨人也。少孤貧，本居新安壽昌縣，姓項氏，名猛奴。年十一，能反覆游水中數里，跳高六尺，與羣兒聚戲，衆莫能及。義興人周薈爲壽昌浦口戍主，見而奇之，因召與語。文育對曰：「母老家貧，兄弟姊並長大，困於賦役〔三〕。」薈哀之，乃隨文育至家，就其母請文育養爲己子，母遂與之。及薈秩滿，與文育還都，見太子詹事周捨，請制名字，捨因爲立名爲文育，字景德。命兄子弘讓教之書計。弘讓善隸書，寫蔡邕勸學及古詩以遺之，文育不之省，謂弘讓曰：「誰能學此，取富貴但有大槊耳。」弘讓壯之，教之騎射，文育大悅。

司州刺史陳慶之與薈同郡，素相善，啓薈爲前軍軍主〔四〕。慶之使薈將五百人往新蔡懸瓠慰勞白水蠻。蠻謀執薈以入魏〔五〕，事覺，薈與文育拒之。時賊徒甚盛，一日中戰數十合，文育前鋒陷陣，勇冠軍中。薈於陣戰死，文育馳取其尸，賊不敢逼。及夕，各引去。文育身被九創，創愈，辭請還葬，慶之壯其節，厚加賵遺而遣之。

葬訖，會盧安興爲南江督護，啓文育同行。累征有功，除南海令。安興死後，文育與杜僧明攻廣州，爲陳武帝所敗，帝赦之。

後監州王勱以文育爲長流，深被委任。勱被代，文育欲與勱俱下。至大庾嶺，詣卜者，卜者曰：「君北下不過作令長，南入則爲公侯。」文育曰：「足錢便可，誰望公侯。」卜人又曰：「君須臾當暴得銀至二千兩，若不見信，以此爲驗。」其夕，宿逆旅，有賈人求與文育博，文育勝之，得銀二千兩。旦辭勱，勱問其故，文育以告，勱乃遣之。武帝聞其還，大喜，分麾下配焉。

武帝之討侯景，文育與杜僧明爲前軍，剋蘭裕，援歐陽頠，皆有功。武帝破蔡路養於南野，文育爲路養所圍，四面數重，矢石雨下，所乘馬死，文育右手搏戰，左手解鞍，潰圍而出。與杜僧明等相得，并力復進，遂大敗之。武帝乃表文育爲府司馬。

李遷仕之據大皋，遣其將軍杜平虜入灨石魚梁作城。武帝命文育擊之，平虜棄城走，文育據其城。遷仕聞平虜敗，留老弱於大皋，悉選精兵自將以攻文育。文育與戰，遷仕稍卻，相持未解。會武帝遣杜僧明來援，别破遷仕水軍，遷仕衆潰，不敢過大皋，直走新淦。梁元帝授文育義州刺史。遷仕又與劉孝尚謀拒義軍，武帝遣文育與侯安都、杜僧明、徐度、杜稜築城於白口拒之。文育頻出與戰，遂禽遷仕。

武帝發自南康，遣文育將兵五千，開通江路。侯景將王伯醜據豫章，文育擊走之，遂據其城。累功封東遷縣侯。武帝軍至白茅灣，命文育與杜僧明常爲軍鋒。及至姑熟，與侯景將侯子鑒戰，破之。景平，改封南移縣侯，累遷散騎常侍。

武帝誅王僧辯，令文育督衆軍，會文帝於吴興，圍剋杜龕。又濟江襲會稽太守張彪，得其郡城。及文帝爲彪所襲，文育時頓城北香巖寺，文帝夜往趨之。彪又來攻，文育苦戰，遂破平彪。

武帝以侯瑱擁據江州，命文育討之，仍除南豫州刺史，率兵襲盆城。未剋，徐嗣徽引齊人度江，據無湖，詔徵文育還都。嗣徽等乃列艦於青墩，至于七磯，以斷文育歸路。及夕，文育鼓譟而發，嗣徽等不能制。至旦，反攻嗣徽，嗣徽驍將鮑砰獨以小艦殿，文育乘單舴艋，跳入砰艦，斬砰，仍牽其艦而還，賊衆大駭。因留船蕪湖，自丹陽步上。時武帝拒嗣徽於白城，適與文育會。將戰，風急，武帝曰：「矢不逆風。」文育曰：「事急矣，當決之，何用古法。」抽槊上馬而進，衆軍隨之，風亦尋轉，殺傷數百人。嗣徽等移營莫府山，文育徙頓對之。頻戰功最，進爵壽昌縣公，給鼓吹一部。

及廣州刺史蕭勃舉兵踰嶺，詔文育督衆軍討之。時新吴洞主余孝頃舉兵應勃，遣其弟孝勱守郡城，自出豫章，據于石頭。勃使其子孜將兵與孝頃相會，又遣其別將歐陽頠頓軍苦竹灘，傅泰據𣞙口城，以拒官軍〔六〕。官軍船少，孝頃有舴艋三百艘、艦百餘乘在上牢，文育遣軍主焦僧度、羊柬潛軍襲之，悉取而歸，仍於豫章立柵。

時官軍食盡，欲退還，文育不許。乃使人間行，遺周迪書，約爲兄弟，并陳利害。迪得書甚喜，許饋以糧。於是文育分遣老小，乘故船舫沿流俱下，燒豫章所立柵，僞退，孝頃望之大喜，因不設備。文育由間道信宿達芉韶。芉韶上流則歐陽頠、蕭勃，下流則傅泰、余孝頃，文育據其中間，築城饗士，賊徒大駭。歐陽頠乃退入泥溪，作城自守。文育遣嚴威將軍周鐵武與長史陸山才襲頠，禽之。於是盛陳兵甲，與頠乘舟而宴，以巡傅泰城下，因攻泰，剋之。

蕭勃在南康，聞之，衆皆股慄。其將譚世遠斬勃欲降，爲人所害。世遠軍主夏侯明徹持勃首以降。蕭孜、余孝頃猶據石頭，武帝遣侯安都助文育攻之，孜降文育，孝頃退走新吴，廣州平。文育還頓豫章，以功授開府儀同三司。

王琳擁據上流，詔侯安都爲西道都督，文育爲南道都督，同會武昌。與琳戰於沌口，爲琳所執，後得逃歸，請罪，詔不問，復其官爵。及周迪破余孝頃，孝頃子公颺、弟孝勱猶據舊柵，擾動南土，武帝復遣文育及周迪、黄法𣰰等討之。豫章内史熊曇朗亦率衆來會。文育遣吴明徹爲水軍，配周迪運糧，自率衆軍入象牙江，築城於金口。公颺僞降，謀執文育，事覺，文育因之送都，以其部曲分隸衆軍。乃捨舟爲步軍，進據三陂。

王琳遣將曹慶救孝勱，分遣主帥常衆愛與文育相拒，自帥所領攻周迪、吴明徹軍。迪等敗，文育退據金口。熊曇朗因其失利，謀害文育以應衆愛。文育監軍孫白象頗知其事，勸令先之。文育曰：「不可。我舊兵少，客軍多，若取曇朗，人皆驚懼，亡立至矣，不如推心撫之。」初，周迪之敗，棄船走，莫知所在。及得迪書，文育喜，齎示曇朗，曇朗害之於坐。武帝聞之，即日舉哀，贈侍中、司空，謚曰忠愍。

初文育之據三陂，有流星墜地，其聲如雷，地陷方一丈，中有碎炭數斗。又軍市中忽聞小兒啼，一市並驚，聽之在土下，軍人掘焉，得棺，長三尺，文育惡之。俄而迪敗，文育見殺。天嘉二年，有詔配享武帝廟庭。子寶安嗣。

文育本族兄景曜，因文育官至新安太守。

寶安字安人〔七〕，年十餘歲，便習騎射。以貴公子驕蹇游逸，好狗馬，樂驅馳，靡衣媮食。文育之爲晉陵，以征討不遑之郡，令寶安監知郡事，尤聚惡少年，武帝患之。及文育西征敗績，縶於王琳，寶安便折節讀書，與士君子游，綏御文育士卒，甚有威惠。文育歸，復除吴興太守。文育爲熊曇朗所害，徵寶安還，起爲猛烈將軍，領其舊兵，仍令南討。

文帝即位，深器重之，寄以心旅，精卒多配焉。及平王琳，頗有功。周迪之破熊曇朗，寶安南入，窮其餘燼。天嘉二年，重拜吴興太守，襲封壽昌縣公。三年，征留異，爲侯安都前軍。異平，除給事黄門侍郎、衞尉卿。再遷左衞將軍，領衞尉卿。卒，謚曰成。

子晳嗣，位晉陵、定遠二郡太守〔八〕。

侯瑱字伯玉，巴西充國人也。父弘遠，累世爲西蜀酋豪。蜀賊張文萼據白崖山，有衆萬人，梁益州刺史鄱陽王蕭範命弘遠討之，弘遠戰死。瑱固請復讎，每戰先鋒，遂斬文萼，由是知名。因事範，範委以將帥之任〔九〕。山谷夷、獠不附者，並遣瑱征之。累功授輕車府中兵參軍、晉康太守。範爲雍州刺史，瑱除馮翊太守。範遷鎮合肥，瑱又隨之。

侯景圍臺城，範乃遣瑱輔其世子嗣入援都。及城陷，瑱、嗣同退還合肥〔一〇〕。仍隨範徙鎮盆城。俄而範及嗣皆卒，瑱領其衆，依于豫章太守莊鐵。鐵疑之，瑱懼不自安，詐引鐵謀事，因刃之，據豫章之地。

後降於侯景將于慶。慶送瑱於景，景以瑱與己同姓，託爲宗族，待之甚厚。留其妻子及弟爲質，遣瑱隨慶平蠡南諸郡。及景敗巴陵，景將宋子仙、任約等並爲西軍所獲，瑱乃誅景黨與以應義師，景亦誅其弟及妻子。梁元帝授瑱南兗州刺史、郫縣侯。仍隨都督王僧辯討景，恒爲前鋒。既復臺城，景奔吴郡，僧辯使瑱追景，大敗之於吴松江。以功除南豫州刺史，鎮姑熟。

及齊遣郭元建出濡須，僧辯遣瑱扞之，大敗元建。魏攻荆州，王僧辯以瑱爲前軍赴援，未至而魏剋荆州。瑱頓九江，因衞晉安王還都。承制以瑱爲侍中、江州刺史，加都督，改封康樂縣公。及司徒陸法和據郢州，引齊兵來寇，乃使瑱西討，未至而法和入齊。齊遣慕容恃德鎮夏首，瑱攻之，恃德食盡請和，瑱還鎮豫章。僧辯使其弟僧愔與瑱共討蕭勃，及陳武帝誅僧辯，僧愔陰欲圖瑱而奪其軍，瑱知之，盡收僧愔徒黨，僧愔奔齊。

是時瑱據中流，甚强，又以本事王僧辯，雖外示臣節，未肯入朝。初，余孝頃爲豫章太守，及瑱鎮豫章，乃於新吴縣别立城柵，與瑱相拒。瑱留軍人妻子於豫章，令從弟奫知後事，悉衆以攻孝頃，自夏迄冬弗能剋。奫與其部下侯方兒不協，方兒下攻奫，虜瑱軍府妓妾金玉，歸于武帝。瑱既失根本，輕歸豫章，豫章人拒之，乃趨盆城，就其將焦僧度。僧度勸瑱投齊，瑱以武帝有大量，必能容己，乃詣闕請罪，武帝復其爵位。永定二年，進位司空。文帝即位，進授太尉。王琳至柵口，又以瑱爲都督，侯安都等並隷焉。

天嘉元年二月，王琳引合肥漅湖之衆，舳艫相次而下。瑱率軍進獸檻洲。明日合戰，琳軍少却。及夕，東北風吹其舟艦並壞〔一一〕。夜中有流星墜于賊營。及旦風靜，琳入浦，以鹿角繞岸，不敢復出。時西魏將史寧躡其上流，瑱聞之，知琳不能持久，收軍却據湖浦，以待其弊。及史寧至，圍郢州，琳恐衆潰，乃率船來下〔一二〕，去蕪湖十里而泊。明日，齊人遣兵助琳，瑱令軍中晨炊蓐食，頓蕪湖洲尾以待之。將戰，有微風至自東南，衆軍施拍縱火，定州刺史章昭達乘平虜大艦中江而進，琳軍大敗，脱走以免者十二三，琳因此入齊。

其年，詔以瑱爲都督五州諸軍事，鎮盆城。周將賀若敦、獨孤盛等來攻巴、湘，又以瑱爲西討都督，大敗盛軍。以功授湘州刺史，改封零陵郡公。二年薨，贈大司馬，謚曰壯肅，配享武帝廟庭。子淨藏嗣，尚文帝女富陽公主。

侯安都字成師，始興曲江人也，爲郡著姓。父捍〔一三〕，少仕州郡，以忠謹稱。安都貴後，官至光禄大夫、始興内史。

安都工隸書，能鼓琴，涉獵書傳，爲五言詩頗清靡，兼善騎射，爲邑里雄豪。侯景之亂，招集兵甲，至三千人。陳武帝入援臺城，安都引兵從武帝，攻蔡路養，破李遷仕，剋平侯景，並力戰有功，封富川縣子。隨武帝鎮京口，除蘭陵太守。

武帝謀襲王僧辯，唯與安都定計。仍使安都率水軍自京口趣石頭，武帝自從江乘羅落會之。安都至石頭北，棄舟登岸，僧辯弗之覺。石頭城北接岡阜，不甚危峻，安都被甲，帶長刀，軍人捧之，投於女垣内，衆隨而入，進逼僧辯卧室。武帝大軍亦至，與僧辯戰于聽事前，安都自内閤出，腹背擊之，遂禽僧辯。以功授南徐州刺史。

武帝東討杜龕，安都留臺居守。徐嗣徽、任約等引齊寇入據石頭，游騎至于闕下。安都閉門示弱，令城中登陴看賊者斬。及夕，賊收軍還石頭。安都夜令士卒密營禦敵之具。將旦，賊騎至，安都與戰，大敗之，賊乃退還石頭，不敢逼臺城。及武帝至，以安都爲水軍。於中流斷賊糧運。又襲秦郡，破嗣徽柵，收其家口，得嗣徽所彈琵琶及所養鷹，遣信餉之，曰："昨至弟住處，得此，今以相還。"嗣徽等見之大懼，尋求和，武帝聽其還北。及嗣徽等濟江，齊之餘軍猶據採石，守備甚嚴，又遣安都攻之，多所俘獲。

明年春，詔安都率兵鎮梁山以備齊。徐嗣徽等復入，至湖熟，武帝追安都還拒之〔一四〕，戰於耕壇南。安都率十二騎突其陣，破之，禽齊儀同乞扶無芳〔一五〕，又刺齊將東方老墮馬，會賊騎至，救老，獲免。賊北度蔣山。安都又與齊將王敬寶戰於龍尾，使從弟曉、軍主張纂前犯其陣，曉被創墜馬，張纂死之。安都馳往救曉，斬其騎士十二人〔一六〕，取纂尸而還，齊軍不敢逼。武帝與齊軍戰於莫府山，命安都自白下横擊其後，大敗之。以功進爵爲侯，又進號平南將軍，改封西江縣公。

仍督水軍出豫章，助豫州刺史周文育討蕭勃。安都未至，文育已斬勃，并禽其將歐陽頠、傅泰等。唯余孝頃與勃子孜猶於豫章之石頭作兩城，孝頃與孜各據其一，又多設船艦，夾水而陣。安都至，乃銜枚夜燒其艦。文育率水軍，安都領步騎，登岸結陣。孝頃俄斷後路，安都乃令軍士豎柵，引營漸進〔一七〕，頻致剋獲，孜乃降。孝頃奔歸新吴，請入子爲質，許之。以功加開府儀同三司。

仍率衆會武昌，與周文育西討王琳。將發，王公以下餞於新林，安都躍馬度橋，人馬俱墜水中。又坐艒内墜於櫓井，時以爲不祥。至武昌，琳將樊猛棄城走，文育亦自豫章至。時兩將俱行，不相統攝，因部下交爭，稍不平。軍至郢州，琳將潘純於城中遥射官軍〔一八〕，安都怒，圍之。未剋，而王琳至弇口，安都乃釋郢州，悉衆往沌口以禦之，遇風不得進。琳據東岸，官軍據西岸，相持數日，乃合戰。安都等敗，與周文育、徐敬成並爲琳囚，總以一長鎖繫之，置于艒下，令所親宦者王子晉掌視之。琳下至盆城白水浦，安都等甘言許賂子晉，子晉乃僞以小船依艒而釣〔一九〕，夜載安都、文育、敬成上岸，入深草，步投官軍。還都自劾，詔並赦之，復其官爵。

尋爲丹陽尹，出爲南豫州刺史，令繼周文育攻余孝勱及王琳將曹慶、常衆愛等。安都自宮亭湖出松門，躡衆愛後。文育爲熊曇朗所害，安都回取大艦，遇琳將周炅、周協南歸，與戰，破之，禽炅、協。孝勱弟孝猷率部下四千家，欲就王琳，遇炅敗，乃詣安都降。安都又進軍於禽奇洲，破曹慶、常衆愛等，焚其船艦。衆愛奔廬山，爲村人所殺，餘衆悉平。

還軍至南皖，而武帝崩，安都隨文帝還朝，乃與羣臣議，翼奉文帝。時帝謙讓弗敢當，太后又以衡陽王故，未肯下令，羣臣不能決。安都曰：「今四方未定，何暇及遠。臨川王有功天下，須共立之。今日之事，後應者斬。」便按劍上殿，白太后出璽，又手解文帝髮，推就喪次[一〇]。文帝即位，遷司空，仍授南徐州刺史，給扶。

王琳下至栅口，大軍出頓蕪湖。時侯瑱爲大都督，而指麾經略多出安都。及王琳入齊，安都進軍盆城，討琳餘黨，所向皆下。

仍别奉中旨，迎衡陽獻王昌。初昌之將入，致書於文帝，辭甚不遜。帝不懌，召安都從容而言曰：「太子將至，須别求一蕃，吾其老焉。」安都對曰：「自古豈有被代天子，愚臣不敢奉詔。」因自迎昌，中流而殺之。以功進爵清遠郡公。自是威名甚重，羣臣無出其右。

安都父捍爲始興内史，卒於官，文帝徵安都爲發喪。尋起復本官，贈其父散騎常侍、金紫光禄大夫，拜其母爲清遠國太夫人，仍迎赴都。母固求停鄉里，上乃下詔，改桂陽郡之汝城縣爲盧陽郡〔二〕，分衡州之始興、安遠二郡，合三郡爲東衡州，以安都從弟曉爲刺史。安都第三子祕年九歲，上以爲始興內史，並令在鄉侍養。改封安都桂陽郡公。

王琳敗後，周兵入據巴、湘，安都奉詔西捍。及留異擁據東陽，又奉詔東討。異本謂臺軍自錢唐江上，安都乃步由會稽之諸暨，出永康。異大恐，奔桃枝嶺，處巖谷間，豎柵以拒守。安都躬自接戰，爲流矢所中，血流至踝。安都乘輿麾軍，容止不變。因其山隴爲堰。屬夏潦水漲，安都引船入堰，樓艦與異城等，放拍碎其樓〔三〕。異與第二子忠臣脫身奔晉安，虜其妻子，振旅而歸。加侍中、征北大將軍，仍還本鎮。吏人詣闕，表請立碑頌美安都功績，詔許之。

自王琳平後，安都勳庸轉大，又自以功安社稷，漸驕矜。招聚文武士，騎馭馳騁，或命以詩筆，第其高下，以差次賞賜之。文士則褚玠、馬樞、陰鏗、張正見、徐伯陽、劉刪、祖孫登，武士則蕭摩訶、裴子烈等，並爲之賓，齋內動至千人。部下將帥，多不遵法度，檢問收攝，則奔歸安都。文帝性嚴察，深銜之。安都日益驕慢，表啓封訖，有事未盡，乃開封自書之，云又啓某事。及侍宴酒酣，或箕踞傾倚。嘗陪樂游禊飲，乃白帝曰：「何如作臨川王時？」帝不應。安都再三言之，帝曰：「此雖天命，抑亦明公之力。」宴訖，又啓便借供張水飾，將載妻妾於御堂歡會，帝雖許其請，甚不懌。明日，安都坐於御坐，賓客居羣臣位，稱觴上壽。初，重雲殿災，安都率將士帶甲入殿，帝甚惡之，自是陰爲之備。又周迪之反，朝望當使安都討之，帝乃使吴明徹討迪。又頻遣臺使案問安都部下，檢括亡叛。安都内不自安。

天嘉三年冬，遣其别駕周弘實，自託於舍人蔡景歷，并問省中事。景歷録其狀奏之，稱安都謀反。帝慮其不受召，明年春，乃除安都爲征南大將軍、江州刺史。自京口還都，部伍入於石頭，帝引安都宴於嘉德殿，又集其部下將帥會于尚書朝堂，於坐收安都，囚于西省。又收其將帥，盡奪馬仗而釋之。因出景歷表於朝，乃下詔暴其罪，明日於西省賜死。尋有詔宥其妻子家口，葬以士禮。

初，武帝嘗與諸將宴，杜僧明、周文育、侯安都爲壽，各稱功伐。帝曰：「卿等悉良將也，而並有所短。杜公志大而識暗，狎於下而驕於尊，矜其功不收其拙。周侯交不擇人，而推心過差，居危履嶮，猜防不設。侯郎傲誕而無厭，輕佻而肆志。並非全身之道。」卒皆如言。

太建三年，宣帝追封安都陳集縣侯。子亶爲嗣。

歐陽頠字靖世，長沙臨湘人也。爲郡豪族。少質直，有思理，以言行著於嶺表。父喪，哀毁甚至。家産累積，悉讓諸兄。廬於麓山寺傍，專精習業，博通經史。

年三十，其兄逼令從官〔二三〕。梁左衞將軍蘭欽少與頠善，故頠常隨欽征討。欽南征夷獠，禽陳文徹，所獲不可勝計，大獻銅鼓，累代所無〔二四〕。頠預其功，還爲直閤將軍。欽征交州，復啓頠同行。欽度嶺而卒，頠除臨賀内史，啓乞送欽喪還都，然後之任。時湘、衡界五十餘洞不賓，敕衡州刺史韋粲討之。粲委頠爲都督，悉皆平殄。

侯景稱逆，粲自解還都征景，以頠監衡州。臺城陷後，嶺南互相吞併，蘭欽弟前高州刺史裕攻始興内史蕭昭基〔二五〕，奪其郡。以兄欽與頠舊，遣招之。頠不從，謂使曰：「高州昆季隆顯，莫非國恩，今應赴難援都，豈可自爲跋扈。」及陳武帝入援都，將至始興，頠乃深自結託。裕遣兵攻頠，武帝援之。裕敗，武帝以王懷明爲衡州刺史，遷頠爲始興内史。

武帝之討蔡路養、李遷仕也，頠助帝平之。梁元帝承制以始興郡爲東衡州，以頠爲刺史，封新豐縣伯。

侯景平，元帝徧問朝宰，使各舉所知，羣臣未對。元帝曰：「吾已得一人矣。歐陽頠甚公正，本有匡濟才，恐蕭廣州不肯致之。」乃授武州刺史。尋授郢州，欲令出嶺，蕭勃留之，不獲拜命。尋授衡州刺史，進封始興縣侯。

時蕭勃在廣州，兵强位重，元帝深患之，遣王琳代爲刺史。琳已至小桂嶺，勃遣其將孫瑒監州，盡率部下至始興避琳兵鋒。頠别據一城，不往謁勃，閉門高壘，亦不相戰〔二六〕。勃怒，遣兵襲頠，盡收其貲財馬仗。尋赦之，還復其所，復與結盟。魏平荆州，頠委質於勃。及勃度嶺出南康，以頠爲前軍都督，周文育破禽之，送于武帝，帝釋而禮之。蕭勃死後，嶺南亂，頠有聲南土，且與武帝有舊，乃授安南將軍、衡州刺史，封始興縣侯。未至嶺，頠子紇已剋始興。及頠至，嶺南皆慴伏，仍進廣州，盡有越地。改授都督交廣等十九州諸軍事、平越中郎將、廣州刺史。

王琳據有中流，頠自海道及東嶺奉使不絶。永定三年，即本號開府儀同三司。文帝即位，進號征南將軍，改封陽山郡公。

初，交州刺史袁曇緩密以金五百兩寄頠，令以百兩還合浦太守龔蔿〔二七〕，四百兩付兒智矩，餘人弗之知。頠尋爲蕭勃所破，貲財並盡，唯所寄金獨存，曇緩亦尋卒，至是，頠並依信還之，時人莫不歎伏之。

時頠合門顯貴，威振南土，又多致銅鼓生口，獻奉珍異，前後委積，頗有助軍國。天嘉四年薨，贈司空，謚曰穆。子紇嗣。

紇字奉聖，頗有幹略，襲父官爵，在州十餘年，威惠著於百越。宣帝以紇久在南服，頗疑之。太建元年，徵爲左衞將軍，其部下多勸之反，遂舉兵攻衡州刺史錢道戢。詔儀同章昭達討禽之，送至都，伏誅。子詢以年幼免。

黄法氍字仲昭，巴山新建人也。少勁捷有膽力，日步行二百里〔二八〕，能距躍三丈。頗便書疏，閑明簿領，出入州郡中，爲鄉閭所憚。

侯景之亂，於鄉里合徒衆。太守賀詡下江州，法氍監知郡事。陳武帝將踰嶺入援建鄴，李遷仕作梗中途，武帝命周文育屯西昌，法氍遣兵助文育。時法氍出頓新淦縣，景遣行臺于慶來襲新淦，法氍敗之。梁元帝承制授交州刺史資，領新淦縣令，封巴山縣子。敬帝即位，改封新建縣侯。

太平元年，割江西四郡置高州〔二九〕，以法氍爲刺史，鎮巴山。蕭勃歐陽頠來攻〔三〇〕，法氍破之。

永定二年，王琳遣李孝欽、樊猛、余孝頃攻周迪，且謀取法氍〔三一〕，法氍援迪，禽孝頃等三將。以功授平南將軍、開府儀同三司。熊曇朗於金口害周文育，法氍共周迪討平之。

天嘉三年，周迪反，法䡄與吴明徹討平迪，法䡄功居多。廢帝即位，進爵爲公。太建五年，大舉北侵，法䡄爲都督，出歷陽。於是爲拋車及步艦，豎拍以逼之，砲加其樓堞，剋之，盡誅其戍卒。進兵合肥，望旗降款。法䡄禁侵掠，躬自勞撫而與之盟，並放還北。以功加侍中，改封義陽郡公。

七年，爲豫州刺史，鎮壽陽。薨，贈司空，謚曰威。子玩嗣。

淳于量字思明，其先濟北人也。世居建鄴。父文成，仕梁爲將帥，位梁州刺史。量少善自居處，偉姿容，有幹略，便弓馬。梁元帝爲荆州刺史，文成分量人馬，令往事焉。以軍功封廣晉縣男。

侯景之亂，梁元帝凡遣五軍入援臺，量預其一。臺城陷，量還荆州。元帝承制以爲巴州刺史。侯景西上攻巴州，元帝使都督王僧辯入據巴陵，量與僧辯并力拒景，大敗之，禽其將任約。進攻郢州，獲宋子仙。仍隨僧辯平侯景。封謝沐縣侯。尋出爲都督、桂州刺史〔三〕。及魏剋荆州，量保桂州。王琳擁割湘、郢，累遣召量，量外雖與琳往來，而别遣使歸陳武帝。武帝受禪，進位鎮西大將軍、開府儀同三司。

天嘉五年，徵爲中撫軍大將軍。量所部將率多戀本土，並欲逃入山谷，不願入朝。文帝使湘州刺史華皎征衡州，且以兵迎量。天康元年，至都，以在道淹留，爲有司奏，免儀同，餘如故。

華皎構逆，以量爲征南大將軍、西討大都督，總率大艦，自郢州樊浦拒之。皎平，并降周將長湖公元定等。以功授侍中、中軍大將軍、開府儀同三司，進封醴陵縣公。未拜，出爲南徐州刺史。

太建元年，進號征北大將軍，給扶。三年，就江陰王蕭季卿買梁陵中樹，季卿坐免，量免侍中。尋復侍中。

吴明徹之北侵也，量讚成其事。又遣第六子岑率所領從軍。淮南剋定，量改封始安郡公。及周獲吴明徹，乃以量爲都督水陸諸軍事、車騎將軍、都督、南兗州刺史。十四年薨，贈司空。

章昭達字伯通，吴興武康人也。性倜儻，輕財尚氣。少時，遇相者謂曰：「卿容貌甚善，須小虧，則當富貴。」梁大同中，昭達爲東宮直後，因醉墯馬，鬢角小傷，昭達喜之，相者曰：「未也。」侯景之亂，昭達率鄉人援臺，爲流矢所中，眇其一目。相者見之，曰：「卿相善矣，不久當富貴。」

臺城陷，昭達還鄉里，與陳文帝游，因結君臣分。侯景平，文帝爲吴興太守，昭達杖策來謁。文帝見之大喜，因委以將帥，恩寵超於儕等。陳武帝謀討王僧辯，令文帝還長城招聚兵衆，以備杜龕，頻使昭達往京口禀承計畫。僧辯誅後，杜龕遣其將杜泰來攻長城，昭達因從文帝進軍吴興以討龕。龕平，又從討張彪於會稽，尅之。累功除定州刺史。時留異擁據東陽，武帝患之，乃使昭達爲長山令，居其心腹。

天嘉元年，追論長城功，封欣樂縣侯。尋隨侯安都拒王琳，昭達乘平虜大艦，中流而進，先鋒發拍，中賊艦。王琳平，昭達策勳第一。二年，除都督、郢州刺史。周迪據臨川反，詔昭達便道征之。迪敗走，徵爲護軍將軍，改封邵武縣侯。

四年，陳寶應納周迪，共寇臨川，又以昭達爲都督討迪。迪走，昭達乃踰嶺討陳寶應。與戰不利，因據上流爲筏，施拍其上，壞其水栅。又出兵攻其步軍。方大合戰，會文帝遣余孝頃出自海道，適至，因并力乘之，遂定閩中，盡禽留異、寶應。以功授鎮軍將軍、開府儀同三司〔三三〕。

初，文帝嘗夢昭達升台鉉，及旦，以夢告之。至是，侍宴酒酣，顧昭達曰：「卿憶夢不？何以償夢？」昭達對曰：「當效犬馬之用，以盡臣節，自餘無以奉償。」尋出爲都督、江州刺史。

廢帝即位，改封邵陵郡公。華皎之反，其移文並假以昭達爲辭，又頻遣使招之，昭達盡執其使送都。秩滿，徵爲中撫大將軍。

宣帝即位，進號車騎大將軍，以還朝遲留，爲有司所劾，降號車騎將軍。歐陽紇據嶺南反，詔昭達都督衆軍征之。紇聞昭達奄至，乃出頓洭口，聚沙石，盛以竹籠，置於水柵之外，用遏舟艦。昭達居其上流，裝艦造拍，以臨賊柵。又令人銜刀潛行水中，以斫竹籠，籠篾皆解。因縱大艦突之，大敗紇，禽之送都。廣州平，進位司空。

太建二年，征江陵。時梁明帝與周軍大蓄舟艦於青泥中，昭達分遣偏將錢道戢、程文季乘輕舟焚之。周又於峽口南岸築壘，名安蜀城，於江上橫引大索，編葦爲橋，以度軍糧。昭達乃命軍士爲長戟，施樓船上，仰割其索。索斷糧絕，因縱兵攻其城，降之。三年，於軍中病薨，贈大將軍。

昭達性嚴刻，每奉命出征，必晝夜倍道；然其所剋，必推功將帥。厨膳飲食，並同羣下，將士亦以此附之。每飲會，必盛設女伎雜樂，備羌、胡之聲，音律姿容，並一時之妙，雖臨敵弗之廢也。四年，配享文帝廟庭。

子大寶，襲邵陵郡公，位豐州刺史。在州貪縱，百姓怨酷，後主以太僕卿李暈代之，乃襲殺暈而反。尋被禽，梟首朱雀航，夷三族。

吳明徹字通炤〔三四〕，秦郡人也。父樹，梁右軍將軍。明徹幼孤，性至孝。年十四，感墳塋未脩，家貧無以取給，乃勤力耕種。時天下亢旱，苗稼焦枯，明徹哀憤，每之田中號哭，仰天自訴。居數日，有自田還者，云苗已更生，明徹疑其紿己，及往如言，秋而大穫，足充葬用。時有伊氏者，善占墓，謂其兄曰：「君葬日，必有乘白馬逐鹿者經墳，此是最小孝子大貴之徵。」至時果有應。明徹即樹之小子也。

及侯景寇都，明徹有粟麥三千餘斛，而鄰里飢餒，乃白諸兄曰：「今人不圖久，柰何不與鄉里共此。」於是計口平分，同其豐儉，羣盜聞而避焉，賴以存者甚衆。

陳武帝鎮京口，深相要結，明徹乃詣武帝，帝爲之降堦，執手即席。明徹亦微涉書史經傳，就汝南周弘正學天文、孤虛、遁甲，略通其術，頗以英雄自許，武帝亦深奇之。及受禪，授安南將軍，與侯安都、周文育將兵討王琳。及衆軍敗没，明徹自拔還都。

文帝即位，以本官加右衛將軍。及周迪反，詔以明徹爲江州刺史，領豫章太守，總衆軍以討迪。明徹雅性剛直，統内不甚和，文帝聞之，遣安成王頊代明徹，令以本號還朝。天嘉五年，遷吴興太守。及引辭之郡，帝謂曰：「吴興雖郡，帝鄉之重，故以相授。」

廢帝即位，授領軍將軍，尋遷丹陽尹，仍詔以甲仗四十人出入殿省。到仲舉之矯令出宣帝也，毛喜知其詐，宣帝懼，遣喜與明徹籌焉。明徹曰：「嗣君諒闇，萬機多闕，殿下親實周、召，德冠伊、霍，願留中深計，慎勿致疑。」及湘州刺史華皎陰有異志，詔授明徹都督、湘州刺史，仍與征南大將軍淳于量等討皎。皎平，授開府儀同三司，進爵爲公。

太建五年，朝議北征，公卿互有異同，明徹決策請行。詔加侍中、都督征討諸軍事，總衆軍十餘萬發都，緣江城鎮，相續降款。軍至秦郡，齊大將軍尉破胡將兵爲援，破走之，秦郡降。宣帝以秦郡明徹舊邑，詔具太牢，令拜祠上冢，文武羽儀甚盛，鄉里榮之。進剋仁州。授征北大將軍，進封南平郡公。進逼壽陽，齊遣王琳拒守，明徹乘夜攻之，中宵而潰。齊兵退據相國城及金城。明徹令軍中益脩攻具，又遏肥水灌城，城中苦濕，多腹疾，手足皆腫，死者十六七。會齊遣大將皮景和率兵數十萬來援，去壽春三十里，頓軍不進。諸將咸曰：「計將安出？」明徹曰：「兵貴在速，而彼結營不進，自挫其鋒，吾知其不敢戰明矣。」於是躬擐甲胄，四面疾攻，城中震恐，一鼓而禽王琳等送建鄴。景和懼而遁走。詔以爲車騎大將軍、豫州刺史，增封并前三千五百户。遣謁者蕭淳就壽陽授策〔三五〕，明徹於城南設壇，士卒二十萬，陳旗鼓戈甲，登壇拜受，成禮而退。

六年，自壽陽入朝，輿駕幸其第，賜鐘磬一部。七年，進攻彭城，軍至吕梁，又大破齊軍。八年，進位司空，給大都督鈇鉞、龍麾。尋授都督、南兖州刺史。

及周滅齊，宣帝將事徐、兖。九年，詔明徹北侵，令其世子慧覺攝行州事。軍至吕梁，周徐州總管梁士彦率衆拒戰，明徹頻破之。仍迮清水以灌其城，攻之甚急，環列舟艦於城下。周遣上大將軍王軌救之。軌輕行自清水入淮口〔三六〕，横流豎木，以鐵鎖貫車輪，遏斷船路。諸將聞之甚恐，議欲破堰拔軍，以舫載馬。馬明成裴子烈曰〔三七〕：「君若決堰下船，船必傾倒，豈可得乎？不如前遣馬出。」適會明徹苦背疾甚篤，知事不濟，遂從之。乃遣蕭摩訶帥馬軍數千前還，明徹仍自決其堰，乘水力以退軍。及至清口，水力微，舟艦並不得度，衆軍皆潰。明徹窮蹙，乃就執。周封懷德郡公，位大將軍。以憂遘疾，卒於長安，後故吏盜其柩歸。至德元年，詔追封邵陵侯，以其息慧覺嗣。

裴子烈字大士，河東聞喜人。梁員外散騎常侍猗之子。少孤，有志氣，以驍勇聞。位北譙太守，岳陽内史，封海安伯。

論曰：古人云「知臣莫若君」，書曰「知人則哲」，觀夫陳武論將，而周、侯遇禍，有以知斯言之非妄矣。若不然者，亦何以驅駕雄傑，而創基撥亂者乎。故瑱、頠並自奔囚，翻同有亂，虓、量望風景附，自等誠臣，良有以也。昭達勤王之略，遠符耿弇，行己之方，頗同吳漢，既眇而貴，亦黥而王，吉凶之筭，豈人事也。明徹屬運否之期，當闢土之任，才非韓、白，識暗孫、吳，知進而不知止，知得而不知喪，犯斯不韙，師亡國蹙，宜矣哉。

校勘記

〔一〕盧安興爲廣州刺史南江督護　陳書卷八杜僧明傳、册府卷二一一二、卷三四五無「刺史」二字，疑衍文。

〔二〕及交州豪士李賁反　「豪士」，陳書卷八杜僧明傳作「土豪」。

〔三〕兄弟姊並長大困於賦役　陳書卷八周文育傳、册府卷八二四無「弟」字。「賦」，原作「賤」，據北監本、殿本及陳書、册府改。

〔四〕啓薈爲前軍軍主　「軍」字原脱其一，據陳書卷八周文育傳、通志卷一四四補。

〔五〕慶之使薈將五百人往新蔡懸瓠慰勞白水蠻蠻謀執薈以入魏　「蠻」字原脱其一，據北監本、殿本及陳書卷八周文育傳、通志卷一四四補。

〔六〕傅泰據墌口城以拒官軍　「墌口」，原作「𡑞口」，據陳書卷八周文育傳改。

〔七〕寶安字安人　「安人」，北監本、殿本及陳書卷八周文育傳附周寶安傳作「安民」，此避唐諱而改。

〔八〕位晉陵定遠二郡太守　「太守」二字原脱，據宋乙本壹及陳書卷八周文育傳附周寶安傳、册府卷九三一、通志卷一四四補。

〔九〕範委以將帥之任　「將帥」，原作「將節」，據宋乙本壹及陳書卷九侯瑱傳、册府卷七二四、通志卷一四四改。

〔一〇〕瑱嗣同退還合肥　「瑱嗣同」，宋乙本壹及陳書卷九侯瑱傳、册府卷七六一、通志卷一四四作「瑱與嗣」。

〔一一〕東北風吹其舟艦並壞　「東北風」，原作「東西風」，據陳書卷九侯瑱傳、羣書考索後集卷四五、通考卷一五八改。

〔一二〕乃率船來下　「來」，册府卷三六三明本、羣書考索後集卷四五、通志卷一四四、通考卷一五八作「東」，疑是。

〔一三〕父捍　「捍」，陳書卷八侯安都傳、册府卷八六二、通鑑卷一六八陳紀二天嘉元年作「文捍」。

〔一四〕武帝追安都還拒之　「追」，宋乙本壹及通志卷一四四作「遣」。

〔一五〕禽齊儀同乞扶無芳　「乞扶無芳」，北監本、殿本作「乞伏無芳」，陳書卷八侯安都傳作「乞伏無勞」。

〔一六〕斬其騎士十二人　「十二」，陳書卷八侯安都傳作「十一」。

〔一七〕引營漸進　「引」，陳書卷八侯安都傳、册府卷三四五作「列」。

〔一八〕琳將潘純於城中遥射官軍　「潘純」，陳書卷八侯安都傳作「潘純陁」，通鑑卷一六七陳紀一永定元年作「潘純陀」。此疑脱字。

〔一九〕子晉乃僞以小船依艑而釣　「依」，原作「住」，據陳書卷八侯安都傳、册府卷四四二、通鑑卷一六七陳紀一永定二年、通志卷一四四改。

〔二〇〕又手解文帝髮推就喪次　「又」，原作「乂」，據陳書卷八侯安都傳、册府卷三七二、通鑑卷一六七陳紀一永定三年改。

〔二一〕改桂陽郡之汝城縣爲盧陽郡　「盧陽」，原作「廬陽」，據陳書卷三世祖紀改。按隋書卷三一地理志下桂陽郡下云「陳置盧陽郡」。

〔二二〕放拍碎其樓　「樓」字下，陳書卷八侯安都傳有「雉」字，通鑑卷一六八陳紀二天嘉三年有「堞」字，此疑有脱。

〔二三〕其兄逼令從官　「官」，陳書卷九歐陽頠傳、通志卷一四四作「宦」。

〔二四〕大獻銅鼓累代所無　「大獻銅鼓」，陳書卷九歐陽頠傳作「獻大銅鼓」。

〔二五〕蘭欽弟前高州刺史裕攻始興内史蕭昭基　「蕭昭基」，陳書卷九歐陽頠傳作「蕭紹基」。

〔二六〕亦不相戰　「相」，汲本及陳書卷九歐陽頠傳、册府卷二〇九、通志卷一四四作「拒」。

〔二七〕令以百兩還合浦太守龔蔦　「龔」，陳書卷九歐陽頠傳、御覽卷八一〇引陳書、册府卷七八七、通志卷一四四作「襲」。

〔二八〕日步行二百里　「二百」，陳書卷一一黄法𣰋傳、册府卷八四五作「三百」。

〔二九〕割江西四郡置高州　「江西」，陳書卷一一黄法𣰋傳、通鑑卷一六六梁紀二二太平元年、陳黄法𣰋墓誌作「江州」。

〔三〇〕蕭勃歐陽頠來攻　陳書卷一一黄法𣰋傳「蕭勃」下有「遣」字。按陳書卷一高祖紀上：太平二年二月，「蕭勃舉兵，自廣州渡嶺，頓南康。遣其將歐陽頠……至于豫章，分屯要險」。此疑脱「遣」字。

〔三一〕永定二年王琳遣李孝欽樊猛余孝頃攻周迪且謀取法𣰋　「二年」，原作「三年」，據陳書卷一一黄法𣰋傳、册府卷三八〇、卷四一四改。按陳書卷一三沈恪傳、卷三五周迪傳亦繫於永定二年。

〔三二〕尋出爲都督桂州刺史　「桂州」，原作「桂陽」，據陳書卷一一淳于量傳、册府卷七六五、通志卷一四四、南史詳節卷二二改。按下云「量保桂州」，亦證「桂陽」爲誤。

〔三三〕以功授鎮軍將軍開府儀同三司　「鎮軍將軍」，陳書卷一一章昭達傳、册府卷三五二作「鎮前將軍」，疑是。參本書卷九校勘記〔五〇〕。

〔三四〕吴明徹字通炤　「通炤」，陳書卷九吴明徹傳、英華卷九四七庾信周大將軍懷德公吴明徹墓誌作「通昭」，建康實録卷二〇作「通照」。

〔三五〕遣謁者蕭淳就壽陽授策　「蕭淳」，陳書卷九吴明徹傳、通鑑卷一七一陳紀五太建五年作「蕭淳風」。

〔三六〕軌輕行自清水入淮口　「淮口」，原作「灌口」，據陳書卷九吴明徹傳、周書卷四〇王軌傳、御覽卷三二三引三國典略、通志卷一四四改。按通鑑胡三省注：「淮口，清水入淮之口，即清口也。」

〔三七〕馬明戍裴子烈曰　「馬明戍」，陳書卷九吴明徹傳、通鑑卷一七三陳紀七太建十年作「馬主」，通志卷一四四作「馬明戍主」。通鑑考異曰：「『南史作『馬明主』，今從陳書。』」所見南史與今本不同。

南史卷六十七

列傳第五十七

胡穎　徐度子敬成　杜稜　周鐵武　程靈洗子文季　沈恪
陸子隆　錢道戢　駱文牙　孫瑒　徐世譜　周敷
荀朗子法尚　周炅　魯悉達弟廣達　蕭摩訶子世廉
任忠　樊毅弟猛

胡穎字方秀，吳興人也。偉姿容，性寬厚。梁末，陳武帝在廣州，穎深自結託。從克元景仲，平蔡路養、李遷仕皆有功。武帝進軍頓西昌，以穎爲巴丘令，鎮大皋，督糧運。下至豫章，以穎監豫章郡。武帝率衆與王僧辯會白茅灣，同討侯景，以穎知留府事。梁承聖初，元帝授穎羅州刺史，封漢陽縣侯。尋除豫章内史，隨武帝鎮京口。齊遣郭元建出東關，武帝令穎率府内驍勇隨侯瑱，於東關大破之。後從武帝襲王僧辯，又隨周文育於吴興討杜龕。武帝受禪，兼左衞將軍。

天嘉元年，除散騎常侍、吴興太守。卒官，謚曰壯。二年，配享武帝廟庭。子六同嗣。

徐度字孝節，安陸人也。少倜儻，不拘小節。及長，姿貌瓌偉，嗜酒好博，恒使僮僕屠酤爲事。

初從梁始興内史蕭介征諸山洞，以驍勇聞。陳武帝征交阯〔一〕，乃委質焉。侯景之亂，武帝剋廣州，平蔡路養，破李遷仕，計畫多出於度。侯景平後，追録前後戰功，封廣德縣侯。

武帝鎮朱方，除蘭陵太守。武帝遣衡陽獻王往荆州，度率所領從焉。江陵覆亡，間行東歸。

武帝東討杜龕，奉敬帝幸京口，以度領宿衞，并知留府事。徐嗣徽、任約等來寇，武帝與敬帝還都，時賊已據石頭，使度頓軍於冶城寺。明年，嗣徽等又引齊寇濟江，度隨衆軍破之於北郊壇。以功除郢州刺史，兼領吴興太守。

文帝即位，累遷侍中、中撫將軍、開府儀同三司〔二〕，進爵爲公。天嘉元年，以平王琳功，改封湘東郡公。及太尉侯瑱薨于湘州，以度代瑱爲都督、湘州刺史。秩滿，復爲侍中、中軍大將軍。文帝崩，度預顧命，許以甲仗五十人入殿省。廢帝即位，進位司空。薨，贈太尉，謚曰忠肅。太建四年，配享武帝廟庭。子敬成嗣。

敬成幼聰慧，好讀書。起家著作佐郎。永定元年，領度所部士卒，隨周文育、侯安都征王琳，於沌口敗績，爲琳所縶。二年，隨文育、安都得歸。父度爲吴郡太守，以敬成監郡。

光大元年，爲巴州刺史。尋爲水軍，隨吴明徹平華皎。二年，以父憂去職。尋起爲南豫州刺史，襲爵湘東郡公。

太建五年，除吴興太守〔三〕。隨都督吴明徹北討，出秦郡，别遣敬成爲都督，乘金翅自歐陽引埭泝江，由廣陵，齊人皆城守，弗敢出。自繁梁湖下淮，克淮陰、山陽、鹽城三郡，仍進克鬱州。進號壯武將軍，鎮朐山。坐於軍中輒科訂，并誅新附者，免官。尋除安州刺史，鎮宿豫。卒，謚曰思。子敞嗣。

杜稜字雄盛，吴郡錢唐人也。少落泊，不爲時知。頗涉書傳。游嶺南，事梁廣州刺史新渝侯蕭映。映卒，從陳武帝，平蔡路養、李遷仕皆有功。梁元帝承制，授石州刺史、上陌縣侯。

侯景平後，武帝鎮朱方，以稜監義興、琅邪二郡。武帝謀誅王僧辯，引稜與侯安都等共議，稜難之。武帝懼其泄己，乃以手巾絞稜，稜悶絶於地，因閉於別室。軍發，召與同行。及僧辯平後，武帝東征杜龕等，留稜與安都居守。徐嗣徽、任約引齊師濟江，攻臺城，安都與稜隨方抗拒，未嘗解帶。賊平，以功除右衛將軍、丹陽尹。

永定元年，位侍中、中領軍。武帝崩，文帝在南皖。時内無嫡嗣，外有强敵，侯瑱、侯安都、徐度等並在軍中，朝廷宿將，唯稜在都，獨典禁兵，乃與蔡景歷等祕不發喪，奉迎文帝。文帝即位，遷領軍將軍，以預建立功，改封永城縣侯，位丹陽尹。廢帝即位，加特進、侍中。光大元年，解尹，量置佐史，給扶。

太建元年，出爲吴興太守。二年，徵爲侍中。尋加特進、護軍將軍。三年，以公事免侍中、護軍。四年，復爲侍中、右光禄大夫，將軍、佐史、扶並如故。

稜歷事三帝，並見恩寵。末年不預征役，優游都下。頃之，卒于官。贈開府儀同三司，謚曰成，配享武帝廟庭。子安世嗣。

周鐵武，不知何許人也。語音傖重，膂力過人，便馬槊。事梁河東王蕭譽，以勇敢聞。譽爲湘州，以爲臨蒸令。侯景之亂，梁元帝遣世子方等伐譽，譽拒戰，大捷，方等死，鐵武功最。及王僧辯討譽，於陣獲之，將烹焉，鐵武呼曰：「侯景未滅，奈何殺壯士！」僧辯奇其言，宥之，還其麾下。及侯景西上，鐵武從僧辯剋任約，獲宋子仙，每戰有功。元帝承制，授潼州刺史，封沌陽縣子。又從僧辯定建鄴，降謝答仁，平陸納於湘州，録前後功，進爵爲侯。

陳武帝誅僧辯，鐵武率所部降，因復其本職。徐嗣徽引齊寇度江，鐵武破其水軍。嗣徽平，遷太子左衞率。尋隨周文育拒蕭勃，文育命鐵武偏軍襲勃，禽勃前軍歐陽頠。又隨文育西征王琳於沌口，敗績，與文育、侯安都並爲琳所禽。琳見諸將與語，唯鐵武辭氣不屈，故琳盡宥文育之徒，獨鐵武見害。贈侍中、護軍。天嘉五年〔四〕，文帝又詔配食武帝廟庭。子瑜嗣。

程靈洗字玄滌，新安海寧人也。少以勇力聞，步行日二百里，便騎善游，素爲鄉里畏伏。侯景之亂，據黟、歙聚徒以拒景。景軍據有新安，新安太守湘西鄉侯蕭隱奔依靈洗，靈洗奉以主盟。梁元帝授靈洗譙州刺史資，領新安太守，封巴丘縣侯。後助王僧辯鎮防。

及武帝誅僧辯，靈洗率所領來援，其夜力戰於石頭西門，武帝軍不利，遣使招喻，久之乃降，帝深義之。授蘭陵太守，仍助防京口。及平徐嗣徽，靈洗有功，除南丹陽太守，封遂安縣侯。後隨周文育西討王琳，軍敗，爲琳所拘。尋與侯安都等逃歸。累遷太子左衞率。

武帝崩，王琳前軍東下，靈洗於南陵破之，虜其兵士，并獲青龍十餘乘。以功授都督、南豫州刺史。侯瑱等敗王琳于栅口，靈洗逐北，據有魯山。徵爲左衞將軍。天嘉四年，周迪重寇臨川，以靈洗爲都督，自鄱陽別道擊之，迪又走山谷間。遷中護軍，出爲都督、郢州刺史。

廢帝即位，進號雲麾將軍。華皎之反，遣使招靈洗，靈洗斬皎使以聞。朝廷深嘉其忠，因推心待之，使其子文季領水軍助防。時周將元定率步騎二萬助皎，圍靈洗，靈洗嬰城固守。及晈敗，乃出軍躡定，定不獲濟江，以其衆降。因進攻，尅周沔州，禽其刺史裴寬。以功改封重安縣公。

靈洗性嚴急，御下甚苛刻，士卒有小罪，必以軍法誅之。號令分明，與士卒同甘苦，衆亦以此德之。性好播植，躬勤耕稼，至於水陸所宜，刈穫早晚，雖老農不能及也。妓妾無游手，並督之紡績。至於散用貲財，亦弗儉吝。卒，贈鎮西將軍、開府儀同三司，謚曰忠壯。太建四年，配享武帝廟庭。子文季嗣。

文季字少卿，幼習騎射，多幹略，果決有父風。靈洗與周文育、侯安都等敗於沌口，爲王琳所執，武帝召陷賊諸子弟厚遇之〔五〕，文季最有禮容，深見賞。文帝嗣位，除宣惠始興王府限内中直兵參軍。累遷臨海太守。後乘金翅助父鎮郢城。華晈平，靈洗及文季並有扞禦之功。及靈洗卒，文季盡領其衆。起爲超武將軍，仍助防郢州。

文季性至孝，雖軍旅奪禮，而毁瘠甚至。服闋，襲封重安縣公。隨都督章昭達率軍往荆州征梁。梁人與周軍多造舟艦，置于青泥水中，昭達遣文季共錢道戢盡焚其舟艦。既而周兵大出，文季僅以身免。以功加通直散騎常侍。

太建五年，都督吴明徹北討，至秦郡。秦郡前江浦通涂水，齊人並下大柱爲杙，栅水中。文季乃前領驍勇，拔開其栅，明徹率大軍自後而至，攻剋秦郡。又别遣文季攻涇州，屠其城。進拔盱台。仍隨明徹圍壽陽。文季臨事謹飭，御下嚴整，前後所克城壘，率皆迮水爲堰，土木之功，動踰數萬。置陣役人，文季必先於諸將，夜則早起，迄暮不休，軍中莫不服其勤幹。每戰爲前鋒，齊軍深憚之，謂爲程彪〔六〕。以功除散騎常侍，帶新安内史。累遷北徐州刺史，加都督。

後隨明徹北侵，軍敗，爲周所囚，仍授開府儀同三司。十一年，自周逃歸，至渦陽，爲邊吏執送長安，死于獄。是時既與周絶，不之知。至德元年，後主知之，贈散騎常侍。又詔傷其廢絶，降封重安縣侯，以子饗襲封〔七〕。

沈恪字子恭，吴興武康人也。深沈有幹局。梁新渝侯蕭暎之爲廣州，兼暎府中兵參軍。陳武帝與恪同郡，情好甚昵。蕭暎卒後，武帝南討李賁，仍遣妻子附恪還鄉。尋補東宫直後。以嶺南勳，除員外散騎侍郎。仍令總集宗從子弟。

侯景圍臺城，起東西二土山以逼城，城内亦作土山應之，恪爲東土山主，晝夜拒戰。

以功封東興侯。及城陷，間行歸鄉。武帝討景，遣使報恪，恪於東起兵相應。賊平後，授都軍副。

及武帝謀討王僧辯，恪預其事。武帝使文帝還長城立柵備杜龕，使恪還武康招集兵衆。及僧辯誅，龕果遣副將杜泰襲文帝於長城，恪時已出縣，誅龕黨與。武帝尋遣周文育來援長城，文育至，泰乃走。及龕平，文帝襲東揚州刺史張彪，以恪監吴興郡。

武帝受禪，時恪自吴興入朝，武帝使中書舍人劉師知引恪，令勒兵入〔八〕，因衞敬帝如别宫。恪排闥入見武帝，叩頭謝曰：「恪身經事蕭家來，今日不忍見此事，分受死耳，決不奉命。」武帝嘉其意，不復逼，更以盪主王僧志代之。

帝踐祚，除吴興太守。永定三年，除散騎常侍、會稽太守。歷事文帝及廢帝，累遷護軍將軍。至宣帝即位，除平越中郎將、都督、廣州刺史。恪未至嶺，前刺史歐陽紇舉兵拒嶮，不得進。朝廷遣司空章昭達討平紇，乃得入州。兵荒之後，所在殘毁，恪綏懷安輯，被以恩惠，嶺表賴之。後主即位，爲特進、金紫光禄大夫。卒，謚曰光〔九〕。子法興嗣。

陸子隆字興世，吴郡人也。祖敞之，梁嘉興令。父悛，封氏令。

子隆少慷慨，有志功名。侯景之亂，於鄉里聚徒。時張彪爲吴郡太守，引爲將帥，仍隨彪徙鎮會稽。及文帝討彪，彪將沈泰、吴寶真、申縉等皆降，而子隆力戰敗績。文帝義之，復使領其部曲。

文帝嗣位，子隆領甲仗宿衛〔一〇〕。封益陽縣子，累遷廬陵太守。周迪據臨川反，子隆隨章昭達討迪，迪退走，因隨昭達討陳寶應。晉安平，子隆功最，遷武州刺史，改封朝陽縣伯。

華皎據湘州反，以子隆居其心腹，皎深患之，頻遣使招，子隆不從，攻又不剋。及皎敗於郢州，子隆出兵襲其後，因與大軍相會。進爵爲侯。尋遷都督、荆州刺史。荆州新置，居公安，城池未固，子隆脩立城郭，綏集夷夏，甚得人和，號爲稱職。吏人詣闕，求立碑頌美功績，詔許之。卒，謚威。子之武嗣。

之武年十六，領其舊軍。後爲弘農太守，乃隸吴明徹，於呂梁軍敗逃歸，爲人所害。

子隆弟子才，亦有幹略。從子隆征討有功，除始平太守，封始康縣子〔一一〕。卒於信州刺史。

錢道戢字子韜，吴興長城人也。父景深，梁漢壽令。道戢少以孝行著聞，及長，頗有材幹，陳武帝微時，以從妹妻焉。武帝輔政，道戢隨文帝平張彪于會稽，以功拜東徐州刺史，封永安縣侯。

天嘉元年，爲臨海太守。侯安都之討留異，道戢帥軍出松陽以斷其後。異平，以功拜都督、衡州刺史，領始興内史。後與章昭達討歐陽紇，紇平，除左衞將軍。

太建二年，又隨昭達征江陵，以功加散騎常侍。後爲都督、郢州刺史。與儀同黄法𣰰攻下歷陽，因以道戢鎮之。卒官，謚曰肅。子邈嗣。

駱文牙字旗門〔一二〕，吴興臨安人也。父裕，梁鄱陽嗣王中兵參軍事。文牙年十二〔一三〕，宗人有善相者，云：「此郎容貌非常，必將遠致。」梁太清末，陳文帝避地臨安，文牙母陵〔一四〕，覩帝儀表，知非常人，賓待甚厚。及帝爲吴興太守，引文牙爲將帥。從平杜龕、張彪，勇冠衆軍。

文帝即位，封臨安縣侯〔一五〕，位越州刺史。初，文牙母卒，時兵荒，至是始葬，詔贈臨安國太夫人，謚曰恭。

太建八年，文牙累遷散騎常侍，入直殿省。十年，授豐州刺史。至德二年卒，贈廣州刺史。子義嗣。

孫瑒字德璉，吴郡吴人也。父循道〔一六〕，梁中散大夫，以雅素知名。瑒少倜儻，好謀略，博涉經史，尤便書翰。仕梁爲邵陵王中兵參軍事。太清之難，授假節、宣猛將軍、軍主。王僧辯之討侯景也，王琳爲前軍，琳與瑒親婭，乃表薦爲宜都太守。後以軍功封富陽侯。敬帝立，累遷巴州刺史。

及陳武帝受禪，王琳立梁永嘉王蕭莊於郢州，徵瑒爲少府卿〔一七〕，仍徙都督、郢州刺史，總留府之任。周遣大將軍史寧乘虚攻之，瑒兵不滿千人，乘城拒守，周兵不能剋。及王琳，乘勝而進〔一八〕，周兵乃解，瑒於是盡有中流之地。既而遣使奉表歸陳。

天嘉元年，授湘州刺史，封定襄縣侯。瑒懷不自安，乃固請入朝，徵爲侍中、領軍將軍〔一九〕。未拜，文帝謂曰：「昔朱買臣願爲本郡，卿豈有意授乎〔二〇〕？」改授吴郡太守，給鼓吹一部。秩滿，徵拜散騎常侍、中護軍。及留異反，據東陽，詔瑒督舟師進討。異平，遷鎮右將軍。頃之，出爲建安太守。

太建四年，爲都督、荆州刺史，出鎮公安，爲鄰境所憚。居職六年，以公事免。及吴明徹軍敗吕梁，詔授都督緣江水陸諸軍事。尋授都督、郢州刺史。

十二年，坐疆埸交通抵罪。後主嗣位，復爵邑。歷位度支尚書，侍中，祠部尚書。後主頻幸其宅，賦詩述勳德之美。遷五兵尚書，領左軍將軍〔二二〕，侍中如故。禎明元年，卒官，謚曰桓。

瑒事親以孝聞，於諸弟甚篤睦。性通泰，有財散之親友。居家頗失於侈，家庭穿築，極林泉之致，歌鍾舞女，當世罕儔。賓客填門，軒蓋不絶。及出鎮郢州，乃合十餘船爲大舫，於中立亭池，植荷芰，每良辰美景，賓僚並集，泛長江而置酒，亦一時之勝賞焉。常於山齋設講肆，集玄儒之士，冬夏資奉，爲學者所稱。而處己率易，不以名位驕物。時興皇寺朗法師該通釋典〔二三〕，瑒每造講筵，時有抗論，法侣莫不傾心。又巧思過人，爲起部尚書，軍國器械，多所創立。有鑒識，男女婚姻，皆擇素貴。及卒，尚書令江總爲之銘誌，後主又題銘後四十字，遣左户尚書蔡徵就宅宣敕鐫之。其詞曰：「秋風動竹，烟水驚波。幾人樵徑，何處山阿。今時日月，宿昔綺羅。天長路遠，地久靈多。功臣未勒，此意如何。」時論以爲榮。

瑒二十一子，第二子訓頗知名，位高唐太守，陳亡入隋。

徐世譜字興宗，巴東魚復人也。世居荆州爲主帥，征伐蠻蜒。至世譜尤勇敢，有旅力，善水戰。梁元帝之爲荆州刺史，世譜將領鄉人事焉。

侯景之亂，因預征討，累遷至員外散騎常侍。尋領水軍，從司徒陸法和與景戰於赤亭湖。時景軍甚盛，世譜乃别造樓船、拍艦、火舫、水車以益軍勢。將戰，又乘大艦居前，大敗景軍，禽景將任約。景退走，因隨王僧辯攻郢州，世譜復乘大艦臨其倉門，賊將宋子仙據城降。以功除信州刺史，封魚復縣侯。仍隨僧辯東下，恒爲軍鋒。景平，以衡州刺史資，領河東太守。

西魏攻荆門，世譜鎮馬頭岸〔二三〕，據有龍洲。元帝授侍中、都督江南諸軍事、鎮南將軍、護軍將軍。魏剋江陵，世譜東下依侯瑱。

紹泰元年，徵爲侍中、左衞將軍。陳武帝之拒王琳，其水戰之具，悉委世譜。世譜性機巧，諳解舊法，所造器械，並隨機損益，妙思出人。

永定二年，遷護軍將軍。文帝即位，歷特進、右光禄大夫。以疾失明，謝病不朝。卒，謚曰桓。

周敷字仲遠，臨川人也。爲郡豪族。敷形貌眇小，如不勝衣，膽力勁果，超出時輩。性豪俠，輕財重士，鄉黨少年任氣者咸歸之。

侯景之亂，鄉人周續合衆以討賊爲事，梁内史始興蕃王蕭毅以郡讓續，續所部有欲侵掠毅者，敷擁護之，親率其黨，捍送至豫章。時梁觀寧侯蕭永、長樂侯蕭基、豐城侯蕭泰避難流寓，聞敷信義，皆往依之。敷愍其危懼，屈體崇敬，厚加給卹，送之西上。俄而續部下將帥爭權，殺續以降周迪。迪素無簿閥，又失衆心，倚敷族望，深求交結。敷未能自固，事迪甚恭，迪大憑杖之。迪據臨川之工塘，敷鎮臨川故郡。侯景平，梁元帝授敷寧州刺史，封西豐縣侯。

陳武帝受禪，王琳據有上流，余孝頃與琳黨李孝欽等共圍周迪，敷助於迪，迪禽孝頃等，敷功最多。熊曇朗之殺周文育，據豫章，將兵襲敷，敷大破之。曇朗走巴山郡，敷因與周迪、黄法𣰰等進兵屠之。王琳平，授散騎常侍、豫章太守。

時南江酋帥，並顧戀巢窟，唯敷獨先入朝。天嘉二年，詣闕，進號安西將軍，令還鎮豫章。周迪以敷素出己下，超致顯達，深不平，乃舉兵反〔二四〕，遣弟方興襲敷，敷大破之。仍從都督吴明徹攻破迪，禽方興。再遷都督、南豫州刺史。迪又收餘衆襲東興，文帝遣都督章昭達征迪，敷又從軍。至定川縣與迪相對，迪紿敷求還朝，欲立盟，敷許之。方登壇，爲迪所害。謚曰脱。子智安嗣，位至太僕卿。

荀朗字深明，潁川潁陰人也。祖延祖，梁潁川太守。父伯道，衛尉卿〔二五〕。朗少慷慨，有將帥大略。侯景之亂，據巢湖，無所屬。臺城陷没後，梁簡文帝密詔授朗豫州刺史，令與外蕃討景。景使儀同宋子仙、任約等頻征之，不能剋。時都下饑，朗更招致部曲，衆至數萬。侯景敗於巴陵，朗截破其後軍。景平後，又别破齊將郭元建於踟蹰山。及魏剋荆州，陳武帝入輔，齊遣蕭軌、東方老等來寇，據石頭，朗自宣城來赴，與侯安都等大破之。

武帝受禪，賜爵興寧縣侯，以朗兄昂爲左衛將軍，弟晷爲太子右衛率。武帝崩，宣太后與舍人蔡景歷祕不發喪，朗弟曉在都微知之，謀率其家兵襲臺。事覺，景歷殺曉，仍繫其兄弟。文帝即位，並釋之。因厚撫朗，令與侯安都等拒王琳。琳平，遷都督、合州刺史。卒，謚曰壯。子法尚嗣。

法尚少俶儻，有文武幹略。禎明中，爲都督、郢州刺史。及隋軍濟江，法尚降。入隋，歷邵、觀、綿、豐四州刺史，巴東、敦煌二郡太守。

周炅字文昭，汝南安成人也。祖强，齊梁州刺史。父靈起，梁廬、桂二州刺史，保城縣侯。

炅少豪俠任氣，有將帥才。梁太清元年，爲弋陽太守。侯景之亂，元帝承制改授西陽太守，封西陵縣伯。以軍功累遷都督、江州刺史，進爲侯。陳武帝踐祚，王琳擁據上流，炅以州從之。後爲侯安都所禽，送都。文帝釋之，授定州刺史，帶西陽、武昌二郡太守。

太建五年，爲都督、安州刺史，改封龍源縣侯。其年，隨都督吳明徹北討，所向剋捷，一月之中，獲十二城。敗齊尚書左丞陸騫軍。進攻巴州，剋之。於是江北諸城及穀陽土人，並誅其渠帥以城降。進號和戎將軍。仍敕追炅入朝。

後梁定州刺史田龍昇以城降，詔以爲定州刺史，封赤亭王。及炅入朝，龍昇以江北六州七鎮叛入于齊，齊遣歷陽王高景安應之。於是令炅爲江北道大都督，總統衆軍以討龍昇，斬之，盡復江北之地。進號平北將軍。卒於官，贈司州刺史，改封武昌郡公，謚曰壯。

魯悉達字志通，扶風郿人也。祖斐，齊衡州刺史、陽塘侯。父益之，梁雲麾將軍、新蔡義陽二郡太守。

悉達幼以孝聞。侯景之亂，糺合鄉人保新蔡，力田蓄穀。時兵荒，都下及上川餓死者十八九，有得存者，皆攜老幼以歸焉，悉達所濟活者甚衆。招集晉熙等五郡〔二六〕，盡有其地。使其弟廣達領兵隨王僧辯討平侯景。梁元帝授北江州刺史。

敬帝即位，王琳據有上流，留異、余孝頃、周迪等所在蜂起，悉達撫綏五郡，甚得人和。琳授悉達鎮北將軍，陳武帝亦遣趙知禮授征西將軍、江州刺史，悉達兩受之，遷延顧望。武帝遣安西將軍沈泰潛師襲之，不能剋。齊遣行臺慕容紹宗來攻鬱口諸鎮〔二七〕，悉達與戰，大敗齊軍，紹宗僅以身免。王琳欲圖東下，以悉達制其中流，遣使招誘，悉達終不從。琳不得下，乃連結於齊，齊遣清河王高岳助之。會裨將梅天養等懼罪，乃引齊軍入城，悉達勒麾下數千人濟江而歸武帝。帝見之喜曰：「來何遲也。」授北江州刺史，封彭澤縣侯〔二八〕。

悉達雖杖氣任俠，不以富貴驕人。雅好詞賦，招禮賢才，與之賞會。文帝即位，遷吴州刺史。遭母憂，哀毁過禮，因遘疾卒，謚孝侯。子覽嗣。弟廣達。

廣達字徧覽，少慷慨，志立功名，虚心愛士，賓客自遠而至。時江表將帥各領部曲，動以千數，而魯氏尤爲多。仕梁爲平南當陽公府中兵參軍。侯景之亂，與兄悉達聚衆保新蔡。梁元帝承制授晉州刺史。王僧辯之討侯景，廣達出境候接，資奉軍儲。僧辯謂沈炯曰：「魯晉州亦是王師東道主人。」仍率衆隨僧辯。景平，加員外散騎常侍。陳武受禪，授東海太守。後代兄悉達爲吴州刺史，封中宿縣侯。光大元年，遷南豫州刺史。華皎稱兵上流，詔司空淳于量進討。軍至夏口，見皎舟師强盛，莫敢進。廣達首率驍勇，直衝賊軍。廣達墮水，沈溺久之，因救獲免。皎平，授巴州刺史。

太建初，與儀同章昭達入峽口，招定安蜀等諸州鎮〔二九〕。時周圖江左，大造舟艦於蜀，并運糧青泥，廣達與錢道戢等將兵掩襲，縱火焚之，仍還本鎮。廣達爲政簡要，推誠任下，吏人便之。及秩滿，皆詣闕表請，於是詔申二年。

五年，衆軍北伐〔三〇〕，略淮南舊地，廣達與齊軍會於大峴，大破之，斬其敷城主張元範〔三一〕。進剋北徐州。仍授北徐州刺史。十年，授都督、合州刺史。

十一年，周將梁士彦圍壽春，詔遣中領軍樊毅、左衞將軍任忠等分部趣陽平、秦郡，廣達率衆入淮爲掎角以擊之。周軍攻陷豫、霍二州，南北兗、晉等各自拔，諸將並無功，盡失淮南之地，廣達因免官，以侯還第。

十二年，與南豫州刺史樊毅北討〔三二〕，剋郭默城。尋授平西將軍、都督郢州以上七州諸軍事〔三三〕，頓兵江夏。周安州總管元景征江外〔三四〕，廣達命偏師擊走之。

至德二年，爲侍中，改封綏越郡公。尋爲中領軍。及賀若弼進軍鍾山，廣達於白土岡置陣，與弼旗鼓相對。廣達躬擐甲冑，手執桴鼓，率勵敢死而進，隋軍退走。如是者數四。及弼乘勝至宮城，燒北掖門，廣達猶督餘兵苦戰不息。會日暮，乃解甲，面臺再拜慟哭。謂衆曰：「我身不能救國，負罪深矣。」士卒皆涕泣歔欷，於是就執。

禎明三年，依例入隋。廣達追愴本朝淪覆，遘疾不療，尋以憤慨卒。尚書令江總撫柩慟哭，乃命筆題其棺頭，爲詩曰：「黄泉雖抱恨，白日自留名。悲君感義死，不作負恩生。」又製廣達墓銘，述其忠概。

初，隋將韓擒之濟江，廣達長子世真在新蔡，乃與其弟世雄及所部奔擒，擒遣使致書招廣達。廣達時屯兵都下，乃自劾廷尉請罪，後主謂曰：「世真雖異路中大夫，公國之重臣，吾所恃賴，豈得自同嫌疑之間乎？」加賜黄金，即日還營。

廣達有隊主楊孝辯，時從廣達在軍中，力戰陷陣，其子亦隨孝辯揮刀殺隋兵十餘人，力窮，父子俱死。

蕭摩訶字元胤，蘭陵人也。父諒，梁始興郡丞。摩訶隨父之郡，年數歲而父卒，其姊夫蔡路養時在南康〔三五〕，乃收養之。稍長，果毅有勇力。

侯景之亂，陳武帝赴援建鄴，路養起兵拒武帝，摩訶時年十三，單騎出戰，軍中莫有當者。及路養敗，摩訶歸侯安都，常從征討，安都遇之甚厚。及任約、徐嗣徽引齊兵爲寇，武帝遣安都北拒齊軍於鍾山龍尾及北郊壇。安都謂摩訶曰：「卿驍勇有名，千聞不如一見。」摩訶對曰：「今日令公見之。」及戰，安都墜馬被圍，摩訶獨騎大呼，直衝齊軍，齊軍稍解去，安都乃免。以平留異、歐陽紇功，累遷巴山太守。

太建五年，衆軍北伐，摩訶隨都督吴明徹濟江攻秦郡。時齊遣大將尉破胡等率衆十萬來援，其前隊有「蒼頭」、「犀角」、「大力」之號，皆身長八尺，膂力絶倫，其鋒甚鋭。又有西域胡，妙於弓矢，弦無虚發，衆軍尤憚之。及將戰，明徹謂摩訶曰：「若殪此胡，則彼軍奪氣，君有關、張之名，可斬顏良矣。」摩訶曰：「願得識其形狀。」明徹乃召降人有識胡者，云胡絳衣，樺皮裝弓，兩端骨弭。明徹遣人覘伺，知胡在陣，仍自酌酒飲摩訶。摩訶飲訖，馳馬衝齊軍，胡挺身出陣前十餘步，彀弓未發，摩訶遥擲銑鋧，正中其額，應手而仆。齊軍「大力」十餘人出戰，摩訶又斬之，於是齊師退走。以功封廉平縣伯。尋進爲侯，位太僕卿。又隨明徹進圍宿豫，擊走齊將王康德，以功除晉熙太守。

九年，明徹進軍吕梁，與齊大戰，摩訶率七騎先入，手奪齊軍大旗，齊衆大潰。以功授譙州刺史。

及周武帝滅齊，遣其將宇文忻爭吕梁。忻時有精騎數千，摩訶領十二騎，深入周軍，從横奮擊，斬馘甚衆。及周遣大將王軌來赴，結長圍連鏁於吕梁下流，斷大軍還路。摩訶謂明徹曰：「聞軌始鏁下流，其兩頭築城，今尚未立，公若見遣擊之，彼必不敢相拒。彼城若立，則吾屬虜矣。」明徹奮髯曰：「搴旗陷陣，將軍事也；長筭遠略，老夫事也。」摩訶失色而退。一旬之中，水路遂斷，周兵益至。摩訶又請曰：「今求戰不得，進退無路，若潛軍突圍，未足爲恥。願公率步卒乘馬輿徐行，摩訶驅馳前後，必使公安達京邑。」明徹曰：「弟計乃良圖也。然老夫受脤專征〔三六〕，今被圍逼，慙貢無地。且步軍既多，吾爲總督，必須身居其後，相率兼行，弟馬軍宜須在前。」摩訶因夜發，選精騎八千〔三七〕，率先衝突，自後衆騎繼焉。比旦，達淮南。宣帝徵還，授右衞將軍。

及宣帝崩，始興王叔陵於殿內手刃後主，遂奔東府城。摩訶入受敕，乃率馬步數百趣東府城，斬之。以功授車騎大將軍〔三八〕，封綏建郡公。叔陵素所蓄聚金帛累巨萬，後主悉以賜之。改授侍中、驃騎大將軍、左光禄大夫〔三九〕。舊制三公黄閤聽事置鴟尾。後主特詔摩訶開黄閤，門施行馬，聽事寢堂，並置鴟尾。仍以其女爲皇太子妃。

會隋總管賀若弼鎮廣陵，後主委摩訶禦之，授南徐州刺史。禎明三年元會，徵摩訶還朝，弼乘虚濟江，襲京口。摩訶請率兵逆戰，後主不許。及弼進鍾山，摩訶又曰：「弼懸軍深入，壘塹未堅，出兵掩襲，必剋。」又不許。及將出戰，後主謂曰：「公可爲我一決。」摩訶曰：「從來行陣，爲國爲身，今日之事，兼爲妻子。」後主多出金帛賦諸軍，以充賞賜。令中領軍魯廣達陳兵白土岡，居衆軍南，鎮東大將軍任忠次之，護軍將軍樊毅、都官尚書孔範又次之，摩訶軍最居北。衆軍南北亘二十里，首尾進退不相知。

弼初謂未戰，將輕騎登山，望見衆軍，因馳下置陣。後主通於摩訶之妻，故摩訶雖領勁兵八千，初無戰意，唯魯廣達、田端以其徒力戰。賀若弼及所部行軍七總管楊牙、韓洪、員明、黄昕、張默言、達奚隆、張辯等甲士凡八千，各各勒陣以待之〔四〇〕。弼躬當魯廣達，麾下戰死者二百七十三人，弼縱煙以自隱，窘而復振。陳兵得人頭，皆走獻後主，求賞金銀。弼更趣孔範，範兵暫交便敗走。陳軍盡潰，死者五千人。諸門衛皆走，黄昕馳燒北掖門而入。員明禽摩訶以送弼，弼以刀臨頸，詞色不撓，乃釋而禮之。及城平，弼置後主於德教殿，令兵衞守，摩訶請弼曰：「今爲囚虜，命在斯須，願一見舊主，死無所恨。」弼哀而許之。入見後主，俯伏號泣，仍於舊厨取食進之，辭訣而出，守衞者皆不能仰視。隋文帝聞摩訶抗答賀若弼，曰：「壯士也，此亦人之所難。」入隋，授開府儀同三司。尋從漢王諒詣并州，同諒作逆，伏誅，年七十三。

摩訶訥於言，恂恂長者。至於臨戎對寇，志氣奮發，所向無前。年未弱冠，隨侯安都在京口，性好獵，無日不畋游。及安都征伐，摩訶功居多。

子世廉，有父風。性至孝，及摩訶凶終，服闋後，追慕彌切。其父時賓故，脱有所言及，世廉對之，哀慟不自勝，言者爲之歔欷。終身不執刀斧，時人嘉焉。

摩訶有騎士陳智深者，勇力過人，以平叔陵功，爲巴陵内史。摩訶之戮也，其子先已籍没〔四一〕，智深收摩訶屍，手自殯斂〔四二〕，哀感行路，君子義之。

潁川陳禹，亦隨摩訶征討。聰敏有識量，涉獵經史，解風角兵書，頗能屬文，便騎射，官至王府諮議。

任忠字奉誠，小名蠻奴，汝陰人也。少孤微，不爲鄉黨所齒。及長，譎詭多計略，旅力過人，尤善騎射，州里少年皆附之。梁鄱陽王蕭範爲合州刺史，聞其名，引置左右。侯景之亂，忠率鄉黨數百人，隨晉熙太守梅伯龍討景將王貴顯於壽春〔四三〕，每戰却敵。會土人胡通聚衆寇抄，範命忠與主帥梅思立并軍討平之。仍隨範世子嗣率衆入援，會京城陷，旋戍晉熙。侯景平，授蕩寇將軍。

王琳立蕭莊，署忠爲巴陵太守。琳敗，還朝，授明毅將軍、安湘太守，仍隨侯瑱進討巴、湘。累遷豫寧太守，衡陽内史。華皎之舉兵也，忠預其謀。及皎平，宣帝以忠先有密啓於朝廷，釋而不問。

太建初，隨章昭達討歐陽紇於廣州，以功授直閤將軍。遷武毅將軍、廬陵内史。秩滿，入爲右軍將軍。

五年，衆軍北伐，忠將出西道〔四四〕，擊走齊歷陽王高景安於大峴，逐北至東關，仍剋其東西二城。進軍蘄、譙，並拔之。徑襲合肥，入其郛。進剋霍州。以功授員外散騎常侍，封安復縣侯。吕梁之喪師也，忠全軍而還。尋授忠都督壽陽、新蔡、霍州緣淮衆軍，霍州刺史。入爲左衞將軍。遷平南將軍、南豫州刺史，加都督。率步騎趣歷陽。周遣王延貴率衆爲援，忠大破之，生禽延貴。

後主嗣位，進號鎮南將軍，給鼓吹一部。入爲領軍將軍，加侍中，改封梁信郡公。出爲吴興内史。

及隋兵濟江，忠自吴興入赴，屯軍朱雀門。後主召蕭摩訶以下於内殿定議，忠曰：「兵法客貴速戰，主貴持重。今國家足食足兵，宜固守臺城，緣淮立栅。北軍雖來，勿與交戰，分兵斷江路，無令彼信得通。給臣精兵一萬，金翅三百艘，下江徑掩六合。彼大軍必言其度江將士已被獲，自然挫氣。淮南土人，與臣舊相知悉，今聞臣往，必皆景從。臣復揚聲欲往徐州，斷彼歸路，則諸軍不擊而自去。待春水長，上江周羅睺等衆軍，必沿流赴援，此良計矣。」後主不能從。明日欻然曰：「腹煩殺人，唤蕭郎作一打。」忠叩頭苦請勿戰，後主從孔範言，乃戰，於是據白土岡陣。及軍敗，忠馳入臺，見後主，言敗狀，曰：「官好住，無所用力。」後主與之金兩縢曰〔四五〕：「爲我南岸收募人，猶可一戰。」忠曰：「陛下唯當具舟檝，就上流衆軍，臣以死奉衛。」後主信之，敕忠出部分。忠辭云：「臣處分訖，即奉迎。」後主令宫人裝束以待忠，久望不至。時隋將韓擒自新林進軍，忠率數騎往石子岡降之。仍引擒軍共入南掖門。臺城平，入長安，隋授開府儀同三司。卒，年七十七。

隋文帝後以散騎常侍袁元友能直言於後主，嘉之，擢拜主爵侍郎，謂羣臣曰：「平陳之初，我悔不殺任蠻奴〔四六〕。受人榮禄，兼當重寄，不能横屍，云『無所用力』，與弘演納肝，何其遠也。」子幼武，位儀同三司。

樊毅字智烈，南陽湖陽人也。祖方興，梁散騎常侍、司州刺史、魚復縣侯。父文熾，梁散騎常侍、東益州刺史、新蔡縣侯。

毅家本將門，少習武，善騎射。侯景之亂，率部曲隨叔父文皎援臺城。文皎於青溪戰歿，毅赴江陵，仍隸王僧辯討河東王蕭譽，以功除右中郎將。代兄俊爲梁興太守，領三州游軍，隨宜豐侯蕭循討陸納於湘州。軍次巴陵，營頓未立，納潛軍夜至薄營，大譟，軍中將士皆驚擾，毅獨與左右數十人當營門力戰，斬十餘級，擊鼓申令，衆乃定焉。以功封夷道縣伯。尋除天門太守，進爵爲侯。及西魏圍江陵，毅率郡兵赴援。會魏剋江陵，爲後梁所俘，久之遁歸。

陳武帝受禪，毅與弟猛舉兵應王琳，琳敗奔齊，太尉侯瑱遣使招毅，毅率子弟部曲還朝。太建初，爲豐州刺史，封高昌縣侯。入爲左衛將軍。五年，衆軍北伐，毅攻廣陵楚子城，拔之，擊走齊軍。及吕梁喪師，詔以毅爲大都督，率衆度淮，對清口築城，與周人相抗。霖雨城壞，毅全軍自拔。尋遷中領軍。十一年，周將梁士彦圍壽陽，詔以毅爲都督北討前軍事〔四七〕。十三年，爲荆州刺史。

後主即位，改封逍遥郡公。入爲侍中、護軍將軍。及隋軍濟江，毅謂僕射袁憲曰：「京口、采石，俱是要所，各須鋭卒數千，金翅二百，都下江中，上下防捍。如其不然，大事去矣。」諸將咸從其議。會施文慶等寢隋兵消息，毅計不行。臺城平，隨例入關，卒。

毅弟猛字智武，幼倜儻，有幹略。及長，便弓馬，膽氣過人。青溪之戰，猛自旦訖暮，與侯景軍短兵接戰，殺傷甚衆。臺城平，隨兄毅西上〔四八〕。梁南安侯方矩爲湘州刺史，以猛爲司馬。會武陵王紀舉兵自漢江東下，方矩遣猛隨都督陸法和進軍拒之。猛手禽紀父子三人，斬於艑中，盡收其船艦器械。以功封安山縣伯。進軍撫定梁、益。還遷司州刺史，進爵爲侯。

陳永定元年，周文育等敗於沌口，爲王琳所獲。琳乘勝將事南中諸郡，遣猛與李孝欽等將兵攻豫章，進逼周迪。軍敗，爲迪所執。尋遁歸王琳，琳敗，還朝。天嘉二年，授永陽太守。太建中，以軍功封富川縣侯。歷散騎常侍，荆州刺史。入爲左衞將軍。後主即位，爲南豫州刺史。隋將韓擒之濟江，猛在都下，第六子巡攝行州事，擒進軍攻陷之，巡及家口並見執。時猛與左衛將軍蔣元遜領青龍八十艘爲水軍，於白下游弈，以禦隋六合兵。後主知猛妻子在隋，懼有異志，欲使任忠代之，令蕭摩訶徐喻毅，毅不悅。摩訶以聞，後主重傷其意，乃止。禎明三年，入隋。

論曰：梁氏云季，運屬雲雷，陳武帝杖旗掃難，經綸伊始，胡穎、徐度、杜稜、周鐵武、程靈洗等，或感會風雲，畢力驅馳之日，或擢自降附，乃贊興王之始，咸得配享清廟，豈徒然哉。沈恪行己之方，不踐非義之迹，子隆持身之節，無失事人之道，仁矣乎！錢道戢、駱文牙、孫瑒、徐譜、周敷、荀朗、周炅、魯悉達、廣達、蕭摩訶、任忠、樊毅等，所以獲用當年，其道雖異，至於功名自立，亦各因時。當金陵覆没，抑惟天數，然任忠與亡之義，無乃致虧，與夫蕭、魯所行，固不同日。持此百心，而事二主，欲求取信，不亦難乎？首領獲全，亦爲幸也。

校勘記

〔一〕陳武帝征交阯　「征」，原作「在」，據陳書卷一二徐度傳、册府卷三四五、卷七二七、通志卷一四四改。

〔二〕累遷侍中中撫將軍開府儀同三司　「中撫將軍」，陳書卷一二徐度傳、通志卷一四四作「中撫軍將軍」。按陳書卷三世祖紀：永定三年七月，以「南徐州刺史徐度爲侍中、中撫軍將軍、開府儀同三司」。

〔三〕「二年以父憂去職」至「除吳興太守」　「太建」二字原倒在「二年」之上，按陳書卷四廢帝紀、卷一二徐度傳並載徐度卒於光大二年，敬成「以父憂去職」不得在太建二年，據之乙正。

〔四〕天嘉五年　「五年」，原作「三年」，據陳書卷一〇周鐵虎傳改。按陳書卷三世祖紀：天嘉五年三月「壬午，詔以故護軍將軍周鐵虎配食高祖廟庭」。

〔五〕武帝召陷賊諸子弟厚遇之　「諸」，陳書卷一〇程靈洗傳附程文季傳作「諸將」。

〔六〕謂爲程彪　「程彪」，陳書卷一〇程靈洗傳附程文季傳作「程獸」，通志卷一四四作「程虎」，此避唐諱而改。

〔七〕以子響襲封　「響」，陳書卷一〇程靈洗傳附程文季傳作「饗」。

〔八〕武帝使中書舍人劉師知引恪令勒兵入　「入」，陳書卷一二沈恪傳、冊府卷三七二作「入辭」。

〔九〕謚曰光　「光」，陳書卷一二沈恪傳、通志卷一四四作「元」。

〔一〇〕子隆領甲仗宿衛　「子隆」下原衍「力戰」二字，據汲本及陳書卷二二陸子隆傳、通志卷一四四刪。按馬宗霍校證：「疑南史傳寫涉上文『力戰敗績』一語誤衍。」

〔一一〕除始平太守封始康縣子　「始平」，陳書卷二二陸子隆傳附陸子才傳作「南平」。「始康」，陳書、吳郡志卷二一作「始興」。

〔一二〕駱文牙字旗門　「駱文牙」，陳書卷二二駱牙傳、卷三五周迪傳陳寶應傳、本書卷九陳本紀上作「駱牙」。

〔一三〕文牙年十二　「文」字原脱，據宋乙本壹及咸淳臨安志卷六三補。按本卷上下文俱作「文牙」，此處不應獨省作「牙」。

〔一四〕文牙母陵　「陵」，汲本、殿本作「陳」。

〔一五〕封臨安縣侯　「臨安」，陳書卷二二駱牙傳作「常安」。下「臨安國」同。

〔一六〕父脩道　「脩道」，陳書卷二五孫瑒傳作「循道」。

〔一七〕徵瑒爲少府卿　「少府卿」，陳書卷二五孫瑒傳、册府卷三九九作「太府卿」。

〔一八〕及王琳乘勝而進　陳書卷二五孫瑒傳、册府卷三九九「及」下有「聞大軍敗」四字。按大軍謂陳軍。時王琳攻陳，周乘虛攻郢。及聞陳大軍勝琳而進，乃解圍去。南史疑有脱文。

〔一九〕徵爲侍中領軍將軍　「侍中領軍將軍」，陳書卷二五孫瑒傳、册府卷七八二作「散騎常侍中領軍」。

〔二〇〕卿豈有意授乎　陳書卷二五孫瑒傳、建康實録卷二〇、册府卷三八〇、卷七八二、吳郡志卷二二無「授」字。

〔二一〕遷五兵尚書領左軍將軍　「左軍」，陳書卷二五孫瑒傳、册府卷三八〇作「右軍」。

〔二二〕時興皇寺朗法師該通釋典　「朗」，册府卷八二一明本作「慧朗」。按本書卷六九傅縡傳有「從興皇寺慧朗法師受三論」。

〔二三〕西魏攻荆門世譜鎮馬頭岸　「荆門」，陳書卷一三徐世譜傳作「荆州」。按馬頭岸近荆州。

〔二四〕深不平乃舉兵反　「不平」，原作「六年」，據宋乙本壹、南監本、北監本、汲本、殿本及陳書卷一三周敷傳、册府卷四五二、通鑑卷一六八陳紀二天嘉三年、通志卷一四四改。

〔二五〕父伯道衞尉卿　「伯道」，原作「伯通」，據陳書卷一三荀朗傳改。按梁書卷三九羊鴉仁傳有「故北徐州刺史荀伯道」。

〔二六〕招集晉熙等五郡　「五郡」，原作「五部」，據宋乙本壹及陳書卷一三魯悉達傳、册府卷七六一、通鑑卷一六四梁紀二〇承聖元年、通志卷一四四改。按下云「悉達撫綏五郡」，亦證「五部」之訛。

〔二七〕齊遣行臺慕容紹宗來攻鬱口諸鎮　按魏書卷一二孝靜紀，慕容紹宗卒於武定七年，即梁太清三年。錢大昕考異卷二七：「按慕容紹宗之死在齊未受禪以前，安得此時尚存？此史家傳聞之誤。南史亦承舊文，而未據北史以正之。」

〔二八〕封彭澤縣侯　「封」字原脱，據陳書卷一三魯悉達傳、册府卷二一五、卷四四六、通志卷一四四補。

〔二九〕招定安蜀等諸州鎮　「招」，陳書卷三一魯廣達傳、册府卷三八〇作「拓」，疑是。

〔三〇〕五年衆軍北伐　「五年」二字原脱，據陳書卷三一魯廣達傳、册府卷三五二補。按下所出各事，皆繫之以年，與陳書合，此處不應獨異。

〔三一〕斬其敷城主張元範　「主」，陳書卷三一魯廣達傳作「王」。按北齊書卷一九張保洛傳載其齊世封敷城郡王，時已卒，元範或即保洛後嗣封者，疑當作「王」。

〔三二〕十二年與南豫州刺史樊毅北討　按陳書卷三一樊毅傳，毅無爲南豫州事；按陳書卷五宣帝紀、卷三一任忠傳，太建十二年正月以任忠爲南豫州刺史。此疑有誤。

〔三三〕尋授平西將軍都督郢州以上七州諸軍事　「七州」，陳書卷三一魯廣達傳作「十州」。

〔三四〕周安州總管元景征江外　元景，隋書作元景山，傳見隋書卷三九。

〔三五〕其姊夫蔡路養時在南康　「姊夫」，陳書卷三一蕭摩訶傳、建康實録卷二〇作「姑夫」。按通鑑卷一六三梁紀一九大寶元年云「路養妻姪蘭陵蕭摩訶」，亦是以路養爲摩訶姑夫。

〔三六〕然老夫受脤專征　「脤」，宋乙本壹作「命」。

〔三七〕選精騎八千　「八千」，陳書卷三一蕭摩訶傳、通鑑卷一七三陳紀七太建十年作「八十」，疑是。

〔三八〕以功授車騎大將軍　「車騎大將軍」，按陳書卷六後主紀載太建十四年以蕭摩訶爲車騎將軍。

〔三九〕改授侍中驃騎大將軍左光祿大夫　「驃騎大將軍」，按本書卷七七恩倖施文慶傳、陳書卷六後主紀、建康實録卷二〇作「驃騎將軍」。

〔四〇〕賀若弼及所部行軍七總管楊牙韓洪員明黄昕張默言達奚隆張辯等甲士凡八千各各勒陣以待

之「張辯」，宋乙本壹作「張辨」。「各各」，殿本作「人各」。

〔四一〕其子先已籍没　「子」，陳書卷三一蕭摩訶傳作「妻子」。

〔四二〕手自殯斂　「手」，原作「首」，據宋乙本壹、南監本、北監本、汲本、殿本及陳書卷三一蕭摩訶傳、册府卷八〇三明本、通志卷一四四改。

〔四三〕隨晉熙太守梅伯龍討景將王貴顯於壽春　「王貴顯」，梁書卷五六侯景傳、通鑑卷一六一梁紀一七太清二年、卷一六二梁紀一八太清三年作「王顯貴」。

〔四四〕忠將出西道　陳書卷三一任忠傳、册府卷三五二「將」下有「兵」字。

〔四五〕後主與之金兩縢曰　「曰」字原脱，據通志卷一四四補。

〔四六〕平陳之初我悔不殺任蠻奴　「初我」，原作「而義」，據宋乙本壹、南監本、北監本、汲本、殿本及通鑑卷一七七隋紀一開皇九年、通志卷一四四改。

〔四七〕詔以毅爲都督北討前軍事　按陳書卷五宣帝紀，樊毅是年所任爲都督北討諸軍事，據宣帝紀及陳書卷三一任忠傳，任都督北討諸軍事者爲任忠。

〔四八〕臺城平隨兄毅西上　「臺城平」，陳書卷三一樊毅傳附樊猛傳作「臺城陷」。按臺城陷，謂侯景陷臺城；臺城平，謂王僧辯平臺城。據樊毅傳，毅赴江陵即在青溪役後，景陷臺城時，猛隨兄西上不得在臺城平時。南史疑誤。